中國學術思想 研究輯刊

十一編

林慶彰 主編

第27冊

胡五峰理學思想之研究

王俊彥 著

花木蘭文化出版社

國家圖書館出版品預行編目資料

胡五峰理學思想之研究／王俊彥 著 — 初版 — 新北市：花木
蘭文化出版社，2011〔民 100〕
序 2+ 目 4+190 面；19×26 公分
（中國學術思想研究輯刊 十一編：第 27 冊）
ISBN：978-986-254-473-0（精裝）
1.（宋）胡宏　2. 學術思想　3. 宋元哲學
030.8　　　　　　　　　　　　　　　100000805

ISBN-978-986-254-473-0

9 789862 544730

中國學術思想研究輯刊
十一編　第二七冊　　　　　　　　ISBN：978-986-254-473-0

胡五峰理學思想之研究

作　　者　王俊彥
主　　編　林慶彰
總 編 輯　杜潔祥
出　　版　花木蘭文化出版社
發 行 所　花木蘭文化出版社
發 行 人　高小娟
聯絡地址　新北市永和區中正路五九五號七樓之三
　　　　　電話：02-2923-1455 ／傳眞：02-2923-1452
網　　址　http://www.huamulan.tw 信箱 sut81518@ms59.hinet.net
印　　刷　普羅文化出版廣告事業
封面設計　劉開工作室
初　　版　2011 年 3 月
定　　價　十一編 40 冊（精裝）新台幣 62,000 元

胡五峰理學思想之研究

王俊彥　著

作者簡介

王俊彥，江蘇漣水人，一九五六年生，中國文化大學中國文學博士，現為中國文化大學中文系專任教授，著有《劉蕺山之成學經過》、《胡五峯理學思想之研究》、《王廷相與明代氣學》等書。及〈王廷相的元氣無息論〉、〈呂緝熙「氣生於氣」之思想〉、〈王廷相的「性者，氣之生理論」〉、〈徐三重《信古餘論》之理氣論〉、〈王龍溪之心論〉、〈吳廷翰「以氣即理，以性即氣」的思想〉、〈吳廷翰的致知格物論〉、〈王船山氣學思想述要〉、〈論張載的氣質之性及其開展〉、〈陳確的理氣論〉、〈羅欽順的理氣心性論──以理氣是一為詮釋路徑〉等論文十數篇。

提　　要

　　本書共分七章，第一章導論介紹五峯生平及學術師承。第二章天道論，五峯以道德創造不已的實體為天道，並承前賢以太極、太和、仁義等概念詮釋道。特殊的是視理欲為同體異用，同行異情。即理欲之別，非由多寡言，乃就天理能否純一至善而分。第三章心性論，五峯論性，主承中庸，易傳「天命之謂性」一義來。主性具存有義，為萬有存在之本然。性具超越至善義，以為乾坤萬有善惡之判準，亦為真實世界的根據。性具生化義，以性為萬化之本源，萬物生於性。五峯由孟子內在地道德本心言心，但因重客觀之性天，故其心較孟子多出超越的意味！心以仁為內蘊外，亦如客觀之性般，賦予心有超越義及生化形著等義。心之形著生化作用即源自天道創生的實體。第四章盡心成性論，此為五峯義理自成系統，足與程朱、陸王二系區隔者。盡心是充分呈現此即存有即活動的道德本心，而本心之形著，能引發生生之性天的活動義。亦即心之形著，在彰顯性之生化義及存有義，使性體挺立，萬物亦真實存在。第五章工夫論，五峯主張以道德自覺彰顯人物本然潛具之善性。而透過道德本心自體的逆覺體証，是唯一本質的工夫。第六章朱子「知言疑義」之疏解與駁正，則藉著對五峯與朱子義理系統的差異做一疏解，更確認五峯思想的特點。第七章結論，對五峯以心著性，逆覺體証的義理做一評論。

目次

序　言

　　一代思潮之盛衰，其澎湃燦然，淵綜停蓄者，皆有其不得不爾之因素。宋室南渡之初，苟安委墜之風靡然，而有志之醇儒，或激於義憤而主戰，或感於社稷而立說，冀振人心以圖存亡也。五峯即爲嗟嘆中原，原本禮樂天地，竟淪夷爲烽火干戈之地，而思自道德事業以立教成德之儒者。蓋宋明儒者，歷漢之踐履訓詁，雖有篤實之功，唯乏仁德之感通，其功亦難安人心；歷晉之玄言思辯，因無仁心之定向，其思亦曲折歧異，此皆道德生命之一偏，而未能正視體會孔孟內聖外王之宗旨。故至宋明諸儒，乃前索先秦聖賢之儷天性，逆覺成德成聖之修身要目，以分疏導正生命之歧出，端正護持華族之命脈。冀欲藉由躬親踐履以證仁心之創生感潤，爲人間價值之歸趨；覃思抉微以明天理之神運奧藏，乃文化生命之根源。故由踐履體證仁心，仁心乃爲教化之指標；由仁心以貞定思辯，思辯適爲明心之通道；由思辯以導護踐履，踐履則爲彰顯仁心之德業。而仁心本體經由思辯踐履之輔佐，自可通澈無遺地，開顯價值生命與聖賢事業。此宋明儒者雖感時乘勢，卓然紛出，各成家派，而議論探究之癥結，則在如何思辯踐履此一道德心性耳。

　　五峯學說即剋就此題目，而有所建樹者。其學源於北宋濂溪、橫渠、明道尊顯客觀性天之理，以對抗佛老之玄言奧語而來者。因北宋多言客觀之性天，復以帝國一統，諸賢心神清朗，故主觀之道德情感較淡。然及五峯，時值南渡，運遭陽九，遂潛隱衡湘，然感於黍離麥秀之存在悲情，故特強調主觀之道德心性。終承前賢之說，體時代之變，創立其先分言客觀之性天，與主觀之仁心；復以主觀之心形著挺立客觀之性天，使一切存有皆成道德存有

之義理。而此「以心著性」開顯道德客觀面之說統，既異於象山、陽明之以道德心涵攝一切，亦別於伊川、朱子之心性截然分別者，而與明末劉蕺山先後輝映，前後倡言「以心著性」之說統，實足以自成宋明理學之一系也。

本文之作，主自義理本質之角度，剖析發顯五峯學說之義理架構，與思想特色，進而突顯其苦心孤詣，由「以心著性」，詮釋客觀存有之創造旨趣。復為免其學說獨立蒼茫，泛然無根，亦隨機追索義理之發源，探求思想之演變，及點明學術政治情勢之影響。如此既開顯義理之本質，復明示發生之因緣及流衍，有源有流，有本有根，庶幾為道德之實學也。本文分七章，首章導論，澂學說之緣由。次章天道論，闡天道之幽微。三章心性論，分述心性之奧蘊。四章盡心成性論，厥為義理之獨創，思想價值之所在。五章工夫論，則極成心性之修為也。六章則為對朱子之疑義，加以疏與與駁正。七章結論，綜述系統之價值，與義理之回顧。

耙羅分疏，統言體要，為本文研究之進路。通觀原典，紹源歸宗，為本文撰述之範疇。筆者性耽冥思，喜窮事理，唯限於愚魯末學之資質，撰述此文，雖戰兢臨履，以從事之。然於五峯義旨體會之得當否？說理思路之清晰否？以及撰述文字之通暢否？則愧所未知矣。又本文寫作期間，幸蒙王師邦雄先生，於義理之難解不透，說理之闡發失當處，多說辯析指正，以及家人不眠不休，全力襄助下，始成茲編，謹此誌謝。並祈高明長者不吝賜教，是幸！

第一章　導　論

引　言

　　胡五峯，名宏，字仁仲，福建崇安人。爲宋室南渡後，第一個消化北宋諸儒學術，而有所自立的儒者。其祖胡淵，曾授學江浙，致仕後，在家鄉開館授書。其父胡安國曾任中書舍人兼侍講、寶文閣直學士等，著有春秋傳，並得名列學官。而五峯之長兄胡寅，仲兄胡寧，及堂兄胡憲亦均爲俊偉人傑，同時名重當代者。《宋元學案》即曾爲胡氏一門分別立爲四學案，爲宋明兩朝所僅見，盛極一時，學者稱爲湖湘學派。其中尤以五峯能上承儒學淵遠流長之命脈，開顯出盡心成性之說統，指點出一條新的思想進路，豐富了儒家內聖成德學旨的生命，故最值得重視與研究，此即本論文研究動機之所在。

　　本文爲有系統地指出五峯儒學義理之內蘊，故于首章先立一節，以討論研究之進路與方法，冀能在一合理方法之引導貫穿下，步步如實地呈現出其思想。同時也對本文研究之主旨與範圍，作一規定說明，使論述有所方向與依據，不致泛然無根。末並附列凡例，以爲全文撰寫方式之說明。

　　第二節主在透過五峯生平家世之考察，以艮其學思過程之發展，及顯出家世環境對其所可能產生之影響。另對五峯之著述作一介紹與考述，以見其大概。五峯思想是承襲北宋諸儒之說，而有進一步開展者，故此節亦對濂溪、橫渠、明道、伊川等大儒之學養人格，做一概略之說明，以明五峯學術之有源有本。而其與諸儒於義理上，確有相傳承之脈絡，與接續開展之勝義者，則分別詳見於各章節之專論中，此節則不贅述之。又五峯對北宋諸子學說之體會與認識，則多經其父文定公（安國）之傳述，故對與文定在師友之間，

或有影響及於五峯之上蔡與龜山，亦爲一簡要之紹述，以明其師承。本章即冀圖通過研究方法之建立，與五峯思想背景之介紹，以做爲爾後各章深入討論五峯思想精要之基礎，此即首章導論寫作之立意所在。

第一節　本文寫作之範圍、方法、進路與凡例

本論文題目爲「胡五峯思想之研究」，而此所謂「思想」指涉之範圍，則界定在五峯「心性分設、盡心成性」之義理說統上。蓋自濂溪、橫渠、明道一路，由中庸、易傳客觀面之道體，回歸論語、孟子主觀面之心性，而有一圓滿發展後；隨之而起之五峯，則主動地強調孟子即心說性之主觀面，且由論語、孟子主觀面之心性，再上透至中庸、易傳客觀地言道體之路。此爲明道由客觀而主觀，使主客觀爲一之圓滿發展後，五峯接續之，而由主觀之心形著客觀之性，所形成之另一主客觀爲一之圓滿發展。

五峯所以有此圓滿發展，主在其先心性分設，再以心著性而完成。且因先分設再形著，由主觀之心形著客觀之性，進至心性一體圓滿，此一路數與象山、陽明之專由一心之申展、遍潤之道德主觀面言心性之者，以及伊川、朱子由只存有不活動說只是理之性，由雖活動但無存有義之氣之靈說心，所謂理氣二分之說，顯有本質之差異，而在宋明儒學發展中，與其他二大系鼎足爲三，自成一系。故本文主旨即在彰顯五峰此一「盡心成性」之思想，以見其卓然成家之思想體系。

五峯雖偶有詩文之作，然既非屬意於酬答，亦非著意章句文學之間。其所作詩文，皆藉詩文以寄託心性，彰顯道義，而非文學之作。如有詩云：「章句紛紛似世塵，一番空誤一番人。讀書不貴苟有說，離得語言才是眞。」，〔註1〕即明示五峯輕文學重道德之性格，故本文雖多有取五峯詩文之作，亦僅就其詩文所呈露傳達之心性思想，作爲研究其義理之素材，而不是探討其文學觀點。

五峯秉承安國作「春秋傳」以明外王事業之家學，亦有編撰《皇王大紀》八十卷之作。此書雖撰述三皇、五帝、三王等興衰治亂之過程，然其考辨五霸，剖析道義，冀以正人心息邪說之志，仍植基於道德心性之學，此即所謂由「心性言事功」，故本文雖亦取《皇王大紀》之語以立論，但仍限於有關道德心性之說，而暫不涉及歷史思想與考辨之範疇。

〔註1〕《五峯集》卷一、絕句二首之二。

　　研究一家思想或一學派之方法，可有觀念系統與思想史二路。〔註 2〕而觀念系統，肯定人心有其自主性，不被外在環境所決定。故其著重於思想本身之內在義理，與概念間的邏輯結構，以及歷代思想家之歷史傳承與開展之過程，其缺點則在易於疏漏此家派思想所以形成之時代背景與社會因素。故若單將思想本身獨立於當代時空之外，僅作概念之分析，往往未必能真確掌握一家思想的旨趣與特質。如五峯生當南宋初年，頗感憤於國破家亡，遂有主動積極地強調本心主觀形著之作用。此雖為宋明儒學義理上進一步之開展，然也惟有在如此悲憤傷感之存在情態下，才會觸動引發。故若單就觀念系統的進路而言，雖可彰顯五峯「以心著性」之義理架構，卻顯現不出來自時代背景激發之動力。

　　而思想史的研究進路，則預設人心為一有作用之心，可以感應客觀環境之變化，而產生互動的作用。故其著重於思想家所立身的時代背景，與其對應時代而產生之思想；亦即通過歷史條件而準確地把握此思想何以變遷之時空軌迹。然思想史進路之缺點，則在忽略思想本身義理架構之探討，與各個觀念間之邏輯關聯。且同一時代背景之挑戰，何以會對各派思想家有不同的影響，而引生不同的義理導向，實在難以得到合理的解釋，故不得不回頭肯定每一思想家的獨立思考與創造性。譬若五峯「以心著性」之思路，若單就存在感受言，固可說明五峯何以有別於北宋三家偏重客觀之道體，而強調主觀心體之原因，然其分別重視主觀之心與客觀之性，進而「以心著性」之獨特立論，在思想史之流變中，就不易得到充分的說明！且「以心著性」為順承北宋三家由客觀面之中庸、易傳，而回歸主觀之論語、孟子圓滿發展之進路，反過來由主觀之心形著客觀之性，所建立之另一主客合一圓滿發展的理路，除了義理應有之開展而外，也當肯定其自我之創發性！

　　故在上述兩條研究進路之間，理當兼重並進。而勞思光先生曾提出「基源問題研究法」，或可為解決此問題，提供一條可行之，其有云：

　　　　所謂「基源問題研究法」，是以邏輯意義的理論還原為始點，而以史學
　　　　考證工作為助力，以統攝個別哲學活動於一定設準之下為歸宿。〔註3〕

　　勞先生所謂「以史學考證工作為助力」，乃在著重依據事實之資料，將思想之如何一步步地演變，作一發生程序上之敘述。而「以邏輯意義的理論還原」，在客觀地整理分析思想家之思想，而不參與主觀之意見。「以統攝個別哲學活動

〔註 2〕參儒道之間，頁 43～50。
〔註 3〕勞思光、《中國哲學史》、卷一，頁 16。

於一定設準」，此則可達到對思想理論作一系統之闡述。可知「基源問題研究法」，可客觀地有系統地整理分析思想本身之義理架構，且不割裂與時空互動之關係，故堪稱較爲完備可取之方法。

而本文即在以「基源問題研究法」爲主導方法下，較偏重觀念系統的研究進路，以突顯五峯「盡心成性」一系之義理，舍此而外又間採思想史的研究進路，隨機補充其與時空對應互動之關係，冀能在客觀如實之條件激發下，顯豁此「以心著性」之思想系統。

本文主旨既在展現此較爲人忽略，而實足以自成系統之「以心著性」之義理，此則自然牽涉到宋明儒學分系之問題。一般傳統上，往往將宋明儒學分爲二系，勞思光先生云：「所謂二系說，即將宋明儒學分爲理學與心學兩大系之說法。此說在明代以後即日盛，至今人習言之，似已成爲常識。」〔註4〕此幾成爲常識之二系說，主源於朱陸鵝湖之會後，往往將朱熹與北宋二程相連成所謂「程朱」並以之爲「理學」系。而其所謂之「理」，乃指缺乏活動義只有存有義之性，而此性只爲形上之所以然者；心則爲脫落存有義，只有活動義之氣之靈，是形下實然之能活動者，其本身並非即是理。而象山與陽明則屬「心學」系，此系主在言「心即理」，以爲心、性、天理皆是一。此心是吾人道德之主體，是價值創造的發動者，而一切存有皆在此主體之創造活動下，得以眞實存有，故其本身亦即是存有義之理也。二系說之缺點，是分判過於簡單，且將義理不同之明道、伊川打成一系，簡別殊屬不精。

勞思光先生對宋明儒之分系則採一系說，其云：

> 總而言之，依一系說之觀點論之，宋明儒學運動可視爲一整體，其基本方向是歸向孔孟之心性論，而排斥漢儒及佛教；其發展則有三階段，周張、程朱、陸王恰可分別代表此三階段。若就各階段之中心觀念言，則第一階段以「天」爲主要觀念，混有形上學與宇宙論兩種成分；第二階段以「性」或「理」爲主要觀念，淘洗宇宙論成分而保留形上學成分；第三階段則以「心」或「知」爲主要觀念，所肯定者，乃最高之「主體性」，故成爲心性論型態之哲學系統。〔註5〕

勞先生以爲宋明儒學主爲由周張之天道論，進至程朱之性理論，最終發展至陸王之心性主體論。此說已較二系說爲進步，唯其所謂之天道論，未能從於

〔註 4〕勞思光、《中國哲學史》、卷三上，頁 41。
〔註 5〕勞思光、《中國哲學史》、卷三上，頁 50～51。

穆不已之創造實體義來言天道；而程朱之性理論，雖由肯定經驗實有之宇宙論，進至肯定超經驗之實有之形上學，但仍停留在個別義之性理論上，未能確知伊川、朱子之「性即理」，當是靜態的、本體的、超越的所以然之理；又陸王之心性主體論，僅單從吾人道德主體性言心性，而脫落形上心體之普遍創生義！可知勞先生因看輕了儒家超越無限、創生不已之道體義，故對宋明諸儒未必有相應之了解，則其一系三階段之說法，恐亦未可爲據也。

牟宗三先生則由本體宇宙論之直貫創生義言道體、性體、心體以之爲「即存有即活動」者；以及另將道體、性體收縮爲本體論之存有，而僅爲「只存有不活動」之理者等二路，分判宋明儒當分三系，(一) 承濂溪、橫渠、明道之圓教模型所開出之五峯、蕺山系。(二) 由論、孟攝易、庸而以論、孟爲主之象山、陽明系 (以上二系皆以心、性、道爲「即存有即活動」之實體者)。(三) 以中庸、易傳與大學合，而以大學爲主，將性體收縮成「只存有不活動」之理者之伊川、朱子系。〔註 6〕牟先生如此分判則恰能彰顯五峯「以心著性」系統之獨特價值，故爲本文所採取的分系之說。

蓋因任一分系方法之提出，皆有其預設之標準，所對應之課題與如何解決之方法。且每一分法自然均可呈現出，其所預期之某部份眞理，或某種型態下之眞理，唯不得呈現出眞理之全蘊也。此乃因眞理是徹上下通內外、實非可爲某一被定義亦即被限制之方法論，所可全體澈盡呈現無遺者。故吾人首須知某一方法論，僅可呈現某一部分或型態之眞理而已。然而此無事相不可名狀之眞理，因經由人文之化成，則往往形成許多不同性質類別之義理。此時吾人則須進一步揀別討論何種性質之義理，較適合由何種之方法論表而出之，而較易展現其自家之特質。故綜觀上述所列諸種分系說，其中允宗三先生「即存有即活動」之說，實眞能契入並解釋五峯之思想；且其分系說亦正可突顯五峯「以心著性」此一思想型態，足可自成系統之事實，故本文於宋明儒學之分系問題上，即採牟先生之說法，以之爲研究進路之依據。

本文寫作之凡例如下：

1. 本文所引五峯原典，大部份爲「知言」之語，故爲求順暢文意，且迅知原典出處，凡引自「知言」之語，即於引文句尾，註明「知言」之卷數。如引自「知言」卷一，即於引文下作一〔1〕符號；若引自「知言」卷二，即於引文下作一〔2〕符號，如此類推也。

〔註 6〕《心體與性體》第一冊，頁 49。

2. 引自《五峯集》、《皇王大紀》等五峯原典者雖較少，然仍採上述方法，即直接於引文句尾，加一括號註明其出處。如「知言如孟子」一句，引自《五峯集》卷二〈與原仲兄書〉二首之二，即於行文中「知言如孟子」句後，作一（《五峯集》卷二〈與原仲兄書〉二首之二）之註明，以明示出處，餘者準此。

3. 本文除五峯原典外，所引之文若屬先賢典籍，於文長者，乃獨立一段落抄錄之，以爲論據；於文短者，則夾於行文之中，隨引隨說，順通而下。

4. 本文於所引當代學者之文字，多採「義引」之方式，即消化其內容於行文之中，附一註釋以明其出處。若今賢評析文字，甚爲精當，足爲典則者，則全段抄錄以見其勝義，並於引文末尾，附一註釋以明出處。

5. 本文於每章之前皆有「引言」，主在重點述說各節大旨，以及各節意旨所以產生之內因與外緣，並以之爲溝通貫穿全章各節之說明。

6. 所引五峯原典之文句，率皆列學於每章、節之開首，隨後方就原典發揮議論，如此一者可先見本峯本旨，二者可避免以己說格套駕御原典之弊。

7. 本文所引之文字每行皆低三格書寫，但於「知言疑義」之疏解一章，於「知言」所引之文，仍承全文體例每行空三格書寫，唯於「知言疑義」中所引朱子、呂祖謙等人語，則每行空二格書寫，以示與「知言」非屬同類引文。

8. 凡文中有引文說明處，於其句尾，僅列註釋之編號。而於每章結束處，依號序排列註釋，並於此處方詳明出處爲何。

第二節　五峯傳略

一、生平家世與著作

（一）生平家世

　　胡宏，字仁仲，號五峯，福建崇安人。《宋史》〈儒林〉傳將其附於其父文定傳末，僅云：「宏字仁仲，幼事楊時、侯仲良，而卒傳其父之學。悠遊衡

山下餘二十年，玩心神明，不舍晝夜。」，〔註7〕而未及其生卒年，故今先考其生卒年。

據姜亮夫「《歷代人物年里碑傳綜表》」著錄五峯生卒年爲「五十一歲，宋徽宗崇寧四年乙酉生，高宗紹興二十五年卒」。〔註8〕而鄭騫於「《宋人生卒考示例》」一書中，則指出《五峯集》卷二與秦會之書有「竊伏私念，四十三年矣，先人即世，忽已十載，……去年忽哭子，而今年又喪婦」一句，而其父文定則卒於紹興八年。〔註9〕故此書所云「忽已十載」，鄭先生認爲若以足數算，則此書當作於紹興十八年，再由紹興十八年五峯時年四十三往前推，則五峯生年當在徽宗崇寧五年。〔註10〕如此則與姜先生之崇寧四年相違，未知何是矣！然與秦會之書又有「而今年又喪婦」一語，據胡寅《斐然集》「祭季弟婦唐氏」一文所述，知五峯妻唐氏歿於紹興十七年。〔註11〕可知「忽已十載」，不應以足數算，則與秦會之書當爲紹興十七年所作，由此再上推五峰之生年，可知當爲徽宗崇寧四年，故以姜先生之說爲確。

關於五峯之卒年，鄭先生據五峯門人張栻答陳平甫書所云：「始時聞五峯胡先生之名。……辛巳之歲方獲拜之於文定公草堂。……然僅得一再見耳，而先生歿。」，〔註12〕由「辛巳」一句，推論五峯卒年當爲紹興三十一年或三十二年，而以姜說卒年爲紹興二十五年者爲誤。〔註13〕但五峯究卒於紹興三十一年或三十二年，吾人則可由朱子「跋胡五峯詩」一文，可推知其卒年。朱子此跋文云：

> 初紹興庚辰（紹興三十年），熹臥病山間，親友仕於朝者以書見招，熹戲以兩詩代書報之。……或傳以語胡子，子謂其學者張敬夫曰：「吾未識此人，然觀其詩，知其庶幾能有進矣。特其言有體而無用，故吾爲是詩，以箴警之，庶幾聞之而有發也。」明年胡子卒。又四年，熹始見敬夫，而後獲聞之，恨不及見胡子而卒請其目也。〔註14〕

文中之「胡子」，當爲張敬夫老師之五峯。而宋詩紀事却作爲胡憲，但此說

〔註7〕《宋史》卷四三五、〈列傳〉一九四、〈儒林〉五、胡安國子胡宏。
〔註8〕《歷代人物年里碑傳綜表》，頁293、姜亮夫纂定。
〔註9〕胡寅、《斐然集》卷二五、〈先公行狀〉。
〔註10〕參《宋人生卒考示例》、鄭騫撰，頁82。
〔註11〕胡寅、《斐然集》卷二七、祭季弟婦唐氏。
〔註12〕《張南軒先生全集》卷二、答陳平甫書。
〔註13〕參《宋人生卒考示例》、鄭騫撰，頁82。
〔註14〕《朱文公文集》卷八一、〈跋·跋胡五峯詩〉。

不確，一以胡憲（籍溪）本即爲朱子老師，朱子無由稱不識此「胡子」，一以朱子於胡憲（籍溪）行狀明謂：「先生則以病不起矣，紹興三十二年四月十二日也。」〔註15〕籍溪既歿於紹興三十二年，則歿於三十一年之「胡子」，當非胡憲矣。〔註16〕因朱子所云「明年，胡子卒」之明年，即爲紹興三十一年，則再據朱子所云「又四年，見敬夫，始獲聞之」一語，由紹興三十一年往後推四年，則爲孝宗隆興二年。再考朱子年譜載，隆興二年秋九月，朱子如豫章，有「自豫章送之豐城，舟中與欽夫得三日之款，其名質甚敏，學問甚正。」〔註17〕一事，可知朱子確於隆興二年始見敬夫，而後方獲聞五峯之箴警語，故由隆興二年往回推四年，即爲紹興三十一年，故五峯卒於此年，殆無可疑。綜上所述，可知五峯當生於北宋徽宗崇寧四年（西元 1105 年），而卒於南宋高宗紹興三十一年（西元 1161 年），享年五十七歲。

五峯爲文定之季子，次於胡寅與胡寧。胡寅〈先公行狀〉有云：「子三人，長寅，左奉議郎，試尙書禮部侍郎兼侍講；次寧，右承務郎，行尙書祠部員外郎；季宏，右承務郎。」，〔註18〕而《宋史》文定本傳却云文定「三子，寅、宏、寧。」以五峯排名仲次，知其說不確。而五峯之生卒年、排行等，所以未爲前人所熟悉載明之因，在於五峯絕意仕進，潛隱衡湘，使生平行事，多闕而不彰，記載甚少，故今欲考述其生平行事，亦僅得就其詩文與方志傳記，所有之雙字片語，略述其行止，以見一斑。

五峯幼年，即志於大道，素以人傑自許。年十五，授學於其父文定，聞伊、洛之說，遂自撰「論語說」，文定懼其果於自用，乃授以所修之通鑑學要，〔註19〕此或爲五峯日後編撰《皇王大紀》之遠因。同時又有「程子雅言」之編輯，五峯並於日後所爲之序文中，說明編輯二程遺言之因，其云：

> 予小子恨生之晚，不得供灑掃于先生之門，姑集其遺言，行思而坐誦，息養而瞬存，因其所言而得其所以言，因其所以言而得其言之所不可及者，則與侍先生之坐而受先生之教，又何異焉。（《五峯集》卷三〈程子雅言前序〉）

可知五峯自幼及長，皆反覆誦讀，玩心神明，於二程之學說。及年弱冠，遊

〔註15〕《朱文公文集》卷九七、〈行狀・籍溪先生胡公行狀〉。
〔註16〕參《胡宏集・胡宏的生平・著作及其思想》，頁 6～7。
〔註17〕《宋朱子年譜》，頁 22、王懋竑纂訂、商務本。
〔註18〕胡寅、《斐然集》卷二五、〈先公行狀〉。
〔註19〕參《嘉慶重修崇安縣志》卷七、〈人物列傳〉。

汴京，入太學，嘗親問學於楊龜山。〔註 20〕欽宗靖康元年，五峯二十二歲，
此時河南門人侯師聖，自三山避亂來荊州，五峯兄弟奉父命與之遊。因師聖
少孤，幼即養於二程夫子家，至于成立，故甚詳悉二程夫子之學問與文章。
五峯兄弟與之議論儒學，皆必以中庸為至，〔註 21〕可知五峯學問確為承北宋
重視中庸、易傳之天道性命一路而來者。

　　紹興五年，五峯年三十一，曾有〈上光堯皇帝書〉一文，〔註 22〕主在勸
諫高宗治國當以仁為本，如云：

> 臣聞治天下有本，修其本者，以聽言則知其道，以用人則知其才，
> 以立政則知其統，以應變則知其宜。何謂本？仁也。何謂仁？心也。
> 心官茫茫，莫知其鄉，若為知其體乎？有所不察，則不知矣。有所
> 顧慮，有所畏懼，則雖有能知能察之良心，亦淪沒于末流，浸消浸
> 亡而不自知，此臣之所大憂也。

又本徽欽二帝北擄之痛，極力主戰復仇，反對屈膝言和，表現出漢賊不兩立
之堅定立場，其云：

> 守此不改，是祖宗之靈終天暴露，無與復存也；父兄之身終天困辱，
> 而來歸之望絕也；中原士民沒身塗炭，無所赴愬也，陛下念亦及此
> 乎？故以和，則失事親之道，而害隨之；以戰，則得事親之道，而
> 利隨之。

同時秉持儒者積極入世，有功家國之旨，大力抨擊釋氏，以為釋氏除消蝕人
心外，尚有耗費國力無益興復之弊，如云：

> 夫釋氏之道，上焉者以寂滅為宗，以明生死為大，行之足以潔其身，
> 不足以開物成務；下焉者轉罪業，取福利，言之足以恐喝愚俗，因
> 以為利而已。夫為政以均平天下，而坐縱夫庸愚欺誕之奸，化誘善
> 良，失國家丁壯，滅絕天倫，壞亂人紀，百萬群居，蠹生民之衣食，
> 此臣之所未解者也。

紹興十三年，五峯年三十九，初因國子司業高閌，有退詩賦、進經義改革學
制之請，五峯曾對其抱以厚望。及見其請帝幸太學之表，以秦檜子秦熺執經，
而由高閌講易泰卦，五峯不意高閌有此學，乃惕然責之，以為此學是阿諛柄

〔註 20〕參《宋元學案》卷四二、〈五峯學案‧武夷家學〉。
〔註 21〕參《五峯集》卷三、〈題呂與叔中庸解〉。
〔註 22〕下列之引文俱見《五峯集》卷二〈上光堯旺帝書〉一文中。

臣，欺天罔人，竟以倉皇南渡之大仇、大辱爲大恩。〔註23〕故其與高抑崇（閌）
之書有云：

> 自中原失守，鑾輿南渡，行幸之所雖無定計，然尚仇敵而不爲之臣
> 也。及今柄臣擅國，違天逆理，專事阿黨，利惑君心，阻塞義理之
> 路。……今閣下目睹忘仇滅理，北面向敵，以苟宴安之事，猶偃然
> 爲天下師儒之首。既不能建大論，明天人之理，以正君心，乃阿諛
> 柄臣，希合風旨，求舉太平之典，是黨其惡也。

此時五峯坦然表露其主戰復仇，反對奸逆秦檜求和之立場。此中原因乃在宋
室南渡前，文定曾經游定夫人之推介，而與秦檜相善，南渡後，文定仍與之
書疏往返，講論國政，及秦檜奸惡漸顯，文定遂推辭秦檜之薦舉，復尋以疾
諉世。〔註24〕故五峯一者本春秋「大復仇」之義，二者承文定反對秦檜變節
之身教，故亦絕惡秦檜，不稍假以辭色。殆及秦檜當國，意欲牢籠故家子弟，
遂貽書五峯長兄明仲，問二弟何以不通書信，五峯次兄和仲乃作書答之，然
亦止敘契好而已。唯五峯則書辭甚厲，人問之，乃答曰：「正恐其昭，故示之
以不可召之端。」〔註25〕其云：

> 稽諸數千年間，士大夫顛冥于富貴，醉生而夢死者，無世無之，何
> 啻百億。雖當時足以快胸臆，耀妻子，曾不旋踵而身名俱滅。某志
> 學以來，所不願也。至于傑然自立志氣，充塞乎天地，臨大節而不
> 可奪，有道德足以贊時，有事業足以撥亂，進退自得，風不能靡，
> 波不能流，身雖死矣，而凜凜然長有生氣，如在人間者，是眞可謂
> 大丈夫矣。長沙湘西嶽麓山書院元是賜額，祖宗時嘗命山長主之。
> 今若令潭守與漕臣興復舊區，重賜院宇，以某有繼述其先人之志，
> 特命爲山長，依州縣監當官，給以廩祿，于以表朝廷崇儒廣教之美
> （《五峯集》卷二與秦會之書）。

可知五峯明言其唯願自立乎天地間，不欲變節求仕之態度，和還其書院山長
之本職，以「窮居杜門，躬理耕植，時讀經史，以求寡過」（《五峯集》卷二
與向伯元書）的志向，而堅拒秦會之邀，以免墜其家聲。

紹興二十九年，五峯年五十五時，胡籍溪由司直改正字，將赴館就職，

〔註23〕參《五峯集》卷二〈與高仰崇書〉。

〔註24〕參《宋元學案》三四、〈武夷學案・附錄〉。

〔註25〕《宋史》卷四三五、〈列傳〉一九四、〈儒林〉五、胡安國子胡宏。

朱子有送行詩云:「執我仇仇詎我知,謾將行止驗天機,猿驚鶴怨因何事,只恐先生袖手歸。」後又寄詩二首云:「先生去上芸香閣,閣老新峨豸角冠,留取幽人臥空谷,一川風月要人看;甕牖前頭列畫屏,晚來相對見儀刑,浮雲一任閑舒卷,萬古青山只麼青。」因籍溪乃安國從兄之子,從學於安國;即此之故,五峯能得見朱子之詩,以為朱子所言有體而無用,遂因別賡之曰:「幽人偏愛青山好,為是青山青不老,山中出雲霧太虛,一洗塵埃山更好。」蓋以為籍溪解嘲。〔註26〕此時已是紹興三十年,又明年五峯謝世,時年五十七。秦檜於紹興二十五年死後,陳武、汪應辰、凌九夏、張浚等曾交薦五峯於朝,上且復召,然終以疾辭而卒於家。〔註27〕

　　五峯有兄弟三人,從兄胡憲,字原仲,學者稱籍溪先生。為文定從兄之子,稍長從學於文定,始聞程氏之學。籍溪生而沈靜端愨,不苟言笑,久居崇安故里,與劉白水、劉屏山、及朱子父親朱松(韋齋)等相友善。韋齋臨終前,曾遺命朱子師事白水、屏山、籍溪三先生,而朱子師事籍溪最久。籍溪以耕田賣藥以奉其親,生意往返,苟非合於道義,雖一毫不取,故鄉人士子從慕者益眾,文定則稱其有「隱君子之操」。秦檜當國期間,籍溪絕惡之,故泊然無有當世之念,及檜死,始受召,不久亦求去。其讀書不務多為訓詁,嘗纂論語說數十家,附以己註。朱子云其:「學承於家,行著於鄉」,可謂知言。〔註28〕籍溪卒於紹興三十二年,年七十七,為胡氏一門中,年壽最長者。

　　胡寅為五峯長兄,字明仲,學者稱致堂先生。生於宋哲宗元符元年,卒於高宗紹興二十六年,年五十九。致堂少時桀黠難制,文定閉之於空閣,閣中置書數千卷,歲餘皆成誦。宣和三年,登進士第,楊龜山時為祭酒,遂往學於龜山。致堂志節豪邁,初登第時,張邦昌欲以女妻之,為其所拒。南渡後,致堂力主恢復,援引春秋復仇大義,反覆上言「必務實效,去虛文,任君子,斥小人」,情辭激切,故為奸惡所嫉。及秦檜當國,本與秦檜相善之文定,漸不滿其專擅,乃漸與秦檜疏遠,而致堂亦與秦檜絕交,告老辭官歸衡州。但秦檜猶忌恨致堂,以譏訕朝廷之罪,將之貶至新州,及檜死,方復官。致堂在謫所無書籍,乃憑平素所記憶,著「讀史管見」數十萬言,另有論語

〔註26〕參《宋名臣言行錄》外集、卷十一、胡憲籍溪先生,及《朱文公文集》卷八一、〈跋・跋胡五峯詩〉。
〔註27〕參《嘉慶重修崇安縣志》卷七、〈人物列傳〉。
〔註28〕參《宋元學案》卷四三、劉胡諸儒學案、胡籍溪憲,及《宋名臣言行錄》外集卷十一、胡憲籍溪先生。

詳說，《斐然集》及崇正辨等著作。〔註29〕崇正辨有云：

> 或問：儒學者晚多溺佛，何也？對曰：學而無所得，其年齒長矣，
> 而智力困矣。其心欲遽止焉，則又不安也；一聞超勝侈大之說，是
> 以悅而從之也。譬之行人，方履坦途，其進無難也。山忽高其前，
> 水忽深其下，而進爲難矣；於是焉有捷徑，則欣然由之矣！其勢使
> 然也。夫託乎逆旅者，不得家居之安耳，未有既安于家，而又樂舍
> 于旅也。〔註30〕

儒學本在教人安身立命，於變化紛歧之世間指點出一條正道，而此正道之方向，
與行道之動力，則在感通無礙、覺潤無方、自定方向之道德本心。秉此本心而
行，雖有千折百撓，亦無所稍息；雖有紛歧萬向，亦不失其鵠的。然若學無所
得，不得體會此自定自行道德法則之本心，如僅有追求之動力，而昧其方向，
自會「一聞超勝侈大之說，是以悅而從之」；反之若雖明於方向，但脫落本心感
通無礙之動力，則此方向，亦僅成某一死板之原則，而會感「學而無所得，而
智力困矣」之艱難。故苟能會得即存有即活動之道德本心，即知即行此本心，
自當不致於有「既安於家，而又樂舍于旅者」割裂失所之情形發生。致堂由儒
家之本體闢佛，知其學術之正；而不附秦檜，則見其修爲之有本源也。

　　胡寧，字和仲，五峯之次兄，學者稱茅堂先生。文定著春秋傳，其中修
纂檢討，皆出自茅堂之手。並自著春秋通旨，總貫條例證據史傳之文二百餘
章，內容大多與文定春秋傳相互參證。茅堂以蔭補官，秦檜留意名家子弟，
故貽書致堂，問其弟茅堂何以不通書信，茅堂乃勉陳數事。後茅堂因事返朝，
秦檜問其兄致堂有何言語，茅堂乃對云：「家兄致意丞相善類久廢，民力久
困」，此時檜已怒甚！乃謂茅堂曰：「先公春秋議論好，只是行不得」，以爲自
己屈膝求和辯護。然茅堂仍曰：「惟其可行，方是議論。」秦檜又以柳下惠降
志辱其身事，訊茅堂之意，茅堂對曰：「總不若夷齊之不降不辱也」，復仇之
意溢於言表。事後茅堂且以書信勸秦檜避相位，以順消息盈虛之理，秦檜益
怒！後一日秦檜忽拳拳設席邀宴茅堂，實則已頒罷茅堂官之令矣。可知茅堂
實能篤守文定春秋尊王攘夷、大復仇之家學，不輕隨秦檜腳步，〔註31〕故朱

〔註29〕《宋史》卷四三五、〈列傳〉一九四、〈儒林〉五、胡安國子胡寅，《及閩中理
　　　　學淵源考》卷三、〈胡致堂寅〉。
〔註30〕《宋元學案》卷四一、〈衡麓學案‧崇正辨〉。
〔註31〕《宋元學案》卷三四、〈武夷學案‧胡茅堂寧〉，《及閩中理學淵源考》卷三、
　　　　〈胡矛堂寧〉。

子有云：「秦檜當國，却留意故家子弟，往往被他牢籠出去，多墜家聲。獨明仲兄弟，却有樹立，終不歸附。」〔註32〕

　　五峯兄弟，承文定家學，主於義理與史傳有所建樹。《宋元學案》，且爲文定立武夷學案，爲致堂立衡麓學案，爲五峰立五峯學案，爲籍溪立劉胡諸儒學案，父子一門，共立四學案，可見其家世學風之盛極一時。全祖望亦予五峯四兄弟以極高之評價，茲引其文，以爲五峰家世之結束，其云：

　　　　致堂、籍溪、五峯、茅堂四先生，並以大儒樹節於南宋之初。蓋當時
　　　　伊洛世嫡，莫有過於文定一門者，四先生歿後，廣仲尚能繼其家學。
　　　　而伯逢、季隨兄弟，遊於朱張之之門，稱高第，可謂盛矣。〔註33〕

（二）著　作

　　五峯著作有《論語說》、《敘古蒙求》、《知言》、《五峯集》、《皇王大紀》等，又曾編輯程子雅言與正蒙等書。

　　《論語說》爲五峯年十五志學後，聞文定授伊洛之學，所自撰者，唯今已不傳。

　　《敘古蒙求》，此書直齋書錄解題、文獻通考、四庫全書總目提要均無著錄，惟宋趙希弁郡齋讀書附志小學類有著錄云：「敘古蒙求一卷右，五峯先生胡宏所著也。自羲農至於五代周，凡三十三章。毛以謨爲之序，先生之子大壯書而刻之。」〔註34〕知此爲史傳之作，由諸書多闕而弗錄，知或早已失傳。

　　《程子雅言》，亦爲五峯早年所編，蓋因文定家藏橫渠、二程之書極夥，五峯乃有緣識而編之，惜今已不傳。五峯文集中並收有程子雅言前後二序，觀其辭氣沉雄深奧，或爲五峯年長以後，重新而爲之序文，並曾自言讀此書之法，在掌握六經本旨之「心體」一義，其云：

　　　　試言讀此書之法，爲同志起予之益乎！反覆乎句讀，神明乎心體，
　　　　知六經爲啓我之要。
　　　　與其滯泥訓詁傳註之末，不知六經之旨，漫然放誕，不切于身者，
　　　　猶王莽、霍光之有間，其初一間而已，可不慎哉！（《五峯集》卷三
　　　　〈程子雅言後序〉）

《正蒙》一書，本橫渠所撰，五峯曾予以剔摘重編，惜今亦不傳。五峯有述

〔註32〕　《宋元學案》卷四二、〈五峯學案傳文〉。
〔註33〕　《宋元學案》卷三四、〈武夷學案・謝山書宋史胡文定傳後〉。
〔註34〕　《胡宏集・胡宏的生平・著作及其思想》，頁 10。

其所以重編之因，其云：

> （張載）著書數萬言，極天地陰陽之本，窮神化，一天人，所以
> 息邪説而正人心，故自號其書曰「正蒙」，其志大，其慮深且遠矣。
> 而諸家所編，乃有分章析句、指意不復閎深者，錯出乎其間，使
> 人讀之無亹亹不倦之心，望以傳久，不亦難乎！今就其編刪摘爲
> 内書五卷、外書五卷，傳之同志，庶幾先生立大本、斥異學之志
> 遠而益彰。雖得罪于先生之門人，亦所不辭也。（《五峯集》卷三
> 〈横渠正蒙序〉）

《知言》一書爲五峯思想精華所在，五峯曾云：「知言如孟子」（《五峯集》卷二
〈與原仲兄書〉），此或即知言取名之由來。其體例如論語，採隨筆劄記方式，
且屢經改易而定，可見用力之深。張栻爲知言作序即曾言及更定成書之經過，
其云：

> 是書乃其平日之所自著。其言約，其義精，誠道學之樞要，制治之
> 著龜也。然先生之意，每自以爲未足，逮其疾革，猶時有所更定，
> 蓋未及脱稿而已啓手足矣（〈知言原序〉）。

現今四庫全書所著錄之知言，分六卷，並有標題，此爲明人修訂之結果。第
六卷爲附錄，係輯《朱子語類》中，論及五峯知言各條所編成，文字與今本
《朱子語類》稍異。另外知言中被朱子作「知言疑義」而刪去的許多見解，
幾乎皆是五峯思想之重點。書前有張栻之〈原序〉，書後有西山眞德秀之跋。
〔註35〕又據直齋書錄解題、文獻通考及郡齋讀書志皆有著錄「胡子知言一
卷」，可知知言最早是不分卷的。分卷大致始於明程敏政之傳刻，程刻本今亦
不傳，然據清道光三十年粵雅堂重刻本「胡子知言」卷末程敏政之跋，則明
言已分卷，程跋云：

> 其間亦多錯誤，遂手校一過，別取吳文肅公、眞文忠公二跋置目錄
> 後。凡書之見於朱、張、呂三先生《疑義》中者，皆不復出，而自
> 爲一卷。又取文公先生所論及《宋史》傳，爲附錄一卷。蓋欲使此
> 書彙次完粹，以便講習，非敢有所去取也。

自程刻本分卷後，明代及以後之本子，如明嘉靖五年正心書院刻本、明諸子
萃覽本、明吳中坊刻本、子書百家本、格致叢書本、復性書院本等，均有分
卷，並有附錄。又《知言》一書，宋時已有刻本，如宋人吳儆於竹洲文集卷

〔註35〕西山眞文忠公文集卷二四、〈眞德秀跋胡子知言稿〉。

七題五峯先生知言卷末即云：「謹諉諸同志汪伯虞鋟木，以廣流傳」，而宋刻本今亦不傳。《四庫提要》有云：「自元以來，其書不甚行世，明程敏政，始得舊本於吳中後坊買，遂有刊板。惟永樂大典所載尚屬宋刊原本，謹據其章目，詳加刊正，以復其舊。」，可知元代《知言》仍不行於世，及至明程敏政刻本後，始漸有流傳，而今之四庫本，則是以永樂宋刊本修定而成者。〔註36〕

《五峯集》，爲五峯之詩文集，收於《四庫全書‧集部‧四別集類》中。張栻於五峰集〈原序〉有云：

> 近歲，先生季子大時，復裒輯先生所爲詩文之屬凡五卷以示栻。栻反覆而讀之。惟先生非有意于爲文者也，其一時詠歌之所發，蓋所以紓寫其性情。而其他述作與夫問答往來之書，又皆所以明道義而參異同，非若世之爲文者，徒從事于言語之間而已也。其所志之遠，所造之深，綱領之大，義理之精，後之人亦可以推而得焉。

由張栻〈原序〉可知，此詩文集爲五峯季子胡大時所編，五峯非有意於言語辭章者，僅借詩文以明道義參異同而已。且胡大時所送與張栻作序之本是五卷本，但據陳振孫直齋書錄解題卷十八，載《五峯集》五卷下云：「右承務郎胡宏仁仲撰。文定季子，不出仕，篤意理學。南軒張栻其門人也。別本不分卷」，文獻通考亦從陳說，以《五峯集》另有不分卷之本，可知《五峯集》應另有不分卷之本，唯今已亡佚。《四庫提要》亦記有此事，並敘其分卷之內容，茲引之如下，以窺其一斑：

> 案陳振孫書錄解題，其集凡有二本，一本五卷，一本不分卷。此本題其季子大時所編，門人張栻爲之敘。凡詩一百六首爲一卷，書七十八首爲一卷，雜文四十四首爲一卷，《皇王大紀論》八十餘條爲一卷，經義三種爲一卷，蓋即所謂五卷之本也。所上高宗封事，剴切詳盡，《宋史》已採入本傳。其易外傳皆以史證經，〈論語指南〉乃取黃祖舜、沈大廉二家之說折衷之，〈釋疑孟〉則辨司馬光疑孟之誤，議論俱極醇。

《皇王大紀》是五峯承文定春秋家學，所成之一部編年體史書，體例略如袁樞紀事本末之法。此書成於紹興十一年，五峯三十七歲時，《四庫提要》云：

> 是書成於紹興辛酉、紹定間，嘗宣取入秘閣。所述上起盤古，下迄周末，前二卷，皆粗存名號事跡，帝堯以後，始用皇極經世編年，

〔註36〕參《胡宏集‧胡宏的生平‧著作及其思想》，頁9。

博採經傳附以論斷，採摭浩繁，雖不免小有出入，較之羅泌路史，則切實多矣。

五峰曾自敘其著此書之動機，其云：

> 我先人上稽天運，下察人事，述孔子承先聖之志，作春秋傳，爲大君開爲仁之方，深切著明，配天無極者也。愚承先人之業，輒不自量，研精經典，泛觀史傳，致大荒於兩離，齊萬古於一息，根源開闢之微茫，究竟亂亡之徵驗。事有近似古先，而實怪誕鄙悖者，則裁之削之，事有近似後世，而不害於道義者，咸會而著之，庶幾皇帝王伯之事可以本（〈《皇王大紀》自序〉）。

> 史書自威烈王三十三年而下，其年紀、世次、興亡大致嘗略考之矣。自是而上，及鴻荒之世，所可知者，則未嘗深考之也。今博取群書，取其中于理，不至誣罔聖人者，用編年爲紀，如通鑑，然名之曰「《皇王大紀》」。考據三代雖未精當，然亦粗有條理，可辨王伯，不至紛紛駁雜，如前史所記也（《五峯集》卷二〈與彪德美書〉）。

由〈皇王大紀序〉中，可知五峯是繼承文定紹述孔聖之志，作春秋傳，以開爲仁之方的志業，而有此書之作。而於史實上，五峯或因不滿周威王以前事蹟之紛紛駁雜而不確，故整理五帝、三皇、三王之興衰治亂之道，以求能尋出一深於道義，辨於王伯，而能治世圖存之根本，此則爲植基于內聖修爲後，所欲推展之外王事業也。

二、學術淵源與師承

（一）學術淵源

周敦頤，字茂叔，道州營道人，生於宋眞宗天禧元年，卒於神宗熙寧六年，年五十七。少孤，養於舅龍圖閣大學士鄭向家，及長游江西、湖南、廣東各地，所至皆有政聲。晚年隱居盧山蓮花峯下，取故居濂溪而名之，人稱濂溪先生。濂溪官南安時，二程父珦視其氣貌非常，因與之爲友，並令二程受學，濂溪每令二程尋孔顏樂處，所學何事？明道即曾言「自再見周茂叔後，吟風弄月以歸，有吾與點也之意」，知其善開發人。〔註37〕濂溪學無師承，但頗能相應由兩漢、魏晉、隋唐而北宋之儒學興復趨勢，以「默契道妙」。黃梨洲曾云：

〔註37〕參《宋元學案》卷十一、濂溪學案上、周濂溪敦頤。

> 周子之學，以誠爲本。從寂然不動處，握誠之本，故曰：主靜立人
> 極。本立而道生，千變萬化，皆從此出。化吉凶悔吝之途，而反覆
> 其不善之動，是主靜眞得力處。靜妙於動，動即是靜；無動無靜，
> 神也，一之至也，天之道也。千載不傳之秘，固在是也。〔註38〕

濂溪默契道妙是由「寂然不動處，握誠之本」入手，亦即是由中庸、易傳悟
入此即寂即感之道體；同時又能以「動而無靜，靜而無動」之實然者爲物，
以「動而無動，靜而無靜」之超越者爲神，由之而分別出道氣二者。而此即
動即靜之道體，則可透過氣化陰陽動靜之過程，體會道之存在，可知濂溪言
道體不悖儒家於穆流行不已，創生無盡之實體義。唯其仍只停留在道體之客
觀面，尙未使道體下貫爲吾人之德性主體，故對孔子之踐仁知天，與孟子之
盡心知性知天尙無十分眞切之契入。然其由中庸、易傳言道體之生生流行義，
則爲言「天命爲性，人性爲心」〔1〕，既重天命之流行義，亦重心體之主體義之
五峯所承續，並加以開拓發展者。故五峯爲通書所作之序，即云：

> 今周子啓程氏兄弟以不傳之學，一回萬古之光明，如日麗天，將爲
> 百世之利澤，如水行地。其功蓋在孔、孟之間矣。人見其書之約，
> 而不知其道之大也；人見其文之質也，而不知其義之精也；人見其
> 言之淡也，而不知其味之長也。人有眞能立伊尹之志，修顏回之學，
> 然後知通書之言包括至大，而聖門之事業無窮也（《五峯集》卷三〈周
> 子通書序〉）。

可知五峯因濂溪傳二程孔門心法，澤及萬代，故以其功可侔於孔孟，進而認
爲通書當與易、詩、書、春秋、語、孟同流行於天下，並爲萬世之基業，可
謂推重非常也。

　　張載，字子厚，關中學者稱爲橫渠先生。生於宋眞宗天禧四年，卒於神
宗熙寧十年，年五十八。世居大梁，父迪曾仕於仁宗朝，知涪州而卒於官，
諸孤皆幼不克歸里，以矯寓爲陝西鳳翔郿縣橫渠鎮人。橫渠志氣不群，年十
八，慨然以功名自許，欲結客取洮西之地，上書范文正公，公知其遠器，乃
責之曰：「儒者自有名教可樂，何事於兵！」手書中庸一編而授之，橫渠遂翻
然志於道。後曾求諸釋老，而終歸返於六經。橫渠少濂溪三歲，而爲二程之
表叔，橫渠曾講易於京，聽從者甚眾。一夕與二程論易深服之，翌日即謂眾
人曰：「今見二程至，深明易道，吾不及也，可往師之」即日輟講，其服義從

〔註38〕《宋元學案》卷十二、〈濂溪學案下・宗義案語〉。

善有如此者。黃宗羲云其學以易爲宗，以中庸爲的，以禮爲體，以孔孟爲極，著作以西銘、正蒙爲首要。〔註39〕

正蒙誠明篇有云：「性者，萬物之一源；非有我之得私也。」、「未嘗無謂之體，體謂之性。」橫渠以爲性雖具于個體中，却爲萬物共同之源，非我所得而私，因性體是道德創造之本源，是涵蓋乾坤而言的，故此性既是我之性，又是天地萬物之性。而氣化世界之成立，本須由道德之創造來貞定證實，而性即爲此道德創造之本體，爲貞定氣化之本體。又因此體是超越之實有，所以是「未嘗無」者，而性本即是此實體實有，故云「體謂之性」。橫渠由萬物之超越根據言性，此爲性之存有義，由氣化之生生，亦即由道德創造之貞定作用言性，此則爲性之活動要義，故知其性仍不悖儒家即存有即活動之實體義。橫渠是由中庸、易傳天道流行之客觀面言性，而五峯所謂「察萬物之本性，其源則一」〔2〕，即是承此客觀面，以性爲萬物存在之超越大本者。五峯曾稱讚橫渠云：

> 先生名載，字子厚。自童幼則知虔奉父命，及長，博文集議，致深沈之思，取友于天下，與二程子爲至交。知禮成性，道義之出，粹然有光。關中學者尊之，信如見夫子而親炙之也。（《五峯集》卷三〈橫渠正蒙序〉）

五峯思想精粹在盡心以成性一義，而所謂「成性」，乃在澈盡道德之本心，以成就彰顯此性體，使性體能貫通於日用中，成其爲具體而眞實之體。此蓋受到橫渠由導化氣質之偏，而逐步形著地成其性之「成性」說所影響，故五峯方會自覺地言橫渠爲「知禮成性」者。

程顥，字伯淳，河南洛陽人。生於宋仁宗明道元年，卒於神宗元豐八年，年五十四。明道年踰冠而登第，所至有政聲。神宗廟時，曾薦表叔橫渠與弟伊川於朝，天下咸稱允當。哲宗立，召爲宗正丞，未行而卒。明道資性過人，充養有道，和粹之氣，盎於面背，後人常以之與顏子並論，皆允爲天生之完器！十五、六歲時，曾奉父命與弟伊川問學於濂溪，終以學養醇厚，而成一代大儒。〔註40〕伊川作「明道先生行狀」有云：

> 先生之學，……明於庶物，察於人倫。知盡性至命，必本於孝弟；窮神知化，由通於禮樂。辨異端似是之非，開百代未明之惑，秦漢以後，未有臻於斯理也。謂孟子歿而聖學不傳，以興起斯文爲己任。

〔註39〕參《宋元學案》卷十七、〈橫渠學案・張橫渠載〉。

〔註40〕參《宋元學案》卷十三、〈明道學案・程明道顥〉。

〔註41〕

明道之學重在明庶物察人倫，由日用倫常中，指點體會至善之天理，此實爲儒家道德意識之充極表現。此實非天資聰穎之偶然，或自默契之涵養所可確切掌握者，而是必對孔孟仁德之本旨，確有其通徹之體悟，且眞是由自家之生命體貼出者。如此方能本其深造自得之器識，以窮神知化盡性至命，既指陳楊墨雖近而易知，實則惑人以迷暗；及洞察釋氏雖窮極深微，吸引士人研究玄理，實則爲迷離無根，無益於世道教化者，故伊川云其爲能「辨異端似是之非，開百代未明之惑」「以興起斯文爲己任」之大儒。而爲明道所體會出之天理，所稱引之敬以直內，義以方外等工夫，及其契接中庸、易傳於穆不已之道體者，皆是儒者發揚徹上徹下、天人一體之道德意識的極致表現。五峯受明道既主觀又客觀的圓教義理影響，亦由儒者嚴整之道德意識出發，一方由客觀之天道，言性爲超越至善者；一方又由主觀之心體指點仁德內蘊，以建立會通主觀之心與客觀之性爲一，彰顯一切人我事物價值之以心著性的圓融說統。

程頤，字正叔，河南洛陽人。爲明道之弟，學者稱伊川先生。生於宋仁宗明道二年，卒於徽宗大觀元年，年七十五。十八歲遊太學，時胡安定（瑗）以「顏子所好何學」試諸生，一見伊川「學以至聖人之道」之論，乃大驚又延見，處以學職，其同學呂原明亦以師禮事之。熙寧治平間，屢受薦而不起。呂申公與范堯夫曾入侍經筵，及聞伊川講說，退而嘆爲眞侍講，一時士人歸其門下者甚眾，而伊川亦自以天下爲己任。時蘇軾在翰林，名重一時，文士從者亦眾。唯因文士不樂拘檢，乃以伊川爲迂，兩家門人迭起標榜，逐釀成蜀洛黨爭，而遭竄貶涪州。伊川衣雖粗布，冠襟必整，食雖簡單，蔬飯必潔。其接引學者，亦甚嚴毅，嘗瞑目靜坐，遊定夫、楊龜山立侍而不敢去，久之乃顧曰：「日暮矣，姑就舍」，游楊始退，及出門雪深已尺餘。故明道曾云：「異日能使人尊嚴師道者，吾弟也。若接引後學，隨人才而成就之，則予不得讓焉。」〔註42〕

伊川思想以性爲不能活動之存有之理，即性只是理；以心爲能活動的氣之靈，本身不是理，但可收攝性理，依之以行。如此言心性實已離開孔孟由即存有即活動言心性之意，遂開出由大學入手之「涵養須用敬，進學則在致知」之義理說統。而五峯論心性雖遵循孔孟仁德心性之本旨，未走上伊川之

〔註41〕《二程全書・遺書附錄・明道先生行狀》。
〔註42〕參《宋元學案》卷十五、〈伊川學案・程頤〉。

路，唯仍甚尊重伊川，蓋以二程皆爲紹孔孟之統，振六經之教，開張儒學大綱之巨擘，故曾統贊二程云：

> 講道啓端，不騁辭辨，欲學者自得之也。治不計效，循天之理，與時爲工，而期之以無窮也。若夫中春風日，拂拂融融，蓋其和也。風洌而霜凝，蓋其肅也。四時更代，蓋其變化也。莫知其所以然，蓋先生之神明不可得而測也，吾將以之爲天。雖然，唱久絕之學于今日，變三川爲洙泗之盛，使天下之英才有所依歸，歷古之異端，一朝而謬戾，見比于孔子作春秋、孟子闢楊墨，其功大矣。（《五峯集》卷三〈程子雅言前序〉）

（二）師　承

五峯爲南宋第一個消化二程之學的大家，伊洛之學傳至南宋演變成二大系統，一系由楊龜山而羅豫章、李延平，再到朱子，此乃所謂之閩學。另一系經由謝上蔡與胡文定與五峯父子而成爲湖湘之學。〔註43〕五峯曾親見龜山於京師；亦透過安國之庭訓，而知上蔡學旨，如此龜山、上蔡、安國皆可謂五峯之師也。

楊時，字中立，福建南劍人。生於宋仁宗皇祐五年，卒於南宋高宗紹興五年，年八十三。自少穎異能詩文，質稟高曠，性情仁厚。二十四歲登進士第，後以師禮見程夫子於穎昌。明道授之以西銘，使知爲學之大方。龜山於師門之學，步趨正軌，罔敢越軼，故明道甚喜，每言其會得容易。及南歸，明道目送之曰：「吾道南矣」。全祖望曾云：「明道喜龜山，伊川喜上蔡，以其氣象相似也。」，〔註44〕此因上蔡英明果決，龜山氣象和平，然二者皆爲程門之龍象。安國曾云龜山所見在中庸，龜山有云：

> 中庸曰：「喜怒哀樂之未發謂之中，發而皆中節謂之和。」學者當於喜怒哀樂未發之際，以心體之，則中之義自見。執而勿失，無人欲之私焉，發必中節矣。發而中節，中固未嘗忘也。〔註45〕

龜山以爲當在喜怒哀樂未發之際，體會此「中」，此是由心體會「中體」（性體）之工夫，亦即李延平「默坐澄心，體認天理」之逆覺體證工夫。既是逆覺體證，則此「中」當是即存有即活動之實體仁體。又云「心也、性也、命

〔註43〕參《宋明理學・南宋篇》，頁11。
〔註44〕《宋元學案》卷二五、〈龜山學案・語錄〉。
〔註45〕《宋元學案》卷二五、〈龜山學案・龜山文集〉。

也，其義一也。」〔註46〕心、性、命是一，此仍是由即存有即活動之實體義言心體、性體，而命則指作為心性超越根據之天命。故龜山學說，當為順明道體會天理一路而來，而非承伊川言格物窮理之路而來者。

謝良佐，字顯道，河南上蔡人。生於仁宗皇祐二年，卒於徽宗崇寧二年，年五十四。明道知扶溝時，上蔡往從之，明道謂人曰：「此秀才展拓得開，將來有望。」元豐八年，登進士第。全祖望有云：「謝楊二公，謝得氣剛，楊得氣柔，故謝之言多踔厲風發，楊之言多優柔平緩。」黃宗羲亦云：「程門高弟子，竊以上蔡為第一」，〔註47〕上蔡以覺訓仁之義，影響湖湘諸子頗深，如云：

> 心者何也？仁是已。仁者何也？活者為仁，死者不為仁。今人身體
>
> 麻痺，不知痛癢，謂之不仁。〔註48〕

此以心為仁，而仁則為活者，能知覺者，此「覺」乃承明道一系，由道德心體之覺潤感通作用說覺者。然朱子則將仁體之活動義脫落，使仁成為只存有不活動之性，而不是心，故朱子每以其只能有認知知覺作用之心，曲解上蔡之「以覺訓仁」，實為不相應之誤會。五峯雖未親炙上蔡（上蔡卒於徽宗崇寧二年，而五峯生於徽宗崇寧四年），但經由安國之傳承，故其論仁仍不悖上蔡以覺訓仁之矩矱，五峯即曾云：「上蔡先生仁敬二字，乃無透漏之法門。」（《五峯集》卷二與彪德美書）。可知上蔡、五峯皆為順明道「人以不知覺，不認義理，為不仁。」〔註49〕之義，而由怵惻不安、心有所覺以言仁。

胡安國，字康侯，諡文定，福建崇安人。生於北宋神宗熙寧七年，卒於南宋高宗紹興八年，年六十五。自幼志氣不俗，七歲為小詩，即有以文章道德自任之句。精研春秋，發揮「大復仇」之義，以之為聖人傳心之典要。登哲宗紹聖四年進士之第三名。除荊南教授入為太學博士，立朝正直，為蔡京所惡，乃除官，後著春秋傳進覽，除寶文閣直學士。文定自登第歷仕四十載，實則居官之日不滿六載，辭官以後，卜居於湖南衡麓，著書以終。所著有春秋傳，資治通鑑學要補遺，及文集若干卷。〔註50〕文定為私淑洛學而大成者，共與謝上蔡、楊龜山、游定夫等程門高足皆義兼師友。蓋緣於文定出任荊門

〔註46〕　《宋元學案》卷二五、〈龜山學案・龜山文集〉。
〔註47〕　以上俱引自《宋元學案》卷二四、〈上蔡學案・謝上蔡良佐〉。
〔註48〕　《宋元學案》卷二四、〈上蔡學案・語錄〉。
〔註49〕　《二程全書・遺書第二上・二先生語二上〉。
〔註50〕　參《宋元學案》卷三四、武夷學案、胡文定安國，及胡寅《斐然集》卷二五、〈先公行狀〉。

教授後，龜山接替其職事，遂由此而相識，復因龜山而識游定夫及謝上蔡。其時文定任湖北提學，上蔡為湖北應城知縣，文定尊師道，不敢問以職事，特請龜山寫介紹書，而以高位修後進禮問學於上蔡，一時傳為佳話。故黃宗羲以為文定之學，「得於上蔡者為多」，全祖望亦云：「南渡昌明洛學之功文定幾侔於龜山。」〔註51〕

　　文定精研春秋之學，曾以二十餘年之力，完成春秋傳一書，並得與左氏、公羊、穀梁三傳並列於學官。文定歷仕哲、徽、欽、高宗四朝，親見朋黨之爭，金兵逼城，二帝蒙塵，學國南遷之慘事，故承北宋初期孫復尊王攘夷之意，為高宗進講春秋，冀求尊王攘夷，守土復仇之功。如春秋隱公十一年：「公薨。」文定即釋之云：

　　　　不書葬，示臣子於君父有討賊復讎之義。……夫賊不討讎不復，而

　　　　不書葬，則服不除，寢苦枕戈，無時而終事也。〔註52〕

此為文定以內聖之修為，對應存在之感受，而提出之宏規遠見與外王事功。文定雖從上蔡、龜山等人游，然於二程之學，其功多在學脈之承續。此因文定仕宦甚早，學識淵博，交遊甚廣，故對濂溪、橫渠、二程之資料，多所收集與保存。尤其朱子所編二程語錄及文集，甚多皆得自文定家中。如此五峯幼承庭訓，自甚易接觸體會北宋諸家學旨。然文定僅多承前賢為說，較少自立發明，如答門人曾吉甫有云：

　　　　夫良知良能，愛親敬長之本心也。儒者則擴而充之，達之天下；釋

　　　　氏則以為前塵、為妄想，批根拔本而殄滅之，正相反也。〔註53〕

文定直由愛親敬長，指本心之惻側感通，且以此本心之感通可達之天下，此皆不悖孔孟仁心之本旨。五峯於知言卷四，曾引文定論性之言：「孟子道性善。善云者，嘆美之詞，不與惡對」，此將孟子之本然之善性，加上中庸客觀超越之義，使性成一非名言可說之超越至善。如此言性，實為接續濂溪、橫渠、明道由客觀面之天道漸次回歸主觀面之心性一路，而毫無歧出者。五峯即透過文定所護持之二程學旨，得以契接北宋諸家，而卒開湖湘學統，文定傳承之功亦偉矣！

〔註51〕 以上皆參自《宋元學案》卷三四、武夷學案、胡武夷安國、宗義案語、全祖望案語。

〔註52〕 《胡安國春秋傳》卷三、隱公十一年。

〔註53〕 《宋元學案》、卷三四、〈武夷學案‧胡文定安國傳文〉。

第二章　天道論

引　言

　　北宋自濂溪、橫渠、明道以來，多自客觀面論天道，其所稱引之書，不外乎中庸與易傳二部，其中蓋有深意存焉！因自魏晉名士雅好三玄，隋唐五代談緣起論性空以來，道德淪喪，儒學衰微，魏晉前雖有漢之章句儒，後有唐之古文儒，然或耽於訓詁，而昧於心性；或雖攘臂高呼却乏於理論，故讀書士子漸棄僅成皮相之儒學，而轉投入談本體論天道之佛道懷抱。然佛道終究非入世化民之正途，亦非眞可逃遁道德良心自我要求之樂園。故迨及宋初，士人既思重振儒學，復有感於本體論宇宙論等理論根源之必要，遂遠紹中庸與易傳，冀援引其天道論，一以抗衡佛老玄言奧理之高調，一以爲儒學生命重開即本體即工夫，徹上且徹下之教路。基於此等背景下，北宋以來，由濂溪而橫渠而明道，莫不就中庸、易傳以言一客觀之天命與天道。延及南宋五峯仍順北宋諸子之路，多自中庸、易傳擷精取華，以爲其論說天道之基礎。

　　五峯主由超越無限與生生不已二義論天道，《知言》卷三即云「形形之謂物，不形形之謂道」。氣化有形者爲物，而超越無形者爲道，此道是於穆不已之道德創造之實體，本身雖超越無形，不能直接創生萬物，却可引發氣化之生生不息。同時天道本身又是道德法則，故爲其引發之生化與變動，雖萬變萬端却不致失其秩序。然天道雖至變而不失其則，而渺小有限之吾人，或因固著偏執，每於面對天命生生之客觀萬有時，往往不能予以應有之尊重；反之吾人亦屢有遭無

可抗拒之天命所限制之感受，此之謂命限。而五峯則以爲吾人面對命限，唯有盡道德之本分，以順受其正者，如此盡性知命，乃可不以命限爲命限矣！

五峯又由消極地「不謂命」，進一步積極地提出其「天理人欲同體而異用，同行而異情」之說法，以突破命限。其以爲人欲本爲天理之逆轉，故理欲本不能同時並立，但却因理欲皆須藉形下氣化之事相方有其具體之表現，故異質異層之理欲往往可詭譎地相即於同一事體事行上，此則唯在重視道德客觀面之五峯手中，方易開出之勝義也。而又因理欲可詭譎地相即於一事上，故若在道德心之無限普遍之妙潤創生下，必可使一切或異質或異層之存在爲道德心所貫注，使之隨心而轉。譬如就人言，人皆順本心之自主自律以行，此之謂德；就物言，一切物皆爲本心所貫通而無不順心如意，此之謂福。如此超越層之德與現實層之福，便可在道德心之覺潤創生下，藉「同體異用」之方式，亦詭譎地相即於一事上，而達致德福一致之地步。以使吾人每每感嘆有福者未必有德，有德者未必有福，怨天尤人之窘境，得一解脫與釋然。如此非僅圓滿了天命能起道德創造之理論，實際上亦提供了吾人突破命限，溝通天人，創造道德生命之必然的保證，此已將儒家天道論推至一極高明復極具體眞實之地步，此則五峯之絕大智慧與貢獻。而本章即分述五峯對天道、理命氣命與天理人欲詭譎地相即，以及德福可一致之諸般說法，以見五峯對天道深微之體會與高卓之發明！

第一節　天道釋義

五峯早年曾從程門高足侯師聖游，「議論儒學，必以中庸爲至。」〔註1〕又著有《易外傳》一卷。故其論客觀面天道性命之理，皆以中庸、易傳爲其天道義理之根源，非僅如此，其文字與中庸、易傳相類者亦極夥，此於本文隨處可見，其下即疏釋其道體諸義（分解述說是方便之權言，綜言之皆道之實義）。

一、天道無息

堯、舜、禹、湯、文王、仲尼之道，天地中和之至，非有取而後爲之者也。是以周乎萬物，通乎無窮，日用而不可離也。〔1〕

〔註1〕參《五峯集》卷三題呂與權中庸解。

形形之謂物，不形形之謂道。物拘於數而有終，道通於化而無盡。〔3〕

人事有是非，天命不囿於是非，超然於是非之表，然後能平天下之事也。〔4〕

知道者，屈伸通變，與天地相似，功名富貴，何足以病之？〔5〕

形形者，指有具體形狀而可形容指謂者，是形下有限之物；而不形形者，是指無具體形狀相貌，不可以言語描述者，是形上無限之道。此形上無限之道，非空無所有，而是周流不息，不失其秩序之創造之眞幾。形形之物，雖亦天命發用流行所創生，但因有形具體，其性即固著於其形質，而隨形質之生滅而有始終。而不形形之道，是形上秩序之創生實體，是「通於化而無盡」的，故能超越形下是非相對之拘限，不爲相對之是非所囿限，以平天下之事。道既不拘於形下之事與物，有其絕對普遍性，自可充周乎萬物，通化於無窮，不離於日用亦不囿於日用；同時復能爲實然世界提供一是非判準，亦即本其超越性，可判此一物而不爲此物所限，可超越跳脫以推判另一物，以至於天下之無窮者。易亦有云：

夫易廣矣大矣，以言乎遠則不禦。以言乎邇則靜而正，以言乎天地之間則備矣。〔註2〕

易之廣遠無邊，至近無隔，天理全備，即五峯所謂能屈伸通變，中和之至，「富用物而不盈」〔1〕者，故自能內在地體證此天道之超越普遍性。

乾元統天，健而無息，大明終始，四時不忒，雲行雨施，萬物生焉。〔5〕

卦之必重，何也？天道然也。天道何爲而然乎？太極動，則重矣。天道無息，故未嘗不重也。〔5〕

天之所以爲天者，至誠無息而已。（《五峯集》卷二與毛舜舉書）

誠，天道也。……天道至誠，故無息。〔4〕

「乾元統天，健而無息」，即乾道創生統理一切，是一永恆不已之進程。此乾是「乾知大始，坤作成物。」〔註3〕「夫乾，天下之至健也。」〔註4〕之乾。乾之知，是「主」意，〔註5〕即乾元主管綱紀天地萬物之生成發用。大始

〔註2〕《易・繫辭上傳》、六章。

〔註3〕《易・繫辭上傳》、一章。

〔註4〕《易・繫辭下傳・十一章》。

〔註5〕參《心體與性體》第一冊，頁44。

即宇宙生成之始，是天地萬物之發源，故曰大始，然此是爲宇宙存有作一價值根源之解釋，意指義理價值之始，而非指產生時間之始。而乾既是超越眞實之本體，不陷溺固著於某一物，復能知理創造天地之生成，故是創造原則。又因其「天下之至健」，是明確超越，不已不溺，永恒向上向前，無有已時已地者。故五峯即以此至健創生原則之「乾元」，作爲宇宙繁興大用之發生根源。根本確定，而後之大明終始，四時不忒，雲行雨施，萬物生焉，方有其生成之源，與得其爲眞實之據也。

五峯又從「太極動」一義，伸其天道無息之義。「一陰一陽之謂道，道謂何也？謂太極也」五道即太極，故太極亦是超越普遍，創生不已之道德創造之實體。而此「不形形」之太極之動，自是「不形形」之動，即是動而無動相之，此動不與形下之靜相對。同時形上絕對只是一而無二，故動即是靜，靜即是動。而此即動即靜，動而無動相之動，落於存在，則引在陰陽交感，卦爻亦相重而轉出增多。而五峯即由此體會太極之動，即天道之創生作用，是至健無息者。

中庸云「至誠無息」，〔註6〕至誠者，絕對眞實無妄，完全成就自我之謂。而眞誠地成就自我，是一無限之過程，故至誠者自會無限地自成不已也。而天道則是一超越創生原則，是生物不測的，故五峯云「誠，天道也。」此即以天道之生物不測，亦是眞實無妄，成就自我者，遂以天道爲至誠。又因至誠無息，天道自亦無息，所謂「天之所以爲天者，至誠無息」也。而「天之生生萬物，聖人之生生萬民，固其理也。」〔1〕聖人所以會法天以化民之理，即指聖人於自我實踐成德之過程中，眞切地體會眞有此創造不已，至誠無息之天道，故法之而生生化育不已。

二、陰陽成象而天道著

　　陰陽成象，而天道著矣。〔1〕

　　一陰一陽之謂道。有一則有三，自三而無窮矣。老氏謂「一生二，二生三」，非知太極之蘊者也。〔1〕

　　「易有太極，是生兩儀。」故天地之間，物必有對，感則必應，出則必反，不易之理也。（《五峯集》卷五釋疑孟、理）

　　蓋天地之間，無獨必有對，有此必有彼，有內則有外，有我則有物，

是故「一陰一陽之謂道」，未有獨者也。（《五峯集》卷五〈論語指南〉）

物不獨立必有對，對不分治必交焉，而文生矣。〔3〕

或往或來，天之所以爲道也。〔2〕

「一陰一陽之謂道」一語原出《易繫辭上傳》第五章，本意指於一陰一陽之規律交感活動，產生存在之事務中，吾人可體會實有一使陰陽得其爲陰陽，及使陰陽交感無息之神感神應之道體也。但陰陽是氣化邊事，並非是道，只是道體活動得以具體呈現之資具耳，故曰「陰陽成象，天道著矣」。明道亦有云：

天地萬物之理，無獨必有對，皆自然而然，非有安排也。每中夜以
思，不知手之舞之，足之蹈之也。〔註7〕

所謂「無獨必有對」，是氣化之實情實勢，而此實然之所以然，則爲生生之天道所引發而出者。故天道雖超越無限不直接創生氣化，而其所以能引發氣化，則因於此超越之實體中，本即含流行之大用，故對應某一個別存在之然，自能引發其生化。而吾人亦可於此實然氣化之流轉中，體會此一流行無盡之天道，而熊十力先生曾釋此義云：

實體變成大用，決不單純，定有翕闢兩方面，以相反而成變。翕，動
而凝也。闢，動而升也。凝者，爲質爲物。升者，爲精爲神，蓋實體
變成功用。即此功用之內部，已有兩端相反之幾，遂起翕闢兩方面之
顯著分法。萬變自此不竭也。陰陽既分，遂興萬變，故無窮竭。夫翕，
惟成物。物則形容各別，如世共見萬物散殊是也。闢，則以至精之運，
徧入一切物，徧包一切物，無定在而無所不在。〔註8〕

熊先生由實體內部之翕闢二功能，指謂其相反相成以成實體創生之大用，同時翕闢是恒動無定者，故其創生之大用，亦永無窮盡。然其云「遂興萬變」此興字並非直接創生之義，而是引發創生之謂。而「易有太極，是生兩儀」此太極即翕闢相成之創生作用與所以然，兩儀即對應此生道之實然。五峯爲強調道是道，陰陽是陰陽，道藉陰陽而顯，故曰「有一則有三，自三而無窮」，亦即道是一，陰陽是二，故爲三，如此將形上之一與形下之二合爲三，顯未注意形上與形下之數不得相加，但其承易傳宇宙論以對抗老氏「一生二、二生三」之宇宙論之意則甚明。且道乃形上超越之唯一，陰陽乃形下之相對等氣質，五峯則仍分之甚清，並以之詮釋其宇宙生化之論。易傳云：

〔註7〕 《二程全書》、遺書第十一、明道先生語一。
〔註8〕 《體用論》，頁 248～250。

> 易有太極，是生兩儀，兩儀生四象，四象生八卦，八卦定吉凶，吉
> 凶生大業。〔註9〕

易之太極爲形上創生道體，落於氣化實然，引生陰陽兩儀之交感，而生四象、八卦等形下事物，此只在客觀地說明氣化變動之普通規律，即道體之活動如何引生陰陽氣化之變動。然形上太極，如何引生氣化相對之活動，濂溪曾釋此義云：

> 動而無靜，靜而無動，物也。動而無動，靜而無靜，神也。動而無
> 動，靜而無靜，非不動不靜也。……陰陽太極，四時運行，萬物終
> 始。〔註10〕

物是形下限定者，五峯亦謂「形形之謂物」。此形下限定之物，即固著於其所限定者，拘於數而有始終。故動即是動，非能爲相對之靜；靜即是靜，非能爲相對之動。

而寂感眞幾之神體，則是「不形形之謂道者」，此形上不限定之道，可通化無盡，不即亦不離於物，可知太極之動，是無限定相之動，是不與形下之靜相對之動，故動無動相；而靜亦是無限定相之靜，是不與形下之動相對之靜，其靜亦無靜相。然在形上絕對層，因無相對之二分，故雖有動而無動相可如靜般，雖有靜而無靜相可如動般，雖無相對之動靜相，實有其眞動靜也。〔註11〕故曰「動而無動，靜而無靜，非不動不靜也。」太極本是即動即靜者，及其具於個體中爲其體性，即固著於此個體，故其動物亦動，然亦只是動而無靜；其靜物亦靜，然亦只是靜而無動，成一動即動，靜即靜之形下氣物。然此形下氣物動了又靜，靜了又動，遂眞實成就了氣化萬端，生化無窮之事實矣。而四時之運行，萬物之終始，即因此即動即靜，即寂即感，寂感一如之太極道體之周遍流行，而此即「易有太極，是生兩儀」之義。又其云「陽中有陰，陰中有陽，陽一陰，陰一陽，此太和之所以爲道也。」即云陰根于陽之極而來，陽根於陰之極而來，陽動了又有陰之靜，陰靜了又有陽之動，如此動了又靜，靜了又動，乃太和之奧。

五峯即扣緊易傳此義，由創生不已道體之周遍流行，言其可引生形下陰陽兩兩相對之創生不已之活動。如又云「物不獨立必有對」〔3〕、「物必有對，

〔註9〕《易·繫辭上傳》、十一章。
〔註10〕《通書、動靜》第十六。
〔註11〕參《心體與性體》第一冊，頁349。

感則必應，出則必反」、「或往或來」、「陰陽升降有道」[4]、「時之古今、道之古今」[1] 等，以客觀地詮釋此動靜往來之天道，作爲氣化萬物對立相生相感之發生根源。

> 孔子極言天地之道，謂乾道變化，則萬物各正性命；坤順承天，而萬物生焉。是故雖一物之微，必天地合而後成。其施者，天也；產者，地也。(《五峯集》卷四《皇王大紀論》天產地產)

> 天道保合而太極立，氤氳升降而二氣分。天成位乎上，地成位乎下，而人生乎其中。故人也者，父乾母坤，保立天命，生生不易也。(《五峯集》卷三〈皇王大紀序〉)

> 太和保合，生育無窮之道，無始而有始，無終而有終者也。盈虛升降，終而復始，於穆之不已，而成四時之造化。(《五峯集》卷四《皇王大紀論》西方佛教)。

「道抱陰陽妙，天行日月常。花開千種麗，葉下一般黃。」(《五峯集》卷一絕句偶書四首之一) 此詩客觀理性地描述永恒運行之天道，能妙運陰陽之創造，而生發時如麗天之盛，消亡時如昨日之黃花，但其又非限定只一開謝，而是自開及謝，及謝復開，生生不已者，五峯乃借此發其由氣化見天道，所謂「陰陽成象，天道著矣」之義也。「乾道」是創造之眞幾，因其超越絕對，是即動即靜，即來即往者。然及其具於形下，所引生之氣化創造萬物之活動，則爲始即始，終即終，始而有終，終而復始，可具體眞實成就萬物者。所謂「坤順承天」，則在效法實踐此天道，以隨順終成萬物，此亦即「成象之謂乾，效法之謂坤。」[6] 之義旨所在。

蓋此做爲創造原則之乾道，即是天命於穆不已之流行，流至一物，即貫於此物，以爲此物之體性。因「氣主乎性，性主乎心」[2] 主觀之心形著客觀之性，客觀之性挺立，物即眞實存有，而心性皆此創生不已之道體之活動義與存有義，故道體實可貫於此物，以成此物終此物，而道體所以能在氣化過程中成物終物之因，便在心之形著作用可使萬物得其眞實具體之始終也。故云：

> 萬物生於天，萬事宰於心。性，天命也。命，人心也。而氣經緯乎其間，萬變著見而不可掩。[1]

而每一由乾道創生，萬變著見而不可掩之物，自有其客觀獨立之始終過程，且物各個不同，故其始終過程亦異，無論成人成物，或成天成地，莫不由太

極乾道成此始終之過程。故簡言之，此「無始而有始，無終而有終」之乾道，須透過陰陽相感成始成終之過程，方可成就體性各不相同之物；亦即方可具體成就、正式肯定天地萬有之存在。而五峯即言無始亦無終之乾道流行，因「氤氳升降而二氣分」，遂貫於相對實然，引生尊乾法坤，天施地產，陰陽剛柔，感通化生等作用與過程也。又因物各不同，且無有窮盡，即「盈虛升降，終而復始」，故必須於穆不已、創生無盡，方能遂生物之功，成四時之造化。此即五峯客觀地真實地解釋一切存有之根源，既不虛妄無根，亦不實然無神，而可即此氣化存在，以開務成物，立人立己，挺立一切價值之因，故曰「即物而真者，聖人之道也。」〔2〕

三、內容與諸名

（一）仁為體、義為用之內容

> 道者，體用之總名。仁，其體；義，其用。合體與用，斯為道矣。〔1〕
>
> 理也者，天下之大體也；義也者，天下之大用也。……理明，然後綱紀可正；義精，然後權衡可平。〔4〕

五峯云「天道，至大至正也。」〔6〕「至大」者，言道之無限普遍性，「至正」者，則言道之至誠無妄，超越至善，中和至理等義。綜言之，道是一超越是非善惡之道德價值之唯一標準，本身即是自主自定道德之方向，自悅自行道德之法則的創生性天理。天道既能不為事相所拘限而失之呆滯蒙昧，又能不已地通貫一切，賦予其價值之尊嚴，而為一通內外，成物我之價值根源。而若就人言，「五典，天所命也；五常，天所性也。」（《五峯集》卷三〈與原仲兄書〉二首之二），可知人之綱常倫理，非外鑠於我，乃吾人本性所有，根源於天道者，人即以天道為本性。而就道之統體發用言，則以仁為體，以義為用，因仁是覺潤感通無方，形著創生不已者，且亦是道德價值之唯一標準之實體。故仁即道，道即仁，道乃以仁為其主觀的道德的內容，自客觀之宇宙生化謂之道，自主觀之道德實踐，以參贊天地，則謂之仁也。「理也者，天下之大體」，大體即道，故理亦道之內容，而曰道理，此道理自儒者言即指仁理，亦是一即存有即活動之道德理體。故可知超越面之道理仁理，若云為價值之根源，存在之所以然，知其有存有義；若云為吾人道德實踐，欲罷不能之動力，知其有活動義。而落於現實人間，此即存有即活動之仁理之呈顯發用即是義，義則是仁理之權衡裁決，使之合於天理本然之手段，故曰「義也者，

天下之大用」。又云：

> 「一陰一陽之謂道」，道謂何也？謂太極也。陰陽剛柔，顯極之機，
> 至善以微，孟子所謂可欲也。天成象而地成形，萬古不變。仁行乎
> 其中，萬物育而大業生矣。〔5〕

此段爲五峯言道之生化、永恒等性質，與至善仁德之內容之佳句，今試疏釋
之，以明其勝義。而「道」也者，「太極」之謂也。此動無動相，靜無靜相，
即動即靜之太極，雖屬超越不可限定者，但可引發陰陽氣化永恒無窮之創
造，使天地成形且具體，就中之人物亦得爲眞實之存有。並由始而終，由終
而復始，終始無間，天道亦朗現無間，而此雖自客觀之存有言，然其中仍自
有仁德創生覺潤之大用在。而若如何妥貼男女陰陽之分際，如何定奪剛正或
柔婉之裁決等，實則正是極顯吾人似微實明之至善仁理之機會。此因仁德不
已之呈用，自能貫穿物我時空，彰顯吾人道德生命，使分際與裁決，無一毫
之粘滯與執著，故能全幅朗現天理仁德，通澈物我一切，達至「萬物育而大
業生」之境界。而此亦即孟子所謂「可欲之謂善，有諸己之謂信。充實之謂
美，充實而有光輝之謂大，大而化之之謂聖，聖而不可知之之謂神」之圓融
化境也。〔註12〕

（二）道之諸名：太極、太和、誠、仁、鬼神

五峯承先秦由於穆不已，至誠無息言天道是一即存有即活動之道德性實
體，以爲一切客觀之事物與價值之根源。然此自先秦以來儒者所共認之道體，
本超越無相狀可以言說，因一切名皆非其實體，其體亦不爲任何名所限。然
常因其所引用，議論所當之幾有異，而賦予不同之名，或取經典之詞語；或
因主觀客觀之別而有異，此則爲描述之權言耳。五峯即曾云：「平仲云：『心
者，萬化之源，至理之所在。』此是籠罩語，非端的見者也。何以明其然？
天也，命也，性也，豈不可如此言乎？餘所立言，皆如此也。」（《五峯集》
卷三與孫正孺書），五峯以道體之活動義言心，心雖亦涵萬化之源之義，但非
其立名之重點，故五峯評平仲「心者，萬化之源」非端的明確之見。由此知，
個人對天道體悟契入之機之不同，便往往借經典之詞語對天道賦予不同之
名，以爲其詮釋之方便，同時更能反顯其所以立名不同之進路與契機。所以
此萬化之源之道體，固可以心言，而天、命、性甚至太極、誠、仁等，亦皆

〔註12〕《孟子盡心篇》。

可因所當之機，所進之路而立種種之名。天道之性質與內容已於上述，下即略釋道體之諸名，以全備其名與實。

1. 太極、太和

> 生，則天地交泰，乾坤正，禮樂作，而萬物俱生矣。……若太極不立，則三才不備，人情橫放，……而天命不幾于息乎？（《五峯集》卷三〈皇王大紀序〉）

> 天獨健而無息，地道順承而無成，而太極立矣。（《五峯集》卷四《皇王大紀論》、祭祀郊社）

「太極」源自易傳「易有太極」〔註13〕一句，「生」則謂此即存有即活動之太極道體有創造生化義，但太極屬形上，故其動是動而無動相之動，非是能直接創造萬物，而是由引發氣化活動以具體創造萬物者。「健而無息」，則指太極有永恒無限，無始亦無終，不已地超越向上向前之性。「三才不備」，則指太極非只客觀地本體宇宙論地爲描述宇宙生化過程之名，此中實有道德價值貫於天地人三才之間，故三才備則爲有道德之眞實世界；三才不備則道德虛餒，自不成其爲眞實之世界矣！

> 夫先聖後聖發明大義，如太和之體，萬物春生秋殺，雷動風行，千變萬化，務曉人以生生之道。（《五峯集》卷四《皇王大紀論》、周易成書）

> 至哉！吾觀天地之神道，其時無愆，賦形萬物，無大無細，各足其分，太和保合，變化無窮也。（《胡宏集》附錄一〈宋朱熹胡子知言疑義〉，頁332）

此由寒暑生殺之周而復始，雷動風行之沛然莫禦，言太和之主宰創生萬物之永恒而不已之強力。又太和縱橫於時空中，不已地創生，並非塊然粗具，而是細大不捐，各足其分，各盡其妙者，以見此爲道德創造之實體之「太和」，其無內無外，變化萬端之靈明神用之超越普遍性。

2. 誠

> 誠，天道也。天道至誠，故無息。〔4〕

> 天命之謂性，流行發見於日用之間。患在學道者未見全體，窺見一斑半點而執認己意，以爲至誠之道。〔5〕

〔註13〕《易·繫辭上傳》、十一章。

> 感而無息者，誠之謂歟！〔4〕

> 當其可之謂誠，失其宜之謂妄。〔4〕

中庸云「誠者，天之道也。」〔註14〕誠者，真實無妄之意，因天之創生亦是真實無妄，於穆不已者，故誠即是天道，天道亦是至誠而無息者。又「感而無息」之感，言其無息不已，自屬寂然不動，感而遂通，寂感一如之感，非生理心理之感動感覺者。誠是自主自律之道德實體，能不斷地感通並導化道德行為，使無一毫之虛欠作偽，而吾人之動靜語默，自能當其可而不致失其宜。所引「天命之謂性，……以為至誠之道」一句，則在由通貫客觀天命之發用流行創造萬物，及主觀之道德心真實化萬物等作用之過程，以顯誠體之道德創造感通而無息。

3. 仁

> 仁也者，人也。人而能仁，道是以生。生則安，安則久，久在天，天以生為道者也。人之于道，下學于己而上達于天，然後仁可言矣。
>
> （《五峯集》卷三求仁說）

> 仁也者，人之所以為天也。（《五峯集》卷二與張敬夫）

仁是全德，而實與於穆不已、生物不測之天道為同體者。〔註15〕仁雖是形上德體，然五峯每多由道德行為中指點仁，亦即欲人由道德實踐中體證此仁體。而人若能自覺地行仁，步步去除私欲，克己復禮，自能安於仁，久於仁，下學而上達於天，能達於天，自能感通無礙，覺潤無方，比配天道無窮創生之作用。此即是將客觀天道之創生奧妙收攝于主觀之仁德創造，故曰：「仁者，天地之心也。」〔1〕。

4. 鬼　神

> 夫天地之道，一往一來，否泰相應，變化無方，人日用而不窮。不可以智慮測度，不可以才能作為者，謂之鬼神。鬼神者，特以往來言之。道固一體，不可分也。先儒多以神屬之天，鬼屬之人，我知其不知鬼神之情狀矣。（《五峯集》卷四《皇王大紀論》、周禮禮樂）
>
> 鬼神之為物，非他，即吾之誠是矣。（《五峯集》卷四《皇王大紀論》、祭祀郊社）

〔註14〕中庸、二十章。
〔註15〕參《心體與性體》第二冊，頁 224。

往而不窮者，鬼之謂歟！來而不測者，神之謂歟！〔4〕

一日之旦暮，天地之始終具焉；一事之始終，鬼神之變化具焉。〔4〕

首句釋鬼神為道之名相與體性極為明確，蓋因天道是往而復來，來而復往，變化無方，卻又不失其秩序者。因其往來無息，頗似不易測度把捉者，遂謂之鬼神，此是剋就道之來往不已而言。易云：「易无思也，无為也，寂然不動，感而遂通天下之故。非天下之至神，其孰能與於此？」〔註16〕神之无為，非自現實言，而是自形上無相狀之道體云思與為也；亦即由寂然不動、感而遂通之動無動相，靜無靜相之神感神應，云其思慮與作為。故五峯亦以一來一往，否泰相應之道體，是「不可以智慮測度，不可以才能作為」，奧妙莫測，即寂即感，如易之神般者，故謂之鬼神。又因鬼神之往來是必然應然之運行，是真實無妄之天命流行，故亦可以「誠」言鬼神。又其雖以鬼為往而不窮，神為來而不測者，實則由內而外是往而不窮，由外而內是來而不測，故綜言之，則來實即是往，往實即是來，一來一往，永恒不息，故鬼神實是一，實即是道體之往來無息。故若只以神屬天，鬼屬人打落至扎理心理層面，則失鬼神之道體原意。五峯又云「道固一體，不可分也」，意指是一之鬼神，即是道體之往來，自不可以分。若再擴充之，則前所言之太極、太和、誠、仁均皆只是一即存有即活動之道德創造實體，名雖不同，實體是一，故亦不可言分。〔註17〕

第二節　命之釋義

> 竊惟古聖人之言，無不入時事者。孟子亞聖，故其言與聖人相似。
> 其言曰：「聖人之於天道，命也，有性焉，君子不謂命也。」今日宋室衰亡，金人強盛，……然「無平不陂，無往不復」，天道如此，一盛一衰，運行不已以成命。惟聖人參和天地，以淪於時。命之一偏，而失天性之大體，必自理於衰微之內，以須興盛之復，而不委諸命是也。（《五峯集》卷三與沈元簡書）

五峯由宋衰金盛之深沈感喟，體會現實之時事中，常有違逆德善之命運限制存焉，而一盛一衰，運行不已，又為天道本然命定如此者。故所喟嘆者，在於以為天道本善，流行發用，當亦全體至善，而何以竟有違德限善之生耶。

〔註16〕　《易・繫辭上傳》、十章。
〔註17〕　本文之道體義，主參《心體與性體》第一冊，頁112由即存有即活動之義釋之。

蓋天道本屬永恒普遍體物不遺者，然及其具於現實上，引生無窮氣化之事後，此下貫於氣化之天道，却一方爲有限事物所限制，一方亦對事物形成一限制，而每一事物面對氣化中天道之限制，因其所受限制多少大小之不同，而形成遭遇各有不同之距離與差別。復因個體氣質性向之有別；個人發展遭遇之互異；及時代運會之流轉變異，而由此等因素交錯相構而出之結果，往往非爲吾人所欲樂得者，此即構成一客觀命運之限制也。〔註18〕譬如聖人或限於短暫形軀，而不得遍盡天下之理；凡人或限於能力，而不得達其理想；或雖天縱聖明，時機却流逝不復返。故無論聖賢凡愚，邦有道或邦無道，氣化中之命限，幾乎是客觀普遍而無所不在，無可逃遁之者。故面對此本然至善，具於形下却多成命限之天道，復基於本心仁德必不已地要求呈現之實情，五峯乃以爲唯有自理與復天命善性，蘊勢踐德待機而顯發天性大體，爲唯一應然當然之途徑。但却絕不能委墜於客觀命限，甚或隨波逐流無所底止，冀以護持吾人道德生命之尊嚴。

　　然命又有理命、氣命之分，橫渠所謂「言死生，則曰有命，以言其氣也。語富貴，則曰在天，以言其理也。」〔註19〕生死有命者，在言客觀天道創生萬物，物賦形而具體，一具體即有限而必有生死，但此尚是天理之流行而非命限。然此有限之人物，能否全盡其年歲，及如何非自然地消亡，此中則有一現實氣化之命限存在。富貴在天者，意謂若以非道德手段而得者，仍屬氣命非理命，因其得爲偶然而非必然，是「求無益於得也，求在外者也。」〔註20〕若以道德理性手段而得之富貴，則是以理言之命，即是完全體現至善天道之本然，且其得是必然應然的，是天理發用流行之如如表現，是「求有益於得也，求在我者也。」〔註21〕五峯亦多言理命氣命，唯以理而不以氣爲命，此先言理命：

一、理命與氣命

　　「維天之命，於穆不已」，聖人知天命存於身者，淵源無窮，故施於民者溥博無盡，而事功不同也。〔1〕

　　君子畏天命，順天時，故行驚眾駭俗之事常少。〔2〕

〔註18〕參《心體與性體》第一冊，頁525。
〔註19〕《正蒙・誠明篇》。
〔註20〕《孟子・盡心篇》。
〔註21〕《孟子・盡心篇》。

　　誠，天命。中，天性。仁，天心。理性以立命，惟仁者能之。委於
　　命者，失天心。〔5〕

　　乾道變化，各正性命，命之所以不已，性之所以不一，物之所以萬
　　殊也。〔5〕

至誠無妄，於穆不已之天道發用流行，普遍地創生萬物，物我即以此至善天
道爲體性，而能「知天命」並呈現此道德天理之聖人，即本此淵源無窮之道
德創造之眞幾體性，以化育萬民，自然溥博無盡，肫肫皆仁也。而孔子曰「不
知命，無以爲君子也。」〔註22〕此是由「於穆不已」之天命流行，言天之所
命，是命令義之命。因天道至善，自定道德原則，自悅此道德原則，即行此
道德原則，是道德創造之眞幾，〔註23〕故其發用流行即是道德之創生。而此
創造之眞幾若命令於吾人，吾人即以之爲道德創生之本性，故曰「誠者，命
之道乎！」〔1〕同時生生不息之萬物，亦各秉其生生不已之天性而具體存在變
化萬端，故曰「命之所以不已」，而此乃是將道德性與普遍性，皆融攝於此命
令義之天命也。而有限之吾人，面對此超越無限之道德創造之天道，往往自
覺力量之微小，道德之蕪欠，而生一敬畏、服從之心態，即所謂「君子畏天
命」之意，然不論「知天命」、「畏天命」只言天道道德創造之命令義，此即
以理言之命！

　　陰陽之升降，邪正之內外，一也。是故仁者雖切切於世，而亦不求
　　之必行也。〔1〕

　　蓋脩短有數，一定而不可變，雖聖人與造化同，于脩短亦聽之，未
　　嘗別致力也。（《五峯集》卷三與彪德美）

　　有求之而得者，有不求而得者，有求而不得者，命有定矣。〔2〕

　　人固有遠迹江湖、念絕於名利者矣，然世或求之而不得免；人固有
　　置身市朝，心屬富貴者矣，然世或捨之而不得進。命之在人，分定
　　於天，不可變也。是以君子貴知命。〔3〕

年歲之脩短有定數，邪正之顯滅有一定，此一定是因天道貫於氣化，產生無
窮之複雜與奧密，非人所能測度掌握，遂定然形成吾人一超越之限定，而爲
吾人所無可如何者，即「命」之謂也。牟宗三先生有云：「命是個體生命與氣

────────────

〔註22〕《論語・堯曰篇》。
〔註23〕參《智的直覺與中國哲學》，頁195。

化方面相順或不相順的一個『內在的限制』之虛概念。這不是一個經驗概念，亦不是知識中的概念，而是實踐上的一個虛概念。」〔註 24〕此命是超乎經驗知識所能規定推論者，非道德理性所可實踐成就者，亦非於穆天命命令義之命，及性分本天之分定之定。然亦非氣化之不齊與複雜，因氣化雖無窮，人仍多少可操控改變一些，它只是吾人在生命活動中，面對諸多不論吾人如何努力實踐，仍無法掌握測度之事時，所感到的一超越天命之限制。此是在氣化實踐中，吾人必面臨之一客觀而普遍發生之限制，即以氣言之「命定義」之命。

　　故雖有個人主觀上絕利棄欲，遠迹于江湖之行為，然亦常因個人之條件能力，與時勢之變化，而不為世所捨，「有不求而得」者；亦有積極地躋身奔競之列，然或因非其所能掌握之機緣運會之限制，而「有求而不得者」，所謂「世俗紛華，蓋有命焉，其可必乎？」（《五峯集》卷三譚知禮哀詞）。故不論求而有得或無得，有時非關努力得法之與否。而不求當無得，卻亦每有不求而有得者，此亦非關賞善罰惡之理則，因其中皆有氣命所成之限制，所謂「命之在人，分定於天，不可變也。」。即便是聖人面對年歲之多寡，德業之顯晦等現實事相，在知此氣命之限制後，亦唯有安之，聽之，不怨天，不尤人，而無可改易此命限，故曰「君子貴知命」。

二、盡性以至命

　　然仁德具于吾人，吾人即欲不已地呈現此仁德，而於踐德過程中面對氣命之限制，五峯以為當發揮天命善性之本然，以超化此氣命之限制，而不只聽順此限制，以折殺仁德之呈現作用。

> 以理義服天下易，以威力服天下難，理義本諸身，威力假諸人者也。
> 本諸身者有性，假諸人者有命。性可必，而命不可必，性存則命立，而權度縱釋在我矣。〔2〕
> 貴賤，命也。仁義，性也。〔6〕
> 命有窮達，性無加損，盡其性則全命。〔6〕
> 夫文王、武王盡道以事紂，未嘗不冀其悛改也。改而有天命，則固君之，不改而無天命，則將臣之，文武何容心哉？順天而已。（《五

峯集》卷四《皇王大紀論》、觀兵之說）

仁義是吾人之本性，價值之標準，亦爲道德行爲之動源，是「雖大行不加焉，雖窮居不損焉，分定故也。」，〔註25〕不受窮達貴賤及客觀命限之干援，而本然自存的。由是之故，天命流行於吾人，即命令爲吾人之本性，吾人循此本性以呈現天道，即爲吾人之本分，而此本分乃天命所命令而不可改者，故曰「分定」也。又此「分定」，是道德性分之所定，非氣命限制之「命定」。因爲「本諸身者有性」，吾人只當盡此天性之本分，爲所當爲應爲者，以待命限之來臨；而「假諸人者有命」，因人之夭壽、窮達、否泰有其命限之存在，故無論如何鑽營思慮，皆無法改變掌握此命限。「性可必，而命不可必」，呈現本性以成德立業，雖有命限存在，但卻是吾人必可自覺挺立而行之者，即所謂「權度縱釋在我」之意。而氣化之命限，則非吾人所必能消除克服者，故文王、武王之事虐紂，紂若改虐而行仁，盡其性分之所當爲，文王、武王固當順受此理命而臣於紂；若虐紂不改其暴，不禰其性分之仁德，違逆天理，使萬民遭遇無端由之暴政命限，則文王、武王自當伐而誅之，此即「順天而已」之意。自文武言，紂之虐或德非其所能主宰，故是一命限，但亦只應「順受其正」〔註26〕者，亦即只順受天理之正者而臣紂，而不順受非天理之命限，遂終伐而代之；自紂言，本當循天性行仁政，經世理國，以順受天命爲君之正命，卻因倒行逆施，不順受天理之正命，而遭文武之誅伐，此對紂自身亦可云形成一命限

由此正反二例可知，一面對命限，只當順受天理之正命，而不須議論成敗之與否，因成敗對正邪二者爲一客觀限制，不可求其必者。故苟能「順受其正」，則既可正視命限之存在，亦可挺立尊顯道德之價值與作用，故曰「盡其性則至於命」、「性存則命立」也。若順受非天理之命，則既有氣命之限制，復無天理之護持，自然行險僥倖，縱欲敗德，內外皆失其所以爲人之者矣。五峯又云：

> 莫成於命，患在不能信之爾。……不能信，故富貴貧賤不能安也。〔3〕

此句言若要安於命所限於吾人之富貴或貧賤，而不致怨天尤人，便應澈盡道德本性，雖知有此命限，而不以之爲限制，進而超化此命限，只自足自行其性分之所當爲者，此即「成於命」者。使本爲天所命令之存在，經複雜不齊

〔註25〕《孟子‧盡心篇》。
〔註26〕《孟子‧盡心篇》。

之氣化，竟轉爲客觀命限之存在者，在每一盡性踐德之機緣下，皆能依循天理以行，以超化回復一切存在之本然自性也。如此道德生命中只見天理如如之流行，成一圓融之化境，而能超越導化命限之存在矣。如此使「安」之標準，建基於能否「盡性」、「成命」上，自不受無可取消之命限所干擾。是則雖處富貴之限（富貴亦屬一限制）安，處貧賤之限亦安，故曰「君子雖切切於世，而亦不求之必行也。」。吾人形軀雖渺小有限，心靈却可光朗無限，而此即孟子不以道德實踐中有命限存在，便重視畏懼此氣命，而消餒其道德行爲之本意。故五峯亦曰：「孟子亞聖，其言曰：『聖人之於天道，命也，有性焉，君子不謂命也。』」，可謂深得孟子「不謂命」之旨。

第三節　即事以明道

一、事本乎道，道藏乎事

即事以明道是通澈上下之圓說，即肯認一切存在，皆天道所創生之資具，由此資具即可具體呈現天理之內蘊，即所謂「『道外無物，物外無道』，是天地之間無適而非道也。」（《五峯集》卷二〈與原仲兄書〉），而五峯此義是由橫渠「形而後有氣質之性。善反之，則天地之性存焉。」〔註27〕之意而來，以言形而後之形軀氣質，有礙於靈明本性之呈現。此雖已點出氣性之普遍存有，但尚偏於負面，故欲繼善以化此氣質也。明道進言「生之謂性」，〔註28〕由於穆不已之至善天性具于個體中言性，此性之表現即函此個體之表現，此個體之表現，亦函此性之表現，此說仍重在氣質對本性之糾結與限制。然明道又有所謂「論性不論氣不備，論氣不論性不明，二之則不是。」〔註29〕及「只此便是天地之化，不可對此個別有天地之化。」〔註30〕等語，則已隱函道德仁心之創造可收攝氣質之性，道與氣非可主觀地截然二分之意，此實已大開道氣不即不離，互相成就之門矣。

及至五峯即承明道所開之路，首先將道體分主觀之心與客觀之性二面，再以心著性，具體成就此天道創造一切之作用，乃所謂「乾道變化，各正性

〔註27〕《正蒙·誠明篇》。
〔註28〕《二程全書》、遺書第一、二先生語一。
〔註29〕《二程全書》、遺書第六、二先生語六。
〔註30〕《二程全書·遺書第二上·二先生語二上》。

命，命之所以不已，性之所以不一，物之所以萬殊也。」〔5〕。五峯由乾道變化一義，客觀正式地肯定雖物物不同，但皆本天命而來，不可妄自輕視之，復由具至善天道活動義之心，主觀地去形著成就萬物，使一切事物之形質結構，固得以挺立而成其爲事物，而天道之至善義亦得賦予於其中，因天之創生實即道德之創造，是一而非二，即所謂「夫人目於五色，耳於五聲，口於五味，其性固然，非外來也。聖人因其性而遵之，由於至善，故民之化之也易。」〔1〕也。民之易化，在於耳目口鼻等氣質之性，本來自至善天道，故氣質亦本具善性，只其不能自覺發用爾，但仍可爲聖人導而出之。而承認善性潛存於氣質情欲中，此乃重視道德客觀面之五峯所獨開之寬潤天地也。如此自存有言，氣質事物本當能爲吾人所用；自道德言，能自覺地實踐道德之人，可使不能自覺呈現道德之事物，成爲吾人實踐道德之資具，一方顯發成就事物潛在之道德性，一方內外無隔地完整成就道德之行爲。所謂「完整」，即在事物本有成就道德之潛在條件，而能自覺之吾人使此潛在條件，如其本然地，成爲完成道德行爲所必不可少之資具。而可知皆承天命流行而來之人與事物，是由能自覺之人覺不能自覺之事物，由不能自覺之事物提供能自覺實踐道德者以必備之資具。如此能所與主從關係皆備，價值與物質彼此成就，吾人之道德生命自可圓滿朗現爲如如流行之天理也，所謂「天得地而後有萬物，夫得婦而後有男女，君得臣而後有萬化，此一之道也，所以爲至也。」〔1〕又云：

> 道充乎身，塞乎天地，而拘於軀者不見其大；存乎飲食男女之事，
> 而溺於流者不知其精。諸子百家億之以意，飾之以辨，傳聞襲見，
> 蒙心之言。命之理，性之道，置諸茫昧則已矣。悲夫！此邪說暴行
> 所以盛行，而不爲其所惑者鮮矣。〔1〕

天道是極廣大而盡精微者，廣大者，因天道之創造性，是無限普遍，無所止而無所不止，是通貫內外小大，無一物之或遺者。而凡是拘於有限形軀，即此形軀以言天道者，自不識其通乎身周乎天之無限廣大性。精微者，天道是道德創造之眞幾，舉凡天命所流行創生者，亦爲天理所貫注者，而皆有生生之精義。是故雖飲食男女等人之大欲，亦屬天所賦予，以爲保命安身，成就德福所必須者，此中非只動物性口耳之滿足，而主函道德天理之妙運與顯揚也。反之，若失落道德意義，陷溺於動物情欲者，自不知天理道德創造之價值與精微，故曰「夫婦之道，人醜之者，以淫欲爲事也；聖人安之者，以保合爲義也。」〔1〕。醜夫婦之道者，一在昧乎天理生化不息之義，二則拘限夫婦

之道於動物感官層面，泯却天理道德保合之義也。而聖人安之者，在安於此保障生命延續，合諧夫婦人倫之天理。是故拘於軀者，以為天道有限，而留有肆情縱欲之空間；溺於流者，則不解男女生生，在展續道德生命無窮創造之精義，而以之為天道所賜予之享樂；及諸子百家之輕身貴來生，或貴己輕天下者，皆不解此無限普遍之天理，是直下就一切存在，日用倫常，而顯其道德創造之價值與意義者。亦即不解儒者「天命之理，性之道」必植基於此道德創造之天道之根由。

> 凡天命所有而眾人有之者，聖人皆有之。人以情為有累也，聖人不去情；人以才為有害也，聖人不病才；人以欲為不善也，聖人不絕欲；人以術為傷德也，聖人不棄術；人以憂為非達也，聖人不忘憂；人以怨為非宏也，聖人不釋怨。(《胡宏集》附錄一〈宋朱熹胡子知言疑義〉)

> 然聞公每言才親生產作業便俗了人，果有此意否？古之人蓋有名高天下，躬自鋤菜如管幼安者；隱居高尚，灌畦粥蔬如陶靖節者。使顏子不治郭內郭外之田，則饘粥絲麻將何以給？又如生知將聖，猶且會計升斗，看視牛羊，亦可以為俗士乎！豈可專守方冊，口談仁義，然後謂之清高之人哉！(《五峯集》卷二與孫正孺書)

此二段明言情、才、欲、術、憂、怨皆天命所賦予，遍聖凡而同者。且生產作業，亦天道延續吾人氣質生命，以顯發道德生命之必要條件，不得以之為俗！此五峯重視一切客觀存在之道德價值之佳例。蓋因無情才術欲，絕生產作業，人即無由存在，而天理亦無得而顯，故不當絕棄之。大學八德目所言格、致、誠、正、修本對吾人當下心性行為而施，齊、治、平則對外在流轉之事物而治，故此道德修養實函藏成就人我內外一切之功用，亦即內聖之修持，必借外在現實事物如情才、生產等之依托與考驗，方得成其外王之功業。因不可能有隔絕人間生產情才，一無所憑藉，而可成就外王，亦即彰顯天道者。情才欲術，生產作業本為吾人創造幸福，生生所資者，但幸福當是遍就一切物性、德性皆足而言。所謂物性之足，在吾人正式承認其存在，並修繕顯發之。而德性之足，則是在踐德盡性之過程中，排除化去一切外在牽連陷溺，使道德本心能躍動不已，完全呈現並統攝成就物性，以創造肯認一切道德生命之價值與尊嚴，此才是德福一致，德性物性相成之真幸福。故就五峯以心著性，即事明道之思路，情才術欲之所以不去，生產作業之所以不俗之標準，乃在能否即事物中呈現吾人道德之本心，及顯發潛存之物性也。唐君

毅先生有段話，可爲此義參考，茲引之：

> 儒家並主張人之爲聖爲賢之道德修養，不離人之日常之生活，並力
> 求人之禮樂等文化生活，融攝於人之日常生活中。儒家之所以重視
> 日常生活，乃原於儒家之自覺的肯定全幅人生活動之價值，而教人
> 之貫注其精神，於當下與我感通之一切自然人生事物。此即使一切
> 人生活動皆可自身爲一目的。夫然，而飲食、衣服、男女居室，勞
> 動生產之活動，本身亦皆可自備一價值而非可鄙賤，亦不只視爲一
> 謀身體保存種族保存之手段工具。〔註31〕

五峯又云：

> 窮理盡性以成吾仁，則知天下無大事，而見天下無固物。雖有怒，
> 怒而不遷矣；雖有欲，欲而不淫矣。〔3〕

> 是故聖人順萬物之性，惇五典，庸五禮，章五服，用五刑，賢愚有
> 別，親疏有倫，貴賤有序，高下有等，輕重有權，體萬物而昭明之，
> 各當其用，一物不遺。聖人之教可謂至矣。〔5〕

情才欲術，行爲事業，原屬天道生化，輔相道德事業，不得棄絕者，但亦非
純然即爲道之發用，因此中尚有氣化不齊，所形成之客觀命限。唯有窮理盡
性，超化命限（見前節），一方面消極地化除氣質情才之不正，而能爲人所用，
一方面積極地生色踐形，睟面盎背，使天理通貫於道德行爲。如此既能發顯
潛存於物之天德，使物爲成德之必要條件，亦可使吾人動靜作默，四肢百體，
無非是德也。故聖人順萬物本然之善性，窮理盡性以成就仁德天理者，亦即
是順性如理地展現一做爲吾人道德創造之本心的天道，不僅可成就吾人道德
行爲，惇五典，庸五禮，章五服，用五刑，以道德價值來維繫和諧人世。同
時亦有其本體宇宙論直貫創生一切之作用，而將一切客觀存在均融攝于道德
仁心之感通作用中。則窮理盡性者之怒是仁心之怒，故不遷；其欲是仁心之
欲，故不淫。如此，輕重有權，各當其用，即物顯德，即事明道，聖人之教
大備矣。

此五峯順其心性分設，以心著性之理路，將主觀道德創造之本心，於形
著客觀天道所化生萬物之性時，道德義亦同時普遍著落於一切存在中，使一
切人物皆具道德之意義，而客觀生化之天道，因主觀道德本心之貞定，其生

化之作用，亦眞有其具體實存之道德創造之意義。如此天道之全蘊呈現爲客觀存在之事物，而客觀存在之事物亦反顯天道之道德創造之全蘊，故明道有云：「道之外無物，物之外無道。」〔註32〕五峯亦云：「道不能無物而自道，物不能無道而自物。」〔1〕事本乎道，道藏乎事，道物相彰相成，即事可明道也。

二、天理人欲同體而異用，同行而異情

（一）天理與人欲

二程嘗云：「視聽言動，非理不爲，即是禮，禮即是理也。不是天理，便是私欲。人雖有意於爲善，亦是非禮。無人欲即皆天理。」，〔註33〕以至善純一之天理，爲吾人視聽言動所當持循之禮，而天理本純一無雜之至善實理，苟有一毫夾雜，便失其絕對性而爲相對層之人欲，故曰「不是天理，便是人欲」。程門高足之上蔡亦云：「天理人欲相對。有一分人欲，即滅却一分天理。有一分天理，即勝得一分人欲。人欲才肆，天理滅矣。任私用意，杜撰做事，所謂人欲肆矣。」〔註34〕亦明言純然至善之天理，落於道德實踐上，仍應是純然一如之絕對至善者，此就天理第一義而言。依此而行，便是天理，有一分私意杜撰，便是人欲，而人欲才肆，天理即滅。理欲之別，非自程度多寡分，乃就天理能否純一至善而分。若就天理貫於氣化流行之第二義言，即就吾人相對互動之日用倫常言，則似多有理多欲少，欲多理少等諸多差別相之情事發生，然此只氣化與踐德之不齊所生，非可據此相對面之不齊者爲判準，仍當以絕對至善之天理爲唯一之判準也。五峯亦續承此義而言：

> 伊洛老師爲人心，切標題，「天理人欲」一句，使人知所以保身、保家、保國、保天下之道。天理絕而人欲消者，三代之興王是也。假天理以濟人欲者，五霸是也。以人欲行而暗與天理合者，自兩漢以至于五代之興王盛主是也。存一分之天理，而居平世者，必不亡；行十分之人欲而當亂世者，必不存（《五峯集》卷二與樊茂實書）。視聽言動，道義明著，孰知其爲此心？視聽言動，物欲引取，孰知其爲人欲？〔3〕

〔註32〕《二程全書》、遺書第四、二先生語四。
〔註33〕《二程全書》、遺書第十五、伊川先生語一。
〔註34〕《宋元學案》卷二四、〈上蔡學案・語錄〉。

理得而無阿私，是謂天意。一容私說於其間，則非天意矣。(《五峯
集》卷四《皇王大紀論》、啓湯挈戰)

於視聽言動中，能使道義明著理正無私，呈顯吾心純一無雜之本然者爲天理；
遭逢物欲之外誘，私意之內引，而使吾心本然沾有一毫夾雜者便爲人欲，此仍
伊洛老師之旨也。即天理人欲之分，在能否復吾心純然至善之本然，不在理欲
之深淺程度上分。然現實世間，則似是理欲互見，正邪消長，此起而彼伏者，
故有理絕欲消之三代，假理濟欲之五霸，外行欲而內合理之兩漢五代諸王等生
焉。頗似有理多欲少則存，理少欲多則亡等，以量分理存欲亡者，實則吾心不
已地呈顯天理，必求其澈盡而無遺蘊，在言行上有一分天理即滅却一分人欲，
必至人欲全盡，方爲形上天理眞實全體之朗現。反之，爲私意所引取之人欲，
亦將無限不已地向外向下墜陷，必至絕滅消亡而仍不自知止息者也。故自理欲
消長之過程上，暫可以量見何者爲王，何者爲霸，而王霸皆得存焉！唯自理欲
之終極言，能護持純然至善之天理者，方得爲眞誠恒久之王；而假理濟欲之霸，
雖存而不久，雖霸而非王；餘者之所以有存，必因順合天理，方得其眞存久王。
可知雖就現實氣化言，理欲之別，存亡之機，仍當在質上見，非由量上定也。
又云：「好惡，性也。小人好惡以己，君子好惡以道。察乎此，則天理人欲可知。」
(《胡宏集》附錄一〈宋朱熹胡子知言疑義〉) 性本是超越至善之絕對判準，君
子秉此至善天道以好惡，自能好所當好，惡所當惡，以成就吾人天命之本性，
是爲天理，小人則物欲引取，好善惡惡之本性遂有偏私，其好惡乃不得其正，
是爲人欲。故天理人欲之別，乃在人本質之天命善性上分。

(二) 詭譎的相即——同體異用、同行異情

天理人欲既自質上分，而天理又必借人欲方得呈顯，人欲必順天理方得
爲正。一上提便是純一之天理，一下墜便是雜染之人欲，即天理爲一人欲事
體之超升，人欲爲一天理事行之逆轉，絕對之天理與相對之人欲，雖不同質
同層，却是相即不離者。而言此一必然之詭譎，理欲之相即義，厥爲五峯所
獨倡，並進於二程、上蔡者也。

萬物生於天，萬事宰於心。性，天命也。命，人心也。而氣經緯乎
其間，萬變著見而不可掩。[1] 天理人欲，同體而異用，同行而異情，
進修君子，宜深別焉。(《胡宏集》附錄一〈宋朱熹胡子知言疑義〉)

蓋因一切客觀存在皆天命流行所創生，而在吾心之創造感通下，可眞實存有。
而氣則爲天命賦形、吾心創造之資具，可展現天命無窮之內容，若無氣化之

資具，天命亦只成一光景之流轉，吾心爲一虛幻之作用，眞實世界無得而成立矣。故此可落實具體化，展現天道無窮義蘊之氣，亦當爲吾人所肯認正視之者。然「氣」本中性爲托顯天道之資具，若踐德盡性，固可即氣化而彰顯內在於一切之天道；反之，扭曲下陷，亦能使氣化轉爲吾人膠著陷溺，無法上提之困礙，而天理與人欲，即如此詭譎地相即於氣化之事體上。詭譎是言天理與人欲，並非同時存在於一事體上，彼此相對之二者，而是指同一事體，若盡心踐德則爲天理，反之則爲人欲，是理則非欲，是欲則非理，此之謂詭譎地相即也。陽明有云「天理人欲不並立。」、〔註35〕「不是有一箇善，却又有一箇惡來相對也。故善惡只是一物。」，〔註36〕亦天理人欲不同時並存於一事行上，而却詭譎地相即於同一事物上之意。

　　而超越之天理與形下之人欲詭譎地相即於氣化，即所謂「天理人欲同體而異用，同行而異情」。同體同行者，指不同質不同層之理欲，詭譎地相即於氣化中同一事體，同一事行上，而此「體」乃氣化事物之體，非本體之體；此「行」乃事行之行。而異用異情之「用」與「情」，則指形下功用之情實。〔註37〕五峯云：

　　　夫婦之道，人醜之者，以淫慾爲事也；聖人安之者，以保合爲義也。〔1〕

　　　有善行而不仁者有矣，未有不仁而能擇乎善者也。〔2〕

　　　有德而富貴者，乘富貴之勢以利物；無德而富貴者，乘富貴之勢以殘身。〔2〕

同一夫婦之道之事行，若自覺地順本然善性而行，即是保合人倫之天理；反之，同一夫婦之事體，若偏私未自覺地順本性而行，則爲淫蕩之人欲。而天理是可必可久，自定道德法則，且自行此道德法則者，故曰「未有不仁而能擇乎善」，人欲則非道德本心之發用，是偶然不可必者，故曰「有善行而不仁者有矣」。然亦不可因人欲偶然之扭曲，機緣之失當，而鄙棄人欲事行，反當正視人欲事行爲天理呈現之依憑與資具，如所謂「有德而富貴者，乘富貴之勢以利物」，富貴之勢亦是一事體事行，道德自覺地乘之以利物，即爲全體澈盡之天理；非道德自覺或非理性地乘之，則適爲殘身敗德之人欲也。蕺山亦云：

〔註35〕《傳習錄》卷上。
〔註36〕《傳習錄》卷下。
〔註37〕參《心體與性體》第二冊，頁454。

> 意者，心之所存非所發也。意之好惡與起念之好惡不同。意之好惡，
> 一機而互見，念之好惡，兩在而異情。〔註38〕

蕺山「意之好惡」即五峯「性之好惡」，絕對之意是一機，而有好善與惡惡之
兩用。相對之念，則有生滅住著，因本身非一絕對判準，故其所住著而好之
者，未必爲當好者；其所住著而惡之者，亦未必爲當惡也。〔註39〕故同一起
念好惡之事行而有好惡得當爲天理，失當成人欲之內容情實之異，此之謂「兩
在而異情」，亦五峯「同體而異用，同行而異情」之意。

（三）德福一致——圓教之建立

然同體異用中，又有順性而行反傷人，逆天而施反德人者，譬若「聖人
權輕重，不得已而有孥戮之事」（《五峯集》卷四《皇王大紀論》、啓湯孥戮）
之例，孥戮至殘，當爲人欲，若權衡而爲之，則仍天理。又若盜賊之一密告
彼等行蹤，招引官兵之擒殺，密告不仁，當爲人欲，但若本心一自覺，而覺
其爲盜賊實屬不當而密告者，則仍天理。此固示吾人天理人欲之判，在發用
之存心上，復亦函當克服心善反成惡，心惡反成善等客觀之命限，此爲其積
極之意義也。以期終可保證有德者必有福，有福者必有德之理想，爲必然可
能者，一如中庸所謂「故大德必得其位，必得其祿，必得其名，必得其壽。」
〔註40〕之境地也。此爲著重道德客觀面，保住一切存在之五峯，提出天理人
欲同體異用之說所開出，且必待解決之德福如何一致之課題。

客觀之命限，在吾人自覺地面對每一爲天理所貫注之存在，皆能盡性踐
德，使道德生命一如天理之流行下，自能泯除其氣化之不齊，取消此命限之
干擾，而爲吾人所超越與導化也（此說見前節）。然命限之超化，只使存在爲
天理所貫注，而消極地不以氣命爲限制爾，實則氣化現實種種差別，仍森然
俱在無一消失。而道德本心之妙潤創生，則可積極地創造善化一切存在，使
上臻於德福一致之圓教地步。此德者，蓋指吾人依自主自律自定方向之本心
所給出之命令方向以行，便是德。而一切存在事物之順遂如意則是福，因本
心明覺不已地直貫創生一切，使一切存在繫屬於本心明覺之發用，皆爲本心
明覺所直接引生出者，〔註41〕故一切存在隨心明覺發用而轉，以致事事如意

〔註38〕《劉子全書》卷十一、〈學言中〉。
〔註39〕參《從陸象山到劉蕺山》，頁511。
〔註40〕中庸、十七章。
〔註41〕參《現象與物自身》，頁438。

便是福。而此中德是吾人依本心自律之天理而行，因氣化之不齊，遂與本心明覺之創生發用無必然相貫通之關係，即德中未必有福；反之，本心明覺創生一切，使一切存在隨心轉之福，亦與依本心所發命令而行之德無涉，即福中未必有德。即或有之，亦偶然之聯繫，無必然之保證，非綜合之關係，仍不可爲德福一致圓教之通路。

　　然此本心明覺於創造覺潤一切存在之同時，必函著會引生帶動吾人依本心所給出之方向而行，使道德實踐能夠純亦不已。而此一必函者，即使依本心天理而行之德，詭譎地相即於本心明覺創生一切之福。如此使屬價值層之德與屬存在層之福，在不同層面下，却可詭譎地相即於同一事上，遂使德即存在，存在即德，德福渾是一事，彼此爲綜合之關係，有必然之連繫，與保證矣。〔註42〕及至此，一切存在之人事物，皆爲隨本心明覺之創生而轉之如如天定，盡皆可爲福。若啓湯之桀紂，自桀紂觀之爲命限，然一切存在既隨心轉而爲福，桀紂亦當爲如如之天所定者，有其必然應然之意義，不可以命限視之。果如此，依本心天理而行之德，詭譎地相即於不同層，而同一事行之一切隨心轉之福，便能超化命限，保證一切存在皆爲德爲福，則有德者自必有福，有福者自必有德；心善反成惡之惡無惡義，心惡反成善之惡亦屬善。此則儒家德福詭譎地相即於一事行，而能渾然是一之圓教，必依五峯「天理人欲同體而異用，同行而異情」之模式而建立之因由。

第四節　辨佛老

> 釋氏之學，必欲出死生者，蓋以身爲己私也。天道有消息，故人理有始終。不私其身，以公於天下，四大和合，無非至理，六塵緣影，無非妙用。何事非眞，何物非我？生生不窮，無斷無滅，此道之固然，又豈人之所能爲哉？夫欲以人爲者，吾知其爲邪矣！〔1〕

> 堯、舜、禹、湯、文王、仲尼之道，天地中和之至，非有取而後爲之者也。是以周乎萬物，通乎無窮，日用而不可離也。釋氏乃爲厭生死，苦病老，然後有取於心以自利耳，本既如是，求欲無弊，其可得乎？〔1〕

五峯由「必欲出死生者，蓋以身爲己私」，指出釋氏之學所以產生之初機，乃

〔註42〕參《圓善論》，頁324～327。

緣於恐動於生死、畏懼於無常所生之苦業意識。釋氏即從此苦業意識入手，以求得超脫種種苦業之事相，證入無死生之湼槃彼岸。故由諸行之無常，諸法之無我說空，而「空」者，乃在空却諸行諸法之自體或自性也。空却自體自性，亦即將客觀之物所以存在之自性自體，使之無也，而非將客觀之物種種屬性之托體取消也，然此已陷入割裂本跡地〔註43〕矣。而在五峯由儒家本體宇宙論之直貫創生地道德地言道體、性體、心體等實體義，主張「天道有消息，人理有始終」、「何事非眞，何物非我」之立場，自然以爲人事雖有消長始終，而無一非天理之流行；事物人我雖萬殊互異，却無一非道德地眞實地存在，無一非吾心仁德之明覺所貫注覺潤，而爲有自體有自性者。絕不類釋氏以人我萬物爲無自體無自性之緣備則生，緣離則滅之偶然虛幻存在也。

故面對此越脫塵影之釋氏，五峯立覺彼等所以欲解脫生、老、病、死等業障，以人生爲妄幻者，究其本根，實因不能眞正放下死生，仍「有取於心以自私」也。自不若「有殺生以成仁，無求生以害仁」之儒者，能「不私其身，以公於天下」，能「非有取而後爲之」也。而五峯以爲儒者之所以能不私其身、無取而爲，在於吾人除有感性生命與種種私欲利害之外，實尚有一「生生不窮、無泯無滅」之超越地道德創生性之天道，爲吾人之自體自性。且此天道，原是先天本在的、自定自行其方向的，故由之以行，自能依於天理而公於天下，先取於天理而不私於身也。此五峯由嚴整之道德天理出發，自然有別於釋氏由恐動生死出發之苦業意識，此乃五峯判佛之初機根由也。

> 今釋氏不知窮理盡性，乃以天地人生爲幻化。此心本於天性不可磨滅者，則以爲妄想粗迹，絕而不爲，別談精妙者謂之道。則未知其所指之心，將何以爲心？所見之性，將何以爲性？言雖窮高極微，而行不即乎人心。昔孔子下學而上達，乃傳心要，呼曾子曰：「吾道一以貫之。」曷嘗如釋氏離物而談道哉？曾子傳子思，亦曰：「可離，非道也。」見此，則心跡不判，天人不二，萬物皆備於我。反身而誠，天地之間，何物非我？何我非物？仁之爲體要，義之爲權衡，萬物各得其所，而功與天地參焉，此道之所以爲至也。釋氏狹隘褊小，無所措其身，必以出家出身爲事，絕滅天倫，屏棄人理，然後以爲道，亦大有適莫矣，非邪說暴行之大者乎？（《五峯集》卷二原仲兄只書二首之一）

〔註43〕參《心體與性體》第一冊，頁 572。

「此心本於天性不可磨滅者」，在於五峯是由於穆不已之天道之活動創造義說心，而由創生無盡之天道之價值存有義言性，亦即分別以心性作為能起氣化活動之超越根據。然形下氣化為有形存在，故為其所以立所以成之心性，自亦非虛無幻妄，而當屬形上之實有也。天道心性即是實有實理，能生起道德創造之實用，能建立真實之價值世界，自不可如釋氏般地「以天地人生為幻化」也。宋明儒者多由生生不已之義言宇宙根源，而為此生生根源所創生之天地人我，皆是真實存在且當重視者。而釋氏以諸行無常，諸法無我為說，以為宇宙萬法皆是無自體無自性之緣起性空者，故多以天地人生為虛幻空無。橫渠有云：

> 釋氏語實際，乃知道者所謂誠也，天德也。其語到實際，則以人生為幻妄，以有為為疣贅，以世界為陰濁，遂厭而不有，遺而弗存。儒者則因明致誠，因誠致明，故天人合一，致學而可以成聖，得天而未始遺人，易所謂不遺、不流、不過者也。彼語雖似是，觀其發本要歸，與吾儒二本殊歸矣。〔註44〕

橫渠由釋氏之以實然人生為幻妄，以有為疣贅之出家厭世說，與儒者之秉天道以保合人倫，本跡不二者為殊途。明道亦有云：

> 即父子而父子在所親，即君臣而君臣在所嚴，以至為夫婦，為長幼，為朋友，無所為而非道，此道所以不可須臾離也。然則毀人倫、去四大者，其分於道也遠矣。〔註45〕

明道亦由儒家道德創造性之天道言人事，道無所不在於人倫日用間，而人倫日用亦皆為天道所覺潤而得以真實成立者，故道即是事，事即是道，道事不離不一，本迹亦不相判二分也。五峯亦剋就儒家由道德創造性以立體立本一義，以為天道是即物而真、一以貫之，使本迹不判、天人不二之實理實體也。故在釋氏以當前現實宇宙為空幻，而五峯以現象宇宙即是價值的實有，如此判然相反之立場下，五峯自會評釋氏「紹滅天倫，屏棄人理」為不知天道、而無所措其身之邪說也。此五峯承北宋諸子以來，由體上分判儒佛排拒異端，以顯發吾人之道德主體，深植文化大本，一以立人道之本，一以通天道之極之宏旨也。

> 釋氏與聖人大本不同，故末亦異。何以言之？五典、天所命也；五

〔註44〕《正蒙·乾稱篇》。
〔註45〕《二程全書·遺書第四》。

常，天所性也。天下萬物皆有則，吾儒步步著實，所以允蹈性命，不敢違越也。是以仲尼從心而以不踰矩爲至，故退可以立命安身，進可以開物成務。聖人退藏于密，而吉凶與民同患，寂然不動，感而遂通天下之故，體用合一，未嘗偏也。不如是，則萬物不備。萬物不備，謂反身而誠，某不信也。釋氏毀性命，滅典則，故以事爲障，以理爲障，而又談心地法門何哉！（《五峯集》卷二〈與原仲兄書〉二首之二）

五峯又以爲儒釋大本既異，故末亦有別。譬若五典爲天所命於吾人，而爲吾人所當行者；五常爲天所性於吾人，亦爲吾人先天本在之踐德根據也。此等典則綱常，雖屬和諧人倫日用之彝則，然其根本則均淵源於大本之道體，故其爲用，自是有體之用，是「步步著實，允蹈性命」之實用。此用雖有窮達進退，升沈否泰等萬端不同，仍皆歸本道德創造之天命實體，是放之則可彌倫六合，卷之則可退藏於密，可使萬物備我，我備萬物，反身而誠，當下可體現天道之體用合一之實理也。五峯又有云：

學聖人之道，得其體，必得其用。有體而無用，與異端何辨？（《五峯集》卷二〈與張敬夫〉）

五峯以爲學道在學「體」，而體既得之，便須施「用」於日常生活間，即事以明道，即道以用事。故學道便在由澈盡本心明覺之形著覺潤作用，以彰顯真實化一切存有之性，使一切客觀之存有在道德仁心之感通覺潤下，皆有其道德地真實地存有之意義；亦即使道德仁心貫注遍植於一切客觀之存在，使一切客觀之存在皆以仁心爲體性而有以成立也。此爲既重道德主觀面，復重道德客觀面之五峯，除承橫渠、明道主觀地由體上判佛外，自亦會有客觀地就迹上判佛之上一步進展也。而釋氏不重禮制刑賞之本，不知正心修身之實等輕身昧道之事情，及有汩滅三綱，絕欲厭生，體用分離，本末不貫等割裂情態。自不若窮天理盡人物之性，既不離物，亦不絕欲，而即就當下一切事物情欲，以彰顯圓滿天道之五峯爲有體有用也。五峯即由此本迹不判，本末相貫，即主觀即客觀，即形上即形下之立場闢佛！五峯亦有斥老氏之語，試列學數條以明其義，其說如下：

物之生死，理也。理者，萬物之貞也。生聚而可見，則爲有；死散而不可見，則爲無。夫可以有無見者，物之形也；物之理，則未嘗有無也。老氏乃以有無爲生物之本，陋哉！[1]

老子曰：「不見可欲，使心不亂。」夫可欲者，天下之公欲，而可蔽
之使不見乎？〔1〕

五峯由儒家道德創造義言理，此理為引生氣化生滅不已之實理，故為「萬物
之貞」也。而氣化賦形必有生死，故物形亦有有無之情者，然主觀形著人物
之心，與客觀挺立人物之性，則為形上永恒，「未嘗有無」之心性實體與實理
也。而老子有云：「天地萬物生於有，有生於無」，〔註46〕其意本為天地之生
是不生之生，亦即「生」之實全在萬物自己，是自然之生也。故「生于有」，
是指萬物生於「有」其自己之真實，展現自然之生長。而「有生于無」，則指
萬物在道之「無」的玄妙作用（亦即不生之生之作用）中，不塞其源，不禁
其性，〔註47〕此即道家在讓開不固著之境界形態下，無為順成萬物之生生，
而萬物之生生亦在此讓開不著之「無」的作用下，始真能有其生生之作用也。
此為道家境界形態之形上學，亦是道家之體用義。〔註48〕

而五峯由道德創造之實有型態的形上學立場，以為實有之理無死生，形
物方有生死、有無之說，比對道家由無之作用，言境界形態之形上學，自以
為讓開一步以順暢萬有生生之流之「無」，實為虛幻非實者，且既非實有，
自亦不得為乾坤宇宙之「生物之本」矣。又老子「不見可欲，使民心不亂」，
由寡欲以定心之說，頗類釋氏厭身絕欲，以逃業障之旨，此亦不合五峯體用
合一，即事即欲以明道顯道之義，故斥老氏為不知欲為「天下之公欲」，為天
道之發用流行，亦為吾人圓成天道之必要資乘也。綜言之，五峯於「體」上，
主張道德創造生生不已之實體義，反對老氏由「無」之作用，成就萬物自生
之境界形態之道體義；於「用」上，五峯固守有體乃有用，由用以顯體之體
用一如，本跡不判之儒家本旨，反對老氏舞智尚術自私其身，降低固敝道德
價值，而只以自然之生生為用之用也。

〔註46〕《老子·四十章》。

〔註47〕《老子第五十一章·王弼註》。

〔註48〕參《心體與性體》第一冊，頁 463～464。

第三章　心性論

引　言

　　五峯論性，主承中庸、易傳「天命之謂性」一義而來，復又通過北宋三家之論性，有所消化而再前進者。以性具存有義，為一切萬有所以存在之本然。具超越至善義，以此為乾坤萬有善惡百行之價值判準，亦是真實世界的超越根據。又具生化義，以性為萬化之本源，萬物生於性，然此只虛說之生化，就現實言，人物之生，來自氣化之賦形，而虛說生化之性，即此實然氣化之所以然。故就形上言，性為天地之所以立，生化之本源；若就氣化言，乾坤萬有莫不相異。而所以相異者，在物之形質結構之異，不在其本源之異。五峯亦正視氣化之實然，知物之形質結構之有異，唯不以「形形之謂物」之性為性爾。

　　此大方向歸納出後，五峯論性復有若干特出見解，須釐清以明。先儒論性主分道德創造之性、形質結構之性二路，言氣質之性者，主有告子由人之自然生命之質言「生之謂性」，及荀子由人之官能欲望言性惡等。言義理之性者，主要有中庸、易傳之由於穆不已之天命發用流行言性，及孟子之以內在道德心言性二者。二者進路雖不同，但性體之最終內容實一，皆為人生提供一道德理性之價值根源。及至北宋，橫渠粗分人有天地與氣質二性之別，明道進而以天命之善性具于個體之中為「生之謂性」，肯認價值義理之性與血氣形質之性同具一身，本性須透過形軀而呈現。至五峯則較明道更進一步，一

者肯認人之德性具于個體中，二者不以血氣爲惡，因血氣乃呈現本性之必要條件，不絕血氣，只須導之以正即可。此從五峯之「即事明道」、「同體異同」義理可見之，此五峯論性之勝義也。

五峯論性，主要承自中庸、易傳「天命之謂性」的直貫系統來，有進于明道「生之謂性」之說，此大本系統固無差。然五峯又常不自覺地引伸孟子性善之義來論性，而孟子實爲就內在之道德本心言性，與中庸、易傳一路之論性不同，然不可謂五峯故意混漫二者進路之不同。蓋五峯面對北宋輕心重性之弊，基於國破家亡的痛切感，故重言心說孟子，以期加強主觀實踐義。此雖有五峯個人之存在感受，然於義理系統上，實默契上通北宋諸子，承中庸、易傳天命之性而回歸論語、孟子仁心仁性，以完成孔孟儒家體用一如的成德之教。而五峯言「盡心」以「成性」之義，實足以上承中庸、易傳、論語、孟子二系，故其提出「盡心成性」一義以求會通，此正是北宋由中庸、易傳而回歸論語、孟子的大趨勢。

五峯論心，從其著作屢次稱美孟子，知其或由孟子內在地道德本心言之。然因五峯亦順中庸、易傳由客觀面言天命之性，而以心性皆爲即存有即活動之創生實體，故五峯之心又較孟子明顯地多出超越普遍之意味，孟子有云「盡心知性知天」，由其云知天，可知孟子之道德本心，亦含超越意味，只是不似五峯之強調。且此本心除自覺地承接孟子，以仁爲心之內蘊外，復如客觀之性般，賦予心有超越普遍及生化形著等義。因「天命爲性，人性爲心」[1] 心之生化形著作用，根源於天道，而天道是一即存有即活動之實體，說存有是指其爲萬物所以立之根據，具于萬物中，即爲其性；言活動，則指天道本身是活動的，而此活動之天道透過心之作用，會引起氣化之生生不息，但非指天道本身即能生化不息也。

而心之生化，因有超越客觀之性質，故只是一生化形著之作用，非能直接創生萬物，此須首先明白者。而心之形著作用，即在形著作爲萬物之所以立之性，然因性是虛立非實然，故如欲挺立此性，亦當由同質同層同屬形上超越之心來形著彰顯，即所謂「氣之流行，性爲之生。性之流行，心爲之主」[2]。五峯首先肯認氣化之實然，復以心形著此實然之性，使實然之事物，眞成其爲實然，形上形下藉此一步而打通，道氣便非截然二分，而可通而爲一，此即是五峯形著義之可貴處！

第一節　性之釋義

一、性體至善義

（一）由超越言至善

或問性，曰：性也者，天地之所以立也。曰：然則孟軻氏、荀卿氏、揚雄氏之以善惡言性，非歟？曰：性也者，天地鬼神之奧也，善不足以言之，況惡乎？或者問曰：何謂也？曰：宏聞之先君子曰：「孟子所以獨出諸儒之表者，以其知性也。」宏請曰：何謂也？先君子曰：「孟子道性善云者，嘆美之詞，不與惡對。」（《胡宏集》附錄一〈宋朱熹胡子知言疑義〉）

性為天地之所以立，故性是天地萬物之所以真實存在之根據，此根據是超越的普遍的所以然，其自身不是事，故無形下之事相，不可以相對之善惡言。因性為天下大本，萬物因之成立發用，此時性乃具于氣稟之中，而氣稟之表現即函性之表現，性之表現即函氣稟之表現，有表現即為一事相。而表現有是非善惡之分，故事相表現亦有善惡是非之分。有事相者屬形下相對，所言之善惡，是形容相對事相上表現之善惡，並對之作一價值判斷。

或者云孟荀言性有善惡之問，即以表現上有相對善惡之事相發問，性之表現雖可為一事相，有相對之善惡。而性雖是萬物存在的超越根據，雖遍在萬物，它的本身卻不即是物，故亦無事相。亦即它本身便是價值判斷標準，可判定相對層之是非，故謂「善不足以言之，況惡乎哉」、「形而在上者謂之性，……論其體，則渾淪乎天地，博浹於萬物，雖聖人無得而名焉。」（《五峯集》卷五釋疑、性）。既云相對之善惡不足以言性，復云「性善」，即逼顯出作為價值判準之形上性體，本身即為超越絕對之至善也。因此「至善」是本體之善，是不可言說者，只可稱其體之自性而嘆美之，而不可以表現上之善惡來指涉稱謂。蓋嘆美非關定義指謂，不落言詮，可保其超越絕對性，故曰「善性云者，嘆美之詞，不與惡對」也。（《胡宏集》附錄一〈宋朱熹胡子知言疑義〉）

人事有是非，天命不囿於是非。超然於是非之表，然後能平天下之事也。或是或非，則在人矣。雖聖人不能免也，久則白。[4]

人稟天命之性透過其形軀而發用，或因時空之異、氣質之殊，交錯紛陳而有人事之種種是非，此屬事相上之表現。雖聖人亦屬一形下實然，祇其發皆中節爾，中節指具體言行之合理，而具體言行，是一事行，有一事相，屬形下

之表現，故有相對層面合理與否之謂，此雖聖人亦不得免者。因爲天命至善，自身是超然於是非之上的超越至善，是故能不囿於表相之是非，而能爲形下事相是非之價值判準。故自可做爲平天下之是非判準，而它本身不爲天下事相所判定所限制，而「世儒乃以善惡言性，邈乎遼哉！」（《胡宏集》附錄一〈宋朱熹胡子知言疑義〉）此之謂也。此二段乃由超越面言性之至善，爲一切價值判斷之準繩，而非事相表現上之相對善惡。五峯又由性之能好惡，反顯性之爲超越至善。

（二）由好惡顯至善

好惡性也。小人好惡以己，君子好惡以道，察乎此，則天理人欲可知。
（《胡宏集》附錄一〈宋朱熹胡子知言疑義〉）

能起好善惡惡功用之性，本身即須是一價值判斷之標準，否則無由好善而惡惡也。然此好惡非謂生理、心理狀態所發之喜好、厭惡，因此爲氣質之性之好惡。氣性之發爲好惡，仍是事相表現之作用。是事，有相，應接受價值根源的分判。然五峯以天下之大本言性，以超越至善爲人之本性，故知此發好惡之性，非指相對可被限制之氣性也。因其超越普遍，故有推之於一切，超越相對善惡，超越自我限制之要求；復因其絕對至善，故函遍及一切而即判斷一切之作用。自普遍言，人皆具此好善惡惡之性；自氣化言，則有君子小人之別。君子者乃稱體而發，好惡純乎天理，不拘於物，亦不爲物所限制，故雖處氣化中，好惡仍具其超越性。而小人則蔽於私欲，好善惡惡之本性，爲物欲所遮蔽扭曲，不得稱體而發。使本性溺於物欲，所發之好惡只墜爲生理心理私欲之好惡，成爲一事相表現之相對是非，同時即限定固著於此事相上，而成爲一被指謂、被判斷之相對之惡。於此君子則不以之爲性也。劉蕺山亦曾以好惡說性體之超越至善，可證明五峯之義。其云：

知善知惡之知，即是好善惡惡之意。〔註1〕

意之好惡，一機而互見，念之好惡，兩在而異情。〔註2〕

蕺山以「意」爲心之所存，良知之所在，是超越之至善實體。「意」即函良知知善知惡及好善惡惡之靈明覺照，是神感神應之價值根源，此爲「一機」，即五峯之「性」。而好善即函惡惡，惡惡即函好善，好惡同時並發，實一體之用，

〔註1〕《劉子全書》卷十一、〈學言中〉。
〔註2〕同前。

故曰「互見」，此即五峯之「好惡」，而君子即以之爲好惡也。而「念」有生滅，爲氣化中事，屬被限定之相對者，發念於其所好者，即好之而溺之；發念於其所惡者，亦惡之而不去，此爲「兩在」。且其所好者未必爲善，所惡者亦未必爲非，其所好惡之標準，爲欲物交感所牽引，內容亦轉出無窮，故曰「異情」。〔註3〕知此兩在異情之念，本身非價值之判準，只爲被限制、被指謂之表現上之善惡爾，若持之以好惡，則將隨時有下墜淪爲小人之可能。

　　　　性譬諸水乎，則心猶水之下。〔2〕

　　　　水有源，故其流不窮；木有根，故其生不窮。……德有本，故其行不窮。孝悌也者，德之本歟！〔2〕

　　　　義理，群生之性也。義行而理明，則群生歸仰矣。〔4〕

　　　　貴賤，命也。仁義，性也。〔6〕

五峯又以水之就下，流動不已，言性不已地發其至善也。孟子曰：「人性之善也，猶水之就下也；人無有不善，水無有不下。」〔註4〕孟子以水流之就下，喻人性之必然向善。水流就下，爲現象之自然，而人性之向善，卻屬價值之應然，二者雖形類，而質實不同。然若人親身從事道德實踐，自可充分意識及人對陷溺於欲望之厭惡，及欲不斷超越現實自我之要求，而此不斷向上向善之要求，即根源此發用不已之超越善性，此則頗似水必然不已地就下之物理現象。故孟子以水喻性其質雖不同，仍不失爲善喻也。五峯即承此喻而進言性譬諸水也。

　　「義理、群生之性」、「仁義，性也」，此言性爲超越的價值根源，從客觀而說仁義爲性，由主觀而說仁義爲性之內容，而天地所以立之性，亦即仁義所以立之性，故天地秩序即道德秩序，此自立體而言。若就發用言，人乃普遍地以此道德自體而爲己性，即以仁義爲性。如此仁義德善之性，非只一死板之價值判準，而是一價值根源，是一切道德價值之所從出，會不已地發出價值要求，以分判一切是非。譬諸人之生皆知孝親、敬長，此乃內在本具之良知良能之承體發用，推至行四維，敦五倫，義行理明，群生莫不歸仰者，蓋皆本於此流行無盡、生生不已之超越善性。此即由道德自體之發用無窮遍在，言性之超越至善也。

〔註3〕　參《從陸象山到劉蕺山》，頁511。
〔註4〕　《孟子‧告子篇》上。

二、天下大本義

（一）天地之所以立

首萬物，存天地，謂之正性。〔2〕

天命之謂性，性，天下之大本。（《胡宏集》附錄一〈宋朱熹胡子知言疑義〉）

性也者，天地之所以立。……性也者，天地鬼神之奧也。（《胡宏集》附錄一〈宋朱熹胡子知言疑義〉）

萬物皆性所有。〔4〕

有而不能無者，性之謂歟。〔4〕

性立天下之有。〔3〕

形而在上者謂之性（《五峯集》卷五釋疑孟、辨）

五峯論性，主承中庸、易傳「天命之謂性」一路義理而來。此天命於穆不已，發用流行於萬物，故一方面超越於萬物之上，一方面又內在地爲萬物之體性。而此雖內在卻不失其超越之體性，是自性原則，所謂「性，天下之大本」、「性立天下之有」，亦即分別地就個體之存在超越地說明其所以存在，且必然存在之原理。〔註5〕而天地萬物，能立體成物逕挺自持，不至消餒無形者，即因內在此天命之性以爲其體，以之爲物之所以存在之自性。而有此性爲體則有物，無此性爲體則無物，故曰「萬物皆性所有」。

天下……莫久於性，患在於不能順之爾；……不能順，故死生晝夜不能通也。〔3〕

命有窮通，性無加損，盡其性則全命。〔6〕

性外無物，物外無性。〔1〕

因性爲萬物存在之原理，是遍體物而不遺的，故有其超越無限之一面，此諸語即述此義。五峯云「大哉性乎」〔4〕，又曰「莫久於性」，「大」者是橫地就空間說，此乃具體地言性本爲於穆流行之天命，無內外之隔，無加損之別地貫注於上下四方之中，以爲萬物之體的，此明其超越普遍性。「久」者，是縱地就時間言，此亦具體地就於穆不已之天命，言性之通澈無盡周流不已，是通乎古今，無往無來，無生無滅，而永恆常在者，此明其永恆無盡性。反之，

〔註 5〕參《圓善論》，頁 337。

若有生死斷滅，隔絕不通者，則失永恆無盡之本性。而言大、言久乃分別說之，實則普遍之大，即函不已之久；永恆之久即函無限之大。大即久，久即大，此性體之體物不遺永恆不絕之超時空性也，故曰「性外無物，物外無性」。

（二）大哉性乎

> 氣之流行，性爲之主。[3]

> 氣主乎性。[2]

> 物之生死，理也。理者，萬物之貞也。生聚而可見，則爲有；死散而不可見，則爲無。夫可以有無見者，物之形也。物之理，則未嘗有無也。[1]

此段承前義，藉性體與氣化之互動依存關係，更明白指點出性之超越時空性，可爲宇宙乾坤之基。性是一切存有之客觀性原則，自性原則，是生之在其自己。又氣化流行發爲事物雖萬端不測，卻皆具體實存，在於以性客觀地爲此實存氣化之綱紀之主，爲其所以實存之存有之主，故曰「非性無物，非氣無形，性其氣之本乎」[3]。

蓋形形之物，屬相對有限者，原有生滅消長之事實，生則有形而可見是有，死則無形而不可見是無，此生死有無，乃自氣化言之。然促成此生死，所以有且必然有此生死之原理，實因此爲萬物之所以立之性體，此自個體言存有義也。萬物之立，自然含生、長、壯、滅等演變過程，此爲可變者；而過程之爲過程之所以然之理，則爲不可變者，此因以性體爲過程之根據，此乃自過程言存有義。故氣化流行是有生滅可變的，而主乎其中，客觀地爲其流行變化之所以然者之性，則爲不可變者，是通澈時間空間，且永恆遍在地，爲一切存有之原理也。

> 大哉性乎，萬理具焉，天地由此而立矣。世儒之言性者，類指一理而言之爾，未有見天命之全體者也。[4]

> 人備萬物，賢者能體萬物，故萬物爲我用。物不備我，故物不能體我。[3]

> 性有大體，人盡之矣。一人之性，萬物備之矣。（《五峯集》卷五釋疑孟、辨）

> 孟子曰「萬物皆備於我矣，反身而誠，樂莫大焉。」自孟子而後，其言其行、豈不皆有合於道。然求如孟子知性者，不可得也。[5]

孟子云「萬物皆備於我」，在言萬物個別地存在之所以然之性，實同本於一內在於我久超越無限之性。且此性是超越地唯一，而此唯一即是全體，非與多數相對之單一，故曰「大哉性乎」、「性有大體」，宇宙萬有之內容，即客觀地依此而妢紛逞挺自立。而此性雖爲我之性，亦爲萬物之性，我之性同於即備於萬物之性，萬物之性亦同於即備於我之性，此之謂「一人之性，萬物備之矣」、「人備萬物，賢者能體萬物」。

　　朱子註孟子此語云「此言理之本然也。大則君臣、父子，小則事物細微，其當然之理，無不具於性分之內也。」，〔註6〕意指萬物皆本性而立，所以有大小之別、萬理不一者，在於物我形質之有殊，其表現於氣化中，自亦不齊。一事一理、一物一性，遂有萬理之名，此自氣化而言者。若自超越言之，宇宙只能有一理即性，不可言多。而發此萬事萬理之性，自根源言本一，流行于氣化中方爲多，性具萬理，當自此言。故曰「觀萬物之流行，其性則異；察萬物之本性，其源則一」。〔2〕反之，若以超越之性內具眾理，則物物一根源，事事一性理，不相統屬，則性不成其爲絕對超越者，而成「物不備我，故物不能體我」者矣。蓋因超越者是形上絕對之唯一，不可能有二者以上之絕對同時存有，故性爲天下之大本，萬物依之而立，萬物亦全備於其中，此亦存有一義也。

三、生生不已義

（一）中庸、易傳之生化義

　　中庸首章曰「天命之謂性」，此天命之「命」，可說爲命定義，即天命於吾身即爲吾之性。此命定義之性是先天本有，定然無條件者，是一切存有之所以然，然此命定之性只具「存有義」，而無「生化義」，非「天命之謂性」一語之全蘊。蓋此命應尙有「流行發用」義，中庸廿六章「天地之道，可一言而盡也。『其爲物不貳，則其生物不測。』」即明言天道是一生物不測之形上實體，故復引詩云「維天之命，於穆不已。於乎不顯，文王之德之純。」〔註7〕即明言天既生物不測，又於穆流行不已，則此不已地生化創造，流行發用之創造眞幾，流行至某物，即爲某物之性，某物即以生化不已爲其性，如此既存有又活動此方爲「天命之謂性」一語之全蘊。易傳亦明白表示此生化創造一義。

　　　大哉乾元，萬物資始，乃統天，雲行雨施，品物流行。……乾道變

〔註6〕《孟子・盡心篇・朱熹註語》。
〔註7〕《十三經註疏・詩經・周頌・維天之命篇》。

化，各正性命，保合太和，乃利貞。〔註8〕

乾元者，乃宇宙萬有生化之根源，世間之雲行雨施，品物流行等皆完成於乾道生化萬物之歷程中。而人物之性即本諸乾元，以乾元爲性。又此乾元是能生生不已，變化萬端，成己成物者，如同天命亦於穆不已、周流無盡，一旦命於人即爲人之性，命於物即爲物之性也。中庸云天命者，自宇由之生化秩〈序言〉；而易傳云乾道者，則就其流行不已、生生之德言，質言之，實一也，而五峯論性之生化義、活動義即承中庸、易傳而來者。

（二）五峯之生化義

乾者，天之性情也。乾道變化，各正性命。命之所以不已，性之所以不一，物之所以萬殊也。萬物之性、動植、大小、高下各有分焉。〔5〕

夫生之者，人也。人仁，則生矣。生，則天地交泰，乾坤正，禮樂作，而萬物俱生矣。是故萬物成于性者也，萬事貫於理者也。〔註9〕

天命不已，故人生無窮。具耳目、口鼻、手足而成身，合父子、君臣、夫婦、長幼、朋友而成世，非有假於外而強成之也，是性然矣。〔1〕

「夫乾，天下之至健也。」〔註10〕天之性質是乾，而乾是至健不息、生化無盡的。若就個體之成言，或分於動植、小大、高下而成世界；或分爲父子、君臣、夫婦等而成社會，可知事物有萬殊，其性亦不一，「非有假於外而強成之也」。而就事理之生言，萬物即稟此天命以成身，爲己性，自然會不已地稱體發用。如此物與物交而有消長之別，人與人交乃有禮樂之作，萬事紛然並陳，一時並作，莫不循性而爲，有其必然應然之性理貫於其間，而世界亦於焉成立，此之謂「萬事貫於理者也」，此皆僅就一切之生成發育言爾。然因中

〔註8〕《易、上經、乾象》。

〔註9〕「萬物成于性」一語，乃據《四庫全書》本，《皇王大紀》一書之〈序言〉。而《五峯集》卷三所收之〈皇王大紀序〉一文則作「萬物生於性」。然據《五峯集》張栻之〈原序〉有云：「五峯胡先生遺書有知言一編，栻既序而傳之同志矣。近歲，先生季子大時復哀輯先生所爲詩文之屬凡五卷以示栻。」知四庫本《皇王大紀》之〈序〉曰「萬物成於性」當爲原稿，而五峯歿後爲其季子大時所收之〈皇王大紀序〉在後，爲收集成書而傳鈔，或即以此故，而鈔爲「萬物生於性」一語，今即據四庫本《皇王大紀》其書之序爲準。

〔註10〕《易・繫辭下傳・十一章》。

庸、易傳非僅對現實存有，入一平板的現象的存有論之解釋而已，此中尚有道德價值之義涵。

若中庸云「誠者，物之終始；不誠無物。」、〔註11〕易云「一陰一陽之謂道。……顯諸仁，藏諸用，鼓萬物而不與聖人同憂，盛德大業至矣哉。」，〔註12〕此中誠者，是物之所以自成，物之所以成其終始，成為價值存在之永恆生生常道。若無此自成之誠道，便無物之存在，故不誠，一切都失其存在根據，皆成無意義之存在。而無意義之存在是虛妄不實的，實即等於不存在也，故曰「不誠無物」。而易傳「顯諸仁」亦言此生生乾道，是繼之不已的善德，亦即以「仁」為乾道之顯揚發用。「藏諸用」者，謂此生生乾道非為離開氣化世界之種種實然，而超越地單獨地存有著，而是藏於生生之大用中者。意指乾道原本即是仁德、天道，本即是道德創造之真幾、生測不物之奧體發用，則天道之生生不息，方有其具體之內容道德之價值，而世界方為一真實而有價值之存有也。牟宗三先生有言此義甚善，茲引之，其云：

> 天道之生化實即是道德之創造，無二義也。……此儒家之所以以仁體證實並充實天道，復即以仁體之創造提契天地之化，故道德之創造，等同天道之生化。〔註13〕

五峯亦云「天道至誠，故無息」天道純然生生仁德，所起之道德行為自亦行健不息。而人以此生生仁德為性，自亦得時時處處行健不已地生發道德之創造，使乾坤正，禮樂作，使三才備而太極立。五峯云「夫生之者，仁也。人仁，則生矣。」此生即自道德創造言，人之能創生，使之具有價值而為真實之存有，便在於生生之仁德。而人若以之為性，則能創生化育，感通遍潤一切，使萬有既為客觀的天命性體所挺立，復因仁德創造義，使萬物成為主觀的價值的真實的存有。反之若不仁，非只不能創生，實等同虛幻不存在矣，故曰「萬物成于性者也」，由此知五峯言性非只現象地存有論地言性之生化，實亦自道德創造義以為性之生化作價值之解釋也。

> 形而在上者謂之性，形而在下者謂之物。……論其體，則渾淪乎天地，博浹于萬物，雖聖人，無得而名焉；論其生，則散而萬殊，善惡吉凶百行俱載，不可掩遏。（《五峯集》卷五釋疑孟、辨）

〔註11〕 《中庸·二五章》。
〔註12〕 《易·繫辭上傳》、五章。
〔註13〕 《心體與性體》第二冊，頁52。

　　氣有性，故其運不息。〔2〕

　　天命之謂性，流行發見於日用之間。患在學道者未見全體。〔5〕

　　察人事之變易，則知天命之流行矣。〔4〕

　　探視聽言動無息之本，可以知性。〔3〕

「氣之流行，性之為主」氣之流行，是具體之實然，是真有其流行，而其流行之所以然，則是此生化不已之性。而性之流行，是客觀地虛說，猶云天理流行，天命流行般，是流行而不流行者。故性之流行，非言可直接激發創造出實然之氣化流行，只為實然氣化流行之超越之所以然。形上之性，是體物不遺，莫不備載，非實然所可限定者，故無得而名焉，此為其超越性。而其生生之作用，則亦本其超越性，而得遍生一切，然此一切尚只限於一橫貫之空間，不得為宇宙之全也。而存於此橫貫之空間者，又以此生生不已者為性，自亦不已地縱貫地生化萬物。如此即縱即橫，即時即空，孳乳繁增而無已，則視聽言動，日用言行，自然不息；善惡吉凶，人事萬端，亦生發無窮，沛然不可掩遏矣。

四、生之謂性釋義

　　孟子告子篇有孟子與告子對「生之謂性」之論辯。此論辯中，孟子自「內在道德性」言性，以人有此性，而物無之。告子言「生之謂性」，則以生命自然之實質為性，此性人物皆有。二者論性層次不同，論辯自不搭調對題。而五峯則秉「天命之謂性」之義蘊，而承認孟子善性及告子氣性，皆為天命流行所創生者，唯因氣性乃現象之實然，無法自覺呈現其異於禽獸之道德價值，故君子弗性之耳。雖弗性此氣性，然善性不藉此氣性，亦無得而顯，故五峯亦有自性具于個體中，以表現此一善性而言者，本節即分述此諸義。

（一）孟子、告子辯生之謂性

　　告子曰：「生之謂性。」孟子曰：「生之謂性，猶白之謂白與？」
　　曰：「然。」「白羽之白也，猶白雪之白；白雪之白，猶白玉之白
　　與？」曰：「然。」「然則犬之性，猶牛之性；牛之性，猶人之性
　　與？」〔註14〕

告子所謂羽雪玉之白，此白是羽雪玉等白物之普遍屬性。而每一白物，皆以

〔註14〕《孟子・告子篇》。

此「白」為其共同屬性，此白即每一白物之共相之白，是物理的，機械的現象上之同，然羽雪玉所構成之形質則有所不同，故羽雪玉之性亦應有所不同。同樣地，犬牛人之性亦是就形下實然的自然生命之質言，而犬牛人之自然生命器官構造各不相同，故犬牛人之性亦自然不同，故就告子「生之謂性」義言羽雪玉、犬牛人之性自皆不同。牟宗三先生釋此甚詳，其云：

> 告子說「生之謂性」，即就「食色性也」說，即就「性猶杞柳」、「性猶湍水」說，此取中性材質義。……此種自然義、描述義、形下義的所以然之理，吾人名之曰「形構原則」，即作為形構原則的理，簡之亦即曰「形構之理」也。言依此理可以形成或構成一自然生命之特徵也。亦可以說依此原則可以抒表出一自然生命之自然徵象，此即其所以然之理，亦即當作自然生命看的個體之性也。〔註15〕

故每一自然生命之形質結構不同，其所以形成構成之所以然之理亦不同。而羽雪玉之形構不同，其同者僅在白之共相同也；而犬牛人形構之性不同，其同者僅在本能之求食、求偶等。故告子既知羽雪玉之白為一屬性之共相，且羽雪玉之名又皆不同，此即函告子應知羽雪玉之形構之性不同；亦即有知形構之性不同之可能，如此自亦應函知犬牛人之形構之性不同之可能。故孟子之詰在不知羽雪玉之白僅為一屬性之共相下，即進而推論犬牛人之性相同，是不當的。〔註16〕而孟子推論雖不當，然其深義實不可掩，自有其義理深蘊。蓋孟子承孔子能自覺呈現之「仁」言「性善」，以內在本具不為形軀所限能起道德實踐之仁體為性。並由此道德性分別人物之不同，以能呈現此性，尊顯人之價值者為人，並以之為性；而不能呈現此性，僅有形構之性者為物，而吾人則不以此形構之性為性。牟宗三詮釋此義甚為得當，茲引之：

> 既是於穆不已之體不但創生萬物，而且亦內具于萬物而為性。……自「道德實踐的具」而言之，人能具此理以為性，真能自覺地作道德實踐以起道德創造之大用，故能彰顯地完具此理，並能彰顯地作到萬物皆備於我。然而在其他動物以及草木瓦石，則不能有此自覺，因而亦不能有此道德之創造，是即等於無此「能起道德創造」之性也。是故創造實體在此只能是超越地為其體，並不能內在地復為其性，即其他個體並不真能吸納此創造真幾于其個體內以為其自己之

〔註15〕《心體與性體》第一冊，頁89。
〔註16〕參《心體與性體》第二冊，頁154；及孟子義理疏解，頁30。

性也。此即立顯出人物之別矣。〔註17〕

故總體客觀地言，天道創生萬物，人物皆共具就實然言之「形構之性」，與就價值言之「道德之性」，而人除具此形構之性，復能自覺地彰顯此道德性；而物則不能自覺地呈現此道德性，故物雖具此道德性，亦只是潛隱地具，等於無此道德性也。而五峯云「天命之謂性」，實已深諳告子自生命實然言形構之性，與孟子自道德創造言道德之性，皆吾人性分本具者，然爲闡揚儒家正宗本旨，斥異端，別人禽，方特別強論道德之性也。

（二）五峯論告子生之謂性

> 告子知羽雪玉之白，而不知犬牛人之性，昧乎萬化之原。此孟子所
> 以不得不辨其妄也。以此教民，猶有以性爲惡而僞仁義者，猶有以
> 性爲善惡渾，不能決於去就者。（五峯秉卷五釋疑孟、辨）

其云「告子知羽雪玉之白」是確認白爲羽雪玉等形構有異者之一共相，即函有知羽雪玉之形構不同之可能。若既知羽雪玉之有不同，當即函有可推知犬牛人之形構亦有不同之可能，而續云「不知犬牛人之性，昧乎萬化之源」之語可證知五峯確知犬牛人之形構之性不同，及以有無道德性爲人禽之辨也。試析證如下：（一）自形構之性言之，本能欲求，非獨物有之，人亦有之。五峯曰「夫人目於五色，耳於五聲，口於五味，其性固然，非外來也。」〔1〕因人之耳聞目視，雞犬之知時禦盜，草木之蕃長、枯滅，皆各循其形構之性以行，此所謂「萬物之性，動植、小大、高下各有分焉。」〔5〕也。亦即天命流行化生萬物雖有動、植物之殊，其形質結構雖有不同，然其來源則一，即皆於穆不已之天所命也。故自形構之性言，若告子不知犬牛人之性有形構之異，且皆來自天命，自可言昧乎萬化之源也。（二）自道德之性言，只有人具之且能自覺地呈現之，而物只潛具此道德性，故等於無也。

> 視而知其形，聽而知其聲，各以其類者，亦禽獸之所能也。……觀
> 形色而知其性，聞聲音而達其義，通乎耳目之表、形器之外，非聖
> 人則不能與於斯矣。……楊朱、墨翟之賢而有禽獸之累，惟安於耳
> 目形器，不知覺之過也。〔2〕

人禽皆有耳聞目視之能，苟不能知性達義，純然呈現德性，則雖如楊墨之賢之能，因不能「知覺」德性，亦只爲逞耳目之能，不能由禽獸上達爲聖人也。知

〔註17〕《心體與性體》第一冊，頁71。

五峯以能自「知覺」德性者為人，而物不能知覺故為物。故人若有不能自我知覺者雖有人之形體，在價值上亦不得為人也，此即橫渠所謂「形而後有氣質之性，善反之，則天地之性存焉。故氣質之性，君子有弗性者焉。」〔註18〕五峯亦云：

> 事物屬於性，君子不謂之性。〔3〕

> 理義本諸身，威力假諸人者也。本諸身者有性，假諸人者有命。性可必而命不可必。〔2〕

> 良心，萬世之彝，……聖人性之。〔2〕

此明言事物之理、理義之彝，皆天命所有而內具于萬物以為其性者。故成德之君子雖具事物形構之性而不以之為性，所謂「弗性之也」；而以永恆價值之良心德性為己性，所謂「聖人性之」也。又曰「人也，性之極也。」〔2〕，此則自道德之性言之。若告子不知犬牛人等之性，有能否「知覺」德性之別，而可知覺德性者為人，否則為犬牛，則可謂昧乎萬化之源也。其又有云「告子不知天性之微妙，而以感物為主。」（《五峯集》卷五釋疑孟、性），故五峯以告子為昧乎萬化之源者，主因告子以感物言性，非為由知覺德性者而言之。而前此自形構之性以言者，仍合五峯論性之思路，自亦函其成立之可能也。

（三）五峯承明道論生之謂性

五峯借孟子、告子之辯，明示人有形構與道德二性之異，此為靜態地分解言之。然落實於現實，動態地非分解言之，則此二性皆承天命流行之體而來，究自本源言實一也。然此二性恆常互動交引，德性必藉氣性而顯，亦為氣性所限；氣性因其具體實存而可乘載德性，又因本身之有限，而不得完全表現出無限之德性，〔註19〕此為生命中必然之詭譎，然亦為儒者論性所當懇切面對者。蓋因只論超越客觀面，而不言現實，則難免蹈空虛無；若只論現實氣化，而不言超越面，則便失卻道德理性，必合二者而言，由無限德性具于有限氣性中言性之表現，方為即客觀即主觀，既應然又實然之完整之人性論也。

> 孔子曰：「人生而靜，天之性也。感於物而動，性之欲也。」知天性感物而通者，聖人也；察天性感物而節者，君子也；昧天性感物而動者，凡愚也。（《五峯集》卷五釋疑孟、性）

〔註18〕《正蒙・誠明篇》。
〔註19〕參《中國哲學原論・原性篇》，頁345。

「人生而靜，天之性也。」語出《禮記》樂記，靜自超越無形言，五峯亦云
「性立天下之有」〔3〕，即以人之性本于天，此中函人形質結構之所以然與人在
德性上之所以然，皆本于天也。明道亦有云：

> 生之謂性。性即氣，氣即性，生之謂也。……然不是性中元有此兩
> 物相對而生也。……人生而靜以上不容說，才說性時，便已不是性
> 也。〔註20〕

此亦以人生而靜以上不容說，以性爲超越無限，不可名言指謂者，而〈樂記〉
又有「感於物而動，性之欲」之語，其本意以爲「性不見物則無欲」，〔註21〕
反之，性見物則有欲有動，此則明白限定以氣質言性矣。蓋義理之性，感通
惻怛、自動自發、初不因外物而有動。而明道復進一步統合地言「性即氣，
氣即性，生之謂」此則爲斷自人有生以後，性具于氣中，氣中自有性，此時
性方有其具體之表現，而可以名言指謂，故以「生」言性。可知此「生之謂
性」，乃是就「於穆不已之生德生理在個體之成時，而具于個體之中，即叫做
是性」〔註22〕而言者，此說已較〈樂記〉純以形構之性交感而動，如飢求飽、
寒求暖者爲進步矣。而五峯立於其肯認氣性、德性皆天所命於吾人之基礎上，
自可順通明道「生之謂性」一義而言也。

故吾人當以能即人物而通暢天命之生德，使日月星辰各正其位，金木水
火各運其行，仁義禮智各成其性爲職志，使物各付物而爲物，人借物以顯其
爲人。以不爲物性人欲所限制遮蔽者爲聖人、君子；以昧於天之生德，不知
即形軀事物以彰明德性，反爲形軀所限，人欲所滅者則爲凡愚矣。

> 人之生也，良知良能，根於天，拘於己，汨於事，誘於物，故無所
> 不用學也。學必習，習必熟，熟必久，久則天，天則神，天則不慮
> 而行，神則不期而應。〔4〕

> 夫人雖備萬物之性，然好惡有邪正，取舍有是非。或中於先，或否於
> 後，或得於上，或失於下，故有不仁而入於夷狄禽獸之性者矣。〔2〕

> 人雖備天道，必學然後識，習然後能，能然後用。〔2〕

此數段語，由學以復性，見五峯承明道而來重視有生以後之性也。蓋人自有
生以來，不論良知良能之義理之性，或形軀氣質、飲食大欲之氣質之性，皆

〔註20〕《二程全書》、遺書第一、二先生語一。
〔註21〕《禮記》、卷三七、樂記。
〔註22〕《心體與性體》第二冊，頁161。

本天命而來，同爲吾人之體性，亦同屬成己成物，化成世界之必要條件，而氣性雖有別於義理之性，亦自有其獨立客觀之意義。故自消極言之，有限之氣性雖適爲吾人求仁踐德之一限制，其中氣性有偏者固無論矣，即令氣性無偏，然仍爲時空所限而有生滅，使吾人不得永恒周遍地實踐道德理想也。然自積極言之，有限之你則可爲一道德實踐之表現憑藉，凡俗固須即此駁雜之形氣以修身培德；縱躋身聖神化境之大賢，亦得當下即此形軀以言行，方可呈現其從心所欲不踰矩之修養。而此不絕氣欲，藉形氣人欲中性材質義以顯德之主張，乃五峯「即事明道」「周體異用」說之基礎也。

又五峯以爲吾人或因氣質好惡取舍之異，而可能拘於己、汩於事、誘於外，而滯於有限實存之偶然中，遂不得呈現其應然之德性，而有入於夷狄禽獸不仁之境之可能。故須透過學以避免氣性消極之限制，且導化氣性成爲積極地彰顯德性之必然憑具。以達到不慮而行，不期而應，回復本性純然至善之境地也。然此時之不期不慮非只客觀地超越地言性之表現，而是主觀地實踐地自性具于個體中之表現而言者，此即所謂「論性不論氣不備，論氣不論性不明，二之則不是」〔註 23〕也。知五峯自至善生化大本以言天命之性，其中雖有德性氣性之別，而實以德性統攝氣性，以氣性爲德性之表現資具以完成此既彰明本源，又承認限制之圓滿成熟之人性論也。

第二節　心之釋義

一、永恒普遍義

（一）與天同大

「天命爲性，人性爲心」〔1〕五峯自天命流行之體言性，而性之主觀眞實義則在心，故心是眞實呈現天命之全體之主觀性原則。而既曰天命全體，自必屬普遍無限者，下即述此義。

> 心無不在，本天道變化，爲世俗酬酢、參天地、備萬物。人之爲道，
> 至大也，至善也。〔2〕
> 天下莫大於心，患在不能推之耳。……不能推，故人物內外不能
> 一……。〔3〕

〔註23〕《二程全書》、遺書第六、二先生語六。

此良心之苗裔，因利欲之間而見者也。一有見焉，操而存之，存而養之，養而充之，以至於大，大而不已，與天同矣。（《胡宏集》〈知言疑義〉）

顏子資稟天然完具者，以其天地心，大則高明，高明則物莫能蔽。故聞一知十。……致顏子進德修業，與天同大，不止了其一生。〔註24〕

前二條直指心為至大遍在之超越實體，此由其真實存有，體物不遺而言者。心之無乎不在與莫大，是言其無限之普遍性，此因相應於天道之流行發用，變化萬端，生天生地，成事成物之性質，故心亦是超越普遍地，通澈人物內外，世俗酬酢，而具體地參天地，備萬物，體物而不遺的。人雖偶或有事物逆轉，天道虛無之感，但此只為有限形氣之耳目聞見之自我蒙蔽，是相對層之偶然，仍不礙其通澈無盡，無限普遍之心之真實遍在也，故曰：「心之為道至大也」。後二條，言若能超越有限之形軀之限制，亦可見得此心之無乎不在，大與天同。「良心之苗裔」者，言良心為一不已地自覺要求呈現之仁德，恰如穀種之不已地發芽滋長，而穀種之生長，若得風調雨順自能達其最大可能之高壯也。同樣地，若能充分體現擴充良心不已地躍動呈現之要求，避免受物欲習染障隔蒙蔽，良心自能超越有限形軀之限制，而高明完具地呈現出其相應於天，與天同大之無限普遍之本初性質也。橫渠亦曾就本心之體現一切，成就一切之普遍性，言其超越遍在性，如其云：

「大其心，則能體天下之物。物有未體，則心為有外。……天大無外，故有外之心不足以合天心」〔註25〕

象山亦有心與天同大之意，如云：

「心只是一個心，……心之體甚大。若能盡我之心，便與天同。」〔註26〕

因象山直接自孟子道德本心言心之大，而五峯則自中庸天命之謂性一路言心之體大，知二者之進路雖有別，唯最後之內容則一也。以上乃分解地取二家說心之無限普遍、大與天同之義為例。

〔註24〕「天地心」一句，據吳仁華點校《五峯集》本，頁192云，北京圖書館善本書室所藏之《五峯集》清鈔本，此句做「心大也」。果此則亦能表示心與天同大之意，故並錄而存之。

〔註25〕《正蒙》、大心篇。

〔註26〕《陸九淵集》卷三五、語錄下。

（二）心無死生

> 或問心有死生乎，曰：無死生。曰：然則人死，其心安在？曰：子
> 既知其死矣，而問安在耶！或曰：何謂也？曰：夫惟不死，是以知
> 之，又何問焉！或者未達。胡子笑曰：甚哉！子之蔽也。子無以形
> 觀心，而以心觀心則知之矣。（《胡宏集》〈知言疑義〉）

> 知天之道，必先識心。……乾元統天，健而無息，大明終始，四時
> 不忒，雲行雨施，萬物生焉。察乎是，則天心可識。[5]

> 此乾之健，天行之所以無息也，此堯、舜、禹、湯、文、武之心，
> 所以萬世不滅也。[5]

此段明言心本行健不息之乾道天命來，故心亦可永恒常在，無生死存亡也。「心無死生」一語，自本體言，心爲一形上絕對普遍，而又發用流行行健不息之實體，是形著具體化萬物本性之主觀原則。所謂「氣主乎性，性主乎心」也[2]，意此超越之原則流行於萬物即遍體萬物，即形著眞實化萬物使之成立，但不爲某一物所固著限制，亦不隨某一物之存亡而存亡，此可曰「心無死生」也。自現實言，此無死生之心，實存於個體，須透過有限之形氣，方得呈現其原具行健不息永恆無盡之本性。然形氣有生死消長，順暢滯礙之別，故藉形氣以顯之本心，亦不得不有隱顯之別。蓋因生理之氣心隨形軀而有生死；而天理之本心，則不隨形軀之消長而有生死。形軀生時，此心自然呈現，形軀滅時，此心隱而不見，但非死亡，只無得藉形氣以顯見爾，故氣心始可言生死，而本心只可言隱顯爾。然人多混淆此義，往往就氣心言本心無生死，不知當就本心言心無死生也，故有首條「心有死生」之問。此條五峯始終以本心論心，而問者則混淆同時有氣心、本心二者之可能以問之，因問答之基調不搭對，故頗爲晦雜無緒，今試以逐句疏解方法以明之：

> 「心有死生」之問：乃問者未明言所問爲有死之氣心，或無死之本心，
> 五峯爲強調永恆之本心，乃答本心無生死。

> 「人死其心安在」之問：問者承五峯未明言所指乃氣心或本心，僅曰心
> 無生死語意，而自一般以氣心有生死之角度反問五峯，然則人死後果
> 有此不隨形軀而亡之心乎？即氣心於人死後，果眞何在？

> 「既知其死而問安在」之問：五峯專指或問之心爲氣心，故曰既知有死
> 之氣心已死，當無疑義，又何問焉？

> 「何謂也」之問：問者仍混淆有死之氣心與無死之本心之別，未明白五

　　峯所言主指無死之本心。

　　「夫唯不死，是以知之」之答：五峯云因本心之明覺不死永恆遍在，可
　　　統攝知覺形氣之各種活動，是以本心可知有死之氣心，且此知氣心有
　　　死之心知，乃你我所共認的，即永恆之本心也。

　　「無以形觀心，而以心觀心」之答：五峯仍自無死之本心言，不可拘滯
　　　於有限形氣之有生死，以推論本心亦有生死，應自褪去形氣拘束之本
　　　根處，以言本心之無生死也。〔註27〕

綜合此段所言，可歸納出：1. 五峯專以無限本心爲心，不取一般之氣心爲心。
2. 借生死之問，顯此本心之爲無生死者。3. 本心之知覺可無限普遍地知覺氣
化之活動。

　　五峯又云：

　　　此心宰制萬物，象不能滯，形不能嬰，名不能榮辱，利不能窮通，……
　　　日新無息，……本無二性，……是故學爲聖人者，必務識心之體焉。
　　　（《五峯集》卷三不息齋記）

　　　獨立高寒明月裡，此心無著已怡然。（《五峯集》卷一題上封寺）

　　　聖人所傳者心也，所悟者心也，相契者心也。今曰傳以言，悟以心，
　　　相契以心，是人與心爲二，心與道爲二矣。（《五峯集》卷五〈論語
　　　指南〉）

　　　近於仁，則不仁；近於義，則不義。不仁不義，近於禽獸，又將何
　　　以立於天地之間？（《五峯集》卷四《皇王大紀論》孟子闢楊墨）

　　　凡人之生，粹然天地之心，道義完具，無適無莫，不可以善惡辨，
　　　不可以是非分，無過也，無不及也，此中之所以名也。〔2〕

心體日新無息，流行無盡，宰制綱紀萬物，無一物之能外，是一無限而遍在
之自體。而此心靈自體本其無限遍在之性，會周遍地流行至一切客觀存在而
爲其體，並呈現爲有限形狀。但因有無限義故又不已地超越此等當下客觀之
存在，而欲無限地及於其他之客觀存在，故此以無限遍在爲性之心體，是不
能被限定指謂成某一客觀有限之對象的。亦即是名言所不能滯，形氣所不能
嬰，而爲一切價值之根源，所謂「心之精微，言豈能宣，涉著言語便有滯處。」

〔註27〕此段疏解可參看中國哲學原論原性篇，頁 549，及鵝湖學誌第一期，頁 83，
　　　　義旨與二者不謬，而說法有異。

（《五峯集》卷二與彪德美）。它既分判相對之善惡，復超越此善惡，而不即僅是此相對之善惡。故如此圓轉靈動、形上遍在之心靈自體，其當體便是無限，中間不能有絲毫夾雜或缺漏，一云仁即通遍全體是仁。而近於仁者，則指其與通遍是仁者，尚有距離不能通體相應無缺。而果眞不能通體相應無隔，便落於氣化不齊之有限，失其無限遍在之本性矣。故中庸首章即云「道也者，不可須臾離也。可離，非道也。」而五峯亦以心爲通體遍在，所傳所悟者即傳此悟此通澈宇宙，恆貫古今，無得而名言久絕對心體也。反之，若曰「傳以心」，則似將心當成一可言說定義之客觀有形對象，所傳所悟爲此有形名象之心。此則殊非五峯與天同大、心無生死之永恆遍在之旨，反適成爲「是人與心爲二，心與道爲二矣。」

二、創生形著義

（一）生生不窮

> 欲修身平天下者，必先知天。欲知天者，必先識心。欲識心者，必先識乾。乾者，天之性情也。乾道變化，各正性命。[5]

> 天地之心，生生不窮者也。[1]

> 心涵造化之妙，則萬物畢應。[6]

> 奉天而理物者，儒者之大業也。聖人謂天爲帝者，明其心也。[5]

「乾道變化，各正性命」原爲乾象中說明宇宙生化之歷程者，就生化本源說，乾道乃宇宙萬有生生之本源，一切存在即因乾道之生化而有其可能，此之謂乾道變化。就氣化之歷程說，宇宙萬物客觀之自性皆本於乾道，而萬物即本之以成立於乾道生化、流行不已之過程中，雖至變萬端而不失其物之所以爲物，此之謂各正性命。而五峯即取易傳之乾道生化義論心，所謂「心涵造化之妙」，指此心是順承天命生物不測而沛然莫之能禦的，是一超越之生化本體，故能妙運一切，覺潤一切，即所謂「神化，天之良能」（《五峯集》卷二〈上光堯皇帝書〉）。天之良能既不容已地創生，而此心亦以一切客觀存在爲其觀照覺潤之對象，以使一切秉天性而虛立之存在，成爲具體眞實之存在。如此生化之即觀照之，覺潤之即具體眞實化久也。然就客觀乾道言，雖可生化一切，而就實然之人物言，人固能自覺呈現此無限生化義之心，推之可遍潤形著萬物；而物則不能自覺呈現此心，以覺潤萬物。故奉承天命，主理成

就萬物之關鍵，即在透過心之自覺以表現出其形著之具體眞實之作用，此即指心之形著作用，下即述此義。

（二）心宰萬物

> 天命之謂性。性，天下之大本也。堯、舜、禹、湯、文王、仲尼六君子，先後相詔，必曰心而不曰性，何也？曰：心也者，知天地宰萬物，以成性者也。（《胡宏集》〈知言疑義〉）
>
> 有而不能無者，性之謂與！宰物不死者，心之謂與！[4]
>
> 惟聖人既生而知之，又學以審之，盡人之性，盡物之性，德合天地，心統萬物，故與造化相參而主斯道也。[2]
>
> 蓋良心者，充於一身，通於天地，宰制萬物，統攝億兆之本也。（《五峯集》卷二〈上光堯皇帝書〉）
>
> 夫心宰萬物，順之則喜，逆之則怒，感於死則哀，動於生則樂。（《胡宏集》〈知言疑義〉）

心「知天地」之知，與「宰萬物」之宰，牟宗三先生以爲是「乾以易知」、「乾知大始」之知字[註28]是「主」義，[註29]主即主理，言永恆遍在、妙運不已之實體本心以天地萬物爲範圍，而創生一切，覺潤一切，亦即主理一切，使一切客觀存在，得其眞實之存在，復使潛存於萬物中之價值，亦得以如實步步彰顯。如此透過心不已遍在之主理，自可逐步善化宇宙爲一價值之宇宙，而無一物之或遺。此「知」非自認識論之實然心知之覺識活動而言之橫知，乃是就本體宇宙論之實體性本心之直貫創生義而言之豎知。知之即創生之，創生之即主理之實現之，此即五峯所謂「與造化相參而『主』斯道也。」之義，其他之「宰物不死」、「心統萬物」、「宰制萬物」之「宰」與「統」皆此義也。

然如此自本體宇宙論之直貫創生義，言心能主理創生萬物，尚只是籠統上下地泛說。蓋心之主理創生，非言能直接即氣化實然之行爲事物上主理創生，而是因心爲天地萬物之所以立之性體之主觀性之形著原則，若能透過主觀心體自覺發用之形著，使性體逕挺自立，則以性爲體之萬物，亦隨之得以眞實具體化而有氣化之實然流行也。故心之主理創生萬物，當深入一層，自心形著性而言也。五峯云：

〔註28〕《易・繫辭上傳》、一章。
〔註29〕參《心體與性體》第二冊，頁447。

氣主乎性，性主乎心。〔2〕

性定，則心宰，心宰，則物隨。〔4〕

氣之流行，性爲之主。性之流行，心爲之主。〔3〕

氣爲客觀之實有，萬物存在皆一氣之流行。而「天命之謂性」之性是即存有即活動，自定方向，流行不已之生化原則，是本體宇宙論地爲萬物存在之客觀性原則，亦是萬物之所以立之自性原則。而氣化之得以流行，即在性爲其客觀地綱紀之主，故曰「氣主乎性」。又「天地之心，生生不窮者也」〔1〕言心自身亦是自主自律，覺用不窮，生物不測之即存有即活動之實體，是故心性是一也。而於穆不已之心既爲性之主觀性原則，形著原則，則性之得以逞挺自立眞實存有，即在心之主觀地爲其形著之主之情況下成立，故曰「性主乎心」。

蓋客觀地自性言，此本體宇宙論地言之生化原則雖生物不測，但萬物不能自覺此性體，只有在能自覺發用之人心處，方能被彰顯賦予其創生實體之實義。而人心能彰顯之，即能形著之，亦即能具體眞實化其爲一創生實體，故可知此性只在心之形著下成立也。又主觀地自心言，此生物不測，妙運無方，即存有即活動之心體，能主觀地相應其超越無限之本質，以覺潤證實客觀自如超越無外之性體，證實之即形著之，形著之即具體眞實化之，故主觀之心即爲客觀之性之形著原則。亦即主觀之心客觀地言之即性，客觀之性主觀地言之即心，〔註30〕心性實皆同一即活動即存有之實體，是超越層面之唯一而非二者。知心性之名異，只主客觀之別耳。

如此心能主觀地形著性，使客觀之性得以具體挺立，而性之挺立貞定即因心之形著主宰之作用，故曰「性定則心宰」。性若具體挺立，則氣自亦隨之爲實然之存在，而氣之得以眞實存在，則因心之形著主宰氣之所以立之性也，故亦可曰「心宰則物隨」也。又云：「德動於氣。吉者成，凶者敗，大者興，小者廢，天豈有心於彼此哉。」〔1〕若此道德本心果能圓滿地主宰形著性，而氣化萬有亦通澈無礙地，以道德本心形著挺立之性爲其體，則自亦皆成一有價值之存有，此即「德動於氣」之深義。而物雖不能自覺呈現此道德本性，然透過人道德本心之步步呈現實踐，覺人我，以建立道德之世界；覺物，以彰顯潛存於物之道德本性。則物我一體，價值全備，宇宙即是道德，道德亦

〔註30〕參《心體與性體》第二冊，頁 525～526。

即是宇宙。此則爲儒者奉天理物，統攝億兆，善化乾坤之最高理想，亦五峯開此形著義之偉勳卓業也。

三、以仁爲體義

（一）仁為心之體

仁者，天地之心也。心不盡用，君子而不仁者，有矣。〔1〕

仁之道大，須見大體，然後可以察己之偏而習於正。……仁也者，人之所以爲天也。（《五峯集》卷二張與張敬夫）

欲爲仁，必先識仁之體。曰：其體如何？曰：仁之道，弘大而親切。（《胡宏集》〈知言疑義〉）

唯仁者爲能一以貫天下之道，是故欲知一貫之道者，必先求仁；欲求仁，必先識心。忠恕者，天地之心也。（《五峯集》卷五〈論語指南〉）

何謂仁？心也。心官茫茫，莫知其鄉，若爲知其體乎？……仁，人心也。心，一也。（《五峯集》卷二〈上光堯皇帝書〉）

志仁則可大，依仁則可久。〔2〕

五峯言性體超越至善，是客觀地虛說性爲一切價值存有之基礎。而以仁爲心之具體內，則是主觀地實踐地說仁爲心之發用與呈現也。言心是與天同大。生化無盡之實體，此只是存有地乾枯地言之，但以仁爲心之具體內容，則心立顯其道德意義。如此仁心形著性體，仁心創生萬物，一切存有皆有其價值，一切價值皆成實有而非虛幻空言者矣。因心本是乾元至健，於穆不已之生化實體、故仁心亦應是無方所無封限，是時刻不已地創造躍動、體物不遺的，而究其極必與天地萬物爲一體，且無一物之能外者，故曰「仁者，天地之心。」、「仁之道大」。橫渠亦云：

天體物不遺，猶仁體事而無不在也。〔註31〕

仁心之能善化且成就一切之價值亦如生生之天，生化實現一切，同具無限普遍之生化義也。而仁心「宏大而親切」，因其感通無外，覺潤無方，故吾人道德生命自亦不已地欲付諸實行，如即父子而使父子有親，即君臣而使君臣有義，即夫婦而使夫婦和順，無一機之或息，無一事之有外，進而可以一貫天

〔註31〕《正蒙》、天道篇。

下之紛然，通徹氣化之萬變也。然由一以貫之之勢，則隱然逼顯出其爲一活潑自然、絕對唯一之價值判準，即所謂「仁，人心也。心，一也」。象山亦有云：

> 蓋心一心也，理一理也。至當歸一，精義無二。此心此理實不容有
> 二。故夫子曰：「吾道一以貫之」孟子曰：「夫道一而已矣」。〔註32〕

而此心一理一之仁心，何以即是道德判準？此使吾人生命活潑不已地實踐德性之仁心，何以是如此生動有力而親切？此義牟宗三先生釋之甚詳，茲引之如下：

> 當本心仁體或視爲本心仁體之本質的作用的自由意志發布無條件的
> 定然命令時，即它自給其自己一道德法則時，乃是它自身之不容己，
> 此即爲「心即理」義。它自身不容己，即是它自甘如此。它自甘如
> 此即是它自身悅此理義。……它即悅此法則，此即它感興趣于此法
> 則，它給就是它悅，這是本心仁體之悅。它悅如此，這就是生發道
> 德之力量。〔註33〕

原來含攝一切德目，做爲道德標準之仁心，是以自主、自律、自定方向之自由意志爲其本質之功能。而此自由意志即是仁心周流遍潤、感通無外之明覺活動，且此明覺活動即以自身所發之無條件之道德法則，爲其唯一之方向。復因明覺本身即一不已地躍動者，故自給之即自悅之，又欲不已地躍動以呈現此方向法則，而不受任何時空人爲之限制與阻礙。此即仁心所以是全德是一理，仁心所以會主動活潑之因；亦即云人之向善，實是本心不容自己地爲之，而非由外誘之也。故孔子於宰予之輕三年之喪，而以不安指點仁；〔註34〕孟子亦以「人皆有不忍人之心」指點仁。〔註35〕而此不安、不忍、不容自己之感，即仁心之具體呈現，而此即五峯所謂「人之於仁，猶飢渴飲食不可讓。」（《五峯集》卷五〈論語指南〉）之意。

（二）仁心之感通

吾人若能使本具心中之仁，於生命活動中，隨處呈現，轉化時空血氣對吾人之限制，自能即事明道，當機決斷，動靜語默莫非無限仁德之呈現，自

〔註32〕《陸九淵集》卷一、與曾宅之書。
〔註33〕《智的直覺與中國哲學》，頁195。
〔註34〕《論語・陽貨篇》。
〔註35〕《孟子・公孫丑篇》。

能彰顯吾人與天同大、與地同德之永恒價值。而人之能於有限生命展現其無限意義之關鍵，則在此仁心之發用一義耳，故五峯曰「仁者，人所以肖天地之機要也」[2]

> 仁者之心如鑑，妍者來則妍，醜者來則醜。方其妍也，烏得不謂之妍？方其醜也，烏得不謂之醜？好惡如此，吾心初未嘗動也。(《五峯集》卷五〈論語指南〉)

> 專好毀者，其心必不良，烏能惡不仁？[4]

蓋仁心是判斷是非、權衡輕重之唯一價值標準，是自定方向，自循無條件之道德法則以行者，其知照萬象、決斷善惡之作用，亦恰如鏡之映物，纖毫不漏，眞誠不欺。雖善惡等事機表現之格套有異，然其見善即判善，見惡即判惡之超越至善之判準，則永恒不變，故曰「吾心初未嘗動」也。若判準屬相對形下者，則易爲習染所蔽，而朝來爲美，夕來則醜，如此變動無常，便失其超越普遍性，而不得爲鏡爲仁心矣。譬若專好毀人者，仁心已蒙塵，失其超越客觀之判斷立場，自不能如實地發其好善惡惡之作用。故「吾心初未嘗動」之「動」，非指仁心好惡知覺之發用，而是指人心爲物欲引取，陷溺爲血氣心，使所發好惡不得其準者之動也。

四、心之知覺作用

上節由感通覺潤一切言仁心，而覺潤之即知照之，此節即順之接言心之知覺作用。言知，便有能知與所知之別，而心是能知去知者，是充分條件，心之能知又有以德性心覺知，與認識心認知之分。而理則是所知被知者，是必要條件，無所知被知之事物，心亦不得而知。而所謂之理又有分形上之存有之理，如道德價值；及形下之形質結構之理，如事理、物理[註36]等二大類。

故（一）以德性心去知存有之理，則可成就德性之知，此由德性心說德性之知乃宋儒橫渠、明道、五峯一系所承者。（二）以德性心去知形構之理，則經由良知之坎陷，德性心可統攝形構之理，即統攝見聞之知，此儒家以價值統攝知識之一貫之旨。（三）若由認識心去知存有之理，以使血氣之發皆依存有之理以行而合理合德，此乃以認識心成就德性之知即伊川、朱子一系以「格物致知」言天理者。（四）由認識心去知形構之理，則可成就知識界之見聞之知，即今日科學種種之知識。以上爲由能知之心，去知被知之理所可能

[註36] 存有之理與形構之理之分別與釋義，請參《心體與性體》第一冊，頁87。

產生之四種情形。〔註 37〕能知所知之關係既已明，再試進言何謂德性之知與見聞之知？橫渠首言此義，其云：

> 世人之心，止於聞見之狹。……見聞之知，乃物交而知，非德性所
> 知，德性所知，不萌於見聞。〔註38〕

> 誠明所知，乃天德良知，非聞見小知也。〔註39〕

見聞之知，乃由物交而知。此是由認識心投射於事物上，對之展開理性之思辯，與知識之理解，學凡事物之質量、相、面，皆爲其關照實踐之對象。故認識心之知覺活動是「萌於見聞」，是由感觸經驗而呈現，是不離于感觸經驗，亦即受限於感觸經驗者。

而德性之知乃由道德本心而發，自然知愛知敬，知善知惡，當惻隱自惻隱，當辭讓自辭讓，故不萌於見聞，明道亦有云「良知良能，皆無所由，只出於天，不繫于人。」蓋此本身即是理之仁心，是永恒遍在，自主自律，自定方向，自有天則者；復能不已地發其自知是非之覺識活動，以覺潤朗照一切，道德地證悟一切，理性地實踐一切者。所謂「誠則形，形則著、著則明、明則動、動則變、變則化，唯天下至誠爲能化。」〔註 40〕即指至善之誠體既能形著創生，又能變化圓照，以曲成善化一切也。而此由遍常無外之仁心，所發之覺識活動，自以無限之乾坤萬有爲其澈盡圓照之對象，此雖言對象，實不拘滯於任一對象也。故非僅以某一特定經驗見聞，爲其知照之對象，以認知相對有限之形構之理而已。而當本心發此知愛敬長之覺識活動時，便已反顯本心爲一超越無外，自主自知之天理。如此由德性心之知覺發用，以反證德性心之爲超越絕對者，即所謂「德性之知」也。

德性之知、見聞之知既明，下便進言五峯之心知爲何屬？然如此先言德知與聞知，再言五峯者，非以前人說理格套，強加之於五峯。蓋德知與聞知乃宋明諸賢公認之儒家本旨，而吾人持之以檢視五峯、亦當客觀尊重五峯之原典，五峯有與之合者，固示五峯之醇純，即有不合者，亦表而出之，以示五峯之特異甚或進於前人者也。下即述五峯之旨：

> 知幾，則物不能累而禍不能侵。不累於物，其知幾乎！〔2〕

〔註37〕 《中國哲學原論》導論篇，頁360，則有自德性之知與見聞之知確立後，二者交錯影響所可能產生之四種情形，可參看。

〔註38〕 《正蒙·大心篇》。

〔註39〕 《正蒙·誠明篇》。

〔註40〕 中庸、二三章。

　　有是心則有知，無是心則無知，巧言令色之人，一失其心於浮僞，
　　未有能仁者。〔2〕

　　自觀我者而言，事至而知起，我之仁可見。事不至而知不起，我之
　　仁不可見。自我而言，心與天地同流，夫何間之？〔2〕

幾者，變化之關鑑也。而五峯以不累於物，不爲物所限者爲知幾，則此知當
屬感通無礙之德性心之知覺言，非自萌於見聞之認識心之知覺言。因認識心
著於物而生，即只限於並固著於事物上方顯其知覺之作用。同時「有是心則
有知」，此未知何屬之知覺雖由心所發，若爲浮僞障蔽拘於有形，則爲不仁，
則明此知覺乃屬德性心所發者，〔註41〕因認識只是心知之靈覺，而非價值之
判準，知五峯仍承橫渠、明道而言德行之知也。又此由仁心所發之知覺，自
其體觀之，雖似寂然不動，莫可先圖者，然及其應機而發，則感而遂通，變
動不測也。而曰此知覺之感通不測，主在反顯仁心之體物不遺無所不在，因
其發用亦不能只是超乎有限事物之上，僅抽象光板地知照，而必須即存有呈
現其具體有內容的覺潤感通之作用，使知親愛親之行爲得以眞切施行，故曰
「事至知起，我之仁可見」。此即強調仁心知覺之無限遍在性，並不因落實於
有限事物而消失，反可藉眞實道德行爲之無窮施行，而成其爲具體眞實之普
遍。使一切價值存有成爲具體有內容，而非徒只是口耳思辯之虛幻光景而已，
此即「心與天地同流，何間之有」之義，亦五峯心知作用之眞義也。

―――――――――

〔註41〕參《現象與物自身》，頁63。

第四章　盡心成性論

引　言

　　盡心成性是五峯思想之特色，足以自成一系統，而與伊川、朱子，象山、陽明二系鼎足而三者。其論盡心，是道德地充分地呈現此一即存有即活動，既超越復內在之道德本心，而體現此本心之目的在成性。實則此本心之形著發用即是於穆不已，能引起生化不息之天道性體之活動義，盡此心之形著作用，即在彰顯性之生化義及存有義也。故雖說目的在成性，心性似有主從與先後之別，其實此心體不已地發其形著作用，性體即當下挺立彰顯，此中只有義理先後之秩序，而無時間先後之秩序，故盡心即成性。而所謂「成性」，則為五峯著落其以心著性義理格局之詞語。

　　「成性」一語原出易傳，及至北宋橫渠，則將易傳之成就此天道是吾人本性之原意，改為吾人所要去成就者即是性。而此性雖仍為一即存有即活動天命之性，但一則可回返成就天道，一則可盡心化氣，以復性成性也。然橫渠盛言自太和論道體，頗重客觀之性天，故人多忽此成性形著義。而五峯非僅在義理上承續橫渠心能盡性以心發其形著作用，以成就吾之本性而曰「成性」。復接續北宋由客觀之易、庸，下貫回歸主觀之論、孟之路，遂先心性分設，提出以論、孟主觀之心形著彰顯易、庸客觀之性之以心著性之間架。此固為理勢發展上不得不然者，而亦是五峯自覺主觀地強調出者，觀其為橫渠重編正蒙一書而作之

序，特提「知禮成性」一句可知矣。同時其論盡心之異於孟子；論體用、已發未發之異於中庸，皆因其以心著性之義理結構之運用與獨特所使然也。此即因默契由易、庸回歸論、孟子理路，復自覺明白地倡言此形著之義，故在理勢自覺兩相合之下，完成以心著性之系統，其功至偉矣。而五百年後蕺山復非有意地歸顯於密，以心著性，更證此形著義非偶然也。

而一理論系統，每有其令人置疑之限制，必待突破此限制，可方成其圓熟之系統。以心著性之特殊與價值，在能打通主客觀使之為一，而如何使超越本心具于事物，為有限所拘後，仍能保其超越普遍性，以全幅澈盡吾人之道德心性！同時如何使主客分設之心性，非僅單面地虛立，而為主客合一、心性是一的真實存在，以具體成用等問題，皆可在此即存有即活動之本心之不已地發用與無限形著之過程中，得其圓滿之解決。

五峯所以正式倡言以心著性之說統，自義理言，當為其學養修為之頓悟突破而通契揭櫫此形著義；自存在言，則因值南宋偏安社稷淪亡之際，一介儒者自有深沉家國之嘆。復因秉其父文定公（安國）撰修春秋傳，冀以覺醒道德人格之庭訓，遂亦自撰《皇王大紀》，雖非真考據史實，只為借史實發其心性道德之批判。然如此已更加深其恢復儒教進德修業之使命感，逼使其面對扭曲陷溺之現實，自思如何以道德心性，覺醒提撕人心之消亡陷溺昧於世事的時代弊病。遂有盡心成性，以心著性思想之出，表達五峯盡忠孝以濟世行仁的儒多字者之心也。

第一節　盡心與盡性

一、五峯與孟子盡心之異

> 人通於道，不死於事者，可以語盡心之道矣。[5]
>
> 天命為性，人性為心。不行己之欲，不用己之智，而循天之理，所以求盡其心也。[1]
>
> 曾不知此心本於天性，不可磨滅，妙道精義，具在於是。(《五峯集》卷二〈與原仲兄書〉)

五峯論心之實體義，是無限普遍，以仁為內容，復能發其心知之覺識活動，不已地創生，主觀地形著性體者。而天命之謂性，性為天下之大本，故主觀之心形著體現客觀之性，是從形上之天命言心性是一，亦即由心體之內容全

澈盡性體之內容，使性體之奧秘亦全融於心體而得其具體眞實化，如此心之覺潤形著作用，實亦爲天之所命者，故曰：「天命爲性，人性爲心」、「此心本於天性」。因心本於天性，心在根源上自有超越客觀之意義；故其覺潤形著之作用，是遍人、物而無遺，同時涵具存有界與道德界而言者。而盡者，充分體現之謂；盡心者，即就道德界與存有界，道德實踐地充分體現形著人之道德本性，與物所以存在之自性也。

> 視聽言動，皆由至理，形色音聲，唱和行止，無非妙用。事各付事，物各付物，人我內外，貫而爲一，應物者化，在躬者神。至此，則天命在我，無事於復，而天地之心可一言而盡矣。（《五峯集》卷三〈復齋記〉）

> 曾子、孟子之勇原於心，在身爲道，處物爲義，氣與道義同流，融合於視聽言動之間，可謂盡性者矣。[2]

就存在言，所謂盡心者，是以一切客觀存在爲對象，而充分地發揮其自主自律、自有天則，覺潤不已、生物不測之作用，以主觀地形著來自天命，而賦予於萬物個體中之本性，使虛存於萬物的客觀之自性得以具體地呈現，成爲眞實地存有，即所謂「事各付事，物各付物」也。就道德言，盡心者，仍以一切人物爲對象，道德實踐地充分體現出吾人躍動不已、覺用無窮之仁德本心，可使「視聽言動，皆由至理」也。故若道德實踐地形著萬物之本性，可使潛存於萬物，而萬物無由經其自覺而顯之道德價值，全部澈盡而無遺。如此主理綱紀萬物，自然可以「形色音聲，唱和行止，無非妙用」、「在身爲道，處物爲義」矣。統言之，天命爲性，人性爲心，人若能遍就一切人、物，主觀地道德實踐地，充分體現形著人物價值之本性；此同時亦即是具體地彰顯心能形著性之作用，以具體地澈盡心之全幅內容與意義即以心覺潤形著一切爲其全幅之具體內容也。而如此自能通澈存在界與價值界，使「氣與道義同流，融於視聽言動之間」，達到「人我內外，貫而爲一，應物者化，在躬者神」之境界。此即五峯之「盡心」義。

> 盡其心者，知其性也。知其性，則知天矣。[註1]

孟子言盡心之心，是指仁義禮智之本心，即函惻隱、羞惡、辭讓、是非等四端之心，[註2] 並以此四端爲吾人不忍人之心之性。孟子不忍人之心，即孔子

〔註 1〕　《孟子·盡心篇》。

〔註 2〕　《孟子·公孫丑篇》。

之「仁」。仁與四端是吾心之具體內容，是能起道德創造之至善本性也。而善性是超越之天理，心則是感通覺潤之活動，故至善之天理即是心覺潤活動之具體內容，如此即心說性，心乃即是性即是理也。又因心之覺潤義，心又不只是性、理而已，而是內在於吾人之即存有即活動之道德創造之實體也。盡其心者，即在充分體現吾人仁義禮智之本心，以彰顯其能起道德創造之本性。此盡，是道德實踐地盡，蓋仁義禮智之本性，是人異於禽獸之內在道德之性，非自然生理之性。且其價值意義，唯於吾人從事道德實踐時，方能體證。因此道德本心是不容已地欲見諸於道德行為者，而及其一見諸道德行為，即可明白呈現吾人惻隱辭讓之本性，故曰「盡心知性」也。綜言之，孟子是以仁義禮智為心之四端，即以之為吾人之本性，若能道德實踐地體現本心，即可見吾人能起道德創造之本性也。

由以上分疏，可見得五峯與孟子盡心之異同，下即撮要言之：

二者相異處：

1. 五峯之心是本於天性，是超越地自即存有即活動之天道性體言者，有其客觀地、普遍地、本體宇宙論的意義。而孟子之心，則是自吾人本具之即存有即活動之道德創造之本心，而內在地、主觀地、實踐地言者。

2. 五峯之心，是先心性分設，先客觀超越地言一天命性體，復主觀地、道德實踐地由仁心來形著彰顯其為客觀天下大本之天性，使性得以真實具體化，此中含一形著義。而孟子本心即性，乃直接就能起吾人道德創造之道德本心說性，心性是一，故無形著義。但是已預設此可能，及至中庸、易傳由超越客觀之天道說性，便必然產生此形著義，五峯即順之而來者

二者相同處：

1. 五峯之心與孟子之心，皆即活動即存有之道德創造實體，故究其終極內容，二者之心實是一也，只進路不同爾。

2. 五峯與孟子盡心之盡，皆為道德實踐地盡此本心。

故五峯之盡心，乃是道德實踐地先形著人物之性，以使人能自覺地呈現其道德本心，並發顯潛存於人物中之價值意義也。而孟子之盡心，則是擴充吾人四端之心，以充分體現道德本性也。故一客觀普遍、以心著性；一主觀內在，即心說性，此五峯、孟子盡心之大較也。

二、五峯之盡性源于中庸

> 天之所以為天者，至誠無息而已。君子不息，所以法天也。人以窮
> 理盡性參贊化育天地之事期我，我其可不自強耶？（《五峯集》卷二
> 與毛舜舉書）

> 聖人順萬物之性，惇五典、庸五禮、章五服、用五形、賢愚有別、
> 親疏有倫、……體萬物而昭明之，各當其用，一物不遺。[5]

> 臣聞三綱，人之本性；神化，天之良能。堯、舜、禹、湯、文、武
> 恭己盡性，德合于天。（《五峯集》卷二·〈上光堯皇帝書〉）

> 萬物皆性所有。聖人盡性，故無棄物。[4]

五峯論性，有超越至善、大久遍常、生化不已為天下大本等諸義。故盡性者，
當在能於萬物中充分體證呈現其大久、超越、存在原理等本性；亦即期能完
全澈盡性體之奧秘，使性體之內容，完全具體朗現，而萬物亦得其所以然，
而真成其為萬物者。如此之盡性，是道德實踐地以一切人物為對象，統合存
在與道德而言者。學凡人倫秩序、政治教化、動植小大、參天地、贊化育，
莫不為其澈盡彰顯其價值意義之範圍。且必法天不息地澈盡至物我內外，各
當其用後，方得謂之盡性。而能澈盡此無限過程者，唯聖人能之，故曰「聖
人盡性，故無棄物」。

而中庸論盡性則曰：

> 唯天下至誠，為能盡其性；能盡其性，則能盡人之性；能盡人之性，
> 則能盡物之性；能盡物之性，則可贊天地之化育；可以贊天地之化
> 育，則可以與天地參矣。[註3]

中庸由天命之發用流行說性，天本是一生化本源，及其發用流行於萬物，便
為萬物之性，性即客觀地為一切存在之本體。同時亦具有天命之生化義、至
善義與存有義，故性是天下之大本，價值之根源，同時亦是無限遍在者。知
中庸之言盡性，自當以盡一切人物之性為其範圍。而能盡此無限存有之性者，
唯「至誠無息」[註4]之人，才能以其雖有限，却無息之生命活動，去道德實
踐地體現客觀存有之人我，萬物之本性。故知中庸之盡性，是以體現彰明一
切存在之性，以參贊化育為其最大之範圍，而與孟子盡道德本心之性為有異。

[註 3]　《中庸·二二章》。
[註 4]　《中庸·二六章》。

而五峯論盡性之義理與內容，即明白地承自中庸，亦以一切之存有為其盡性之內容也。故為人本性之三綱五倫固當盡，即神化不已而為天之良能者，吾人亦當盡之不息，以明天神化不已之性，亦即盡吾人至誠不息之本性也。如此「恭己盡性」，方能「德合于天」也。

三、盡心即盡性

> 子思子曰：「率性之謂道」萬事萬物，性之質也。因質以致用，人之道也。……惟聖人既生而知之，又學以審之，盡人之性，盡物之性，德合天地，心統萬物，故與造化相參而主斯道也。[2]

> 仁者，心之道乎！惟仁者為能盡性至命。[1]

率性之謂道者，言人依循客觀天命之性以行，盡人之性、盡物之性，即便是道。因一切事物，皆以天下大本之性為其成立之所以然，但因質以致用，能體現萬物之性，使成其為真實存有者，則在人之率性以充盡之也。故天命性體固為一切存在之實現原則，而天命性體之所有內容，則須透過人之自覺，方得以彰著落實。如此人便為澈盡天命性體全蘊，體現萬物之性的唯一根據，故曰「惟仁者為能盡性」也。而如何澈盡，則有盡心與盡性二途。唯就五峯義理言，其論心性，乃先心性分設，以心為主觀之形著原則，以性為客觀之自性原則，復以道德仁心主觀地形著具體化客觀之性，使道德價值貫注於客觀萬物之中，而客觀萬物亦因仁心之形著，而成為真實有意義之存有，故心性終究是一，盡心即盡性也。此乃五峯既客觀地言「盡人、物之性」，復又主觀地言「心統萬物，與造化相參而主斯道也。」之說也。

故就彰顯挺立一切客觀存有之價值言，盡道德之本心或盡一切人物之性，就五峯之心性是一之說法，在內容上實無差別，亦即此盡心與盡性是一也。若就彰顯之方式論，盡心者，在以心之覺用以形著性，使性之內容真實化；盡性者，則在直接澈盡性之全幅內容。如此五峯之盡心與盡性，在方式上似有分別，實則五峯之言盡性，亦只是順承中庸之義理，來強調彰顯性之內容之價值與重要而已。故其雖言盡性，然因心性是一，當心體現性之全蘊時，心之形著作用，自亦本其躍動不已之本質，而不息地發用以形著性。則所謂盡性，其盡性之法仍在以心著性，即仍在盡心也。此乃順承五峯客觀地言性，主觀地言心，而言盡心與盡性，所必有之以心著性義也。如此盡心即盡性，是一而非二也。

第二節　成性釋義

一、五峯之成性異於易傳

> 陰陽升降有道，剛柔曲伸有理，仁義進退有法。知道者可與論政，
> 知理者可與謀事，知法者可與取人，是以君子貴知道。〔4〕

> 動中涵靜是天機，靜有工夫動不非。會得存存存底事，心明萬變一
> 源歸。（《五峯集》卷一和劉子駒存存室）

此二段爲五峯論成性與易傳之關係者，「成之者性」來自易之「一陰一陽之謂道。繼之者善也，成之者性也。」〔註5〕一語。而「會得存存存底事」一語，亦明指易「天地設位，而易行乎矣。成性存存，道義之門。」〔註6〕一語，知五峯之成性爲源於易傳，然又有進於易傳者。此先述易傳本義，易之「成之者性」，孔穎達疏爲「若能成就此道者，是人之本性。若性仁者，成就此道爲仁。性之者，成就此道爲知。」〔註7〕人能盡性即能成就此道，故如本性爲仁，則盡仁即能成就此道爲仁。易傳之性亦是天下大本，道德創造之眞幾。而道則是即存有即活動之生化奧體，雖是生化原則，但仍須藉具體之陰陽變化方有眞實之表現。故若能秉道德創造之本性，於陰陽變化中，形著呈現生生不已之天道，便是道之再現。而盡性者，便是成就此道於吾身，此之謂「成之者性」。知此重在於客觀存有中，實踐地以性成就形著天道，亦即中庸首章「率性之謂道」之義。「成性存存」一段，則指易爲超越普遍，至健不已之生化原則，雖創生萬物，而不固著於萬物，復不已地流行發用，而常萬物爲生生之易所創生形成時，即以之爲性。萬物既以不已之易爲性，自不已地存而又存此性，不令其泯滅。此即乾象「乾道變化，各正性命」之義，而重在本體宇宙論地言性之超越客觀之生化義。

　　故易傳之「成之者性」，是言超越之性已具個體中，而此超越之性復實踐地成就天道。而「成性存存」，則言超越之天道具於個體中，而成爲其性。然由其存之又存，自亦函盡性、率性之實踐義矣。故其分別只在已具或未具於個體之中爾。未具於個體之前，性固爲超越生生之理，及具于個體之後仍有其不已之實踐義，即仍不失其超越普遍性之義也。此由已具未具之別，以見

〔註５〕《易·繫辭上傳》、五章。
〔註６〕《易·繫辭上傳》、七章。
〔註７〕周易正義卷七、十三經注疏、藝文本。

易傳之性是即存有即活動之創生實體。

　　五峯論性，本即順承中庸之「天命之謂性」、易傳「乾道變化，各正性命」而來，同樣以性為超越至善，生化不已，存在之所以然的天下大本（見前性論）。然五峯復重主觀之心之覺用，而如此心性分言，遂有心形著性之義產生。而凡自中庸、易傳以客觀超越、於穆不已之體言性，而欲回歸重道德實踐之孔子之仁、孟子之心性者，則必言此形著義，如此主客觀之心性，方能是一也。蓋中庸、易傳既客觀地、本體宇宙論地先言天命本性為萬物之體，以為萬物之客觀性原則，則作為此性發用原則之心，亦即此生化性體之活動作用，亦仍屬客觀地言之之心，實則仍非孔孟主觀地、能道德自覺之心也。故相契之關鍵則唯在肯認道德心之感通發用，能形著彰顯客觀之性，使性具體成立，心性方才是一也。五峯即為承此義理發展之脈絡，而首發此形著義者。

　　五峯既正式倡言此以主觀心體之形著作用，以形著具體化客觀之性體，則其面對中庸、易傳單自超越客觀面言性，自感虛歉不足，必欲形著之、挺立之而後已！故其雖順易傳之詞語言「成之者性」，而却因其以心著性之思路，見到「成性」，既便納入其以心著性之系統，而將易傳「成之者性」，本由實踐地言，完成或成就天道者，是吾人之本性一義；與「成性存存」重超越地言，不已地存此成就天命之性等二義，轉換為吾人所要去形著成就者即是性之「成性」也。下即述五峯在以心著性之義理格局下，所言之「成性」義。

二、五峯與橫渠、戢山之成性義

（一）五峯由形著言成性

　　夫生之者，人也。人仁，則生矣。生，則天地交泰，乾坤正，禮樂作，而萬物俱生矣。是故萬物成於性者也，萬事貫於理者也。（《五峯集》卷三〈皇王大紀序〉）

　　心由天造方成性，逐物云為不是真。克得我身人欲去，清風吹散滿空雲。（《五峯集》卷一次劉子駒韻）

　　心也者，知天地，宰萬物，以成性者也。（《胡宏集》〈知言疑義〉）

「仁者，心之道乎」[1]，心以仁德為其全蘊，則心之主觀地覺潤形著作用，自是自覺地、道德實踐地主理天地、持載萬物，以參贊化育也。而其所以能知

宰一切者，在於此即存有即活動之本心仁體是一形著原則，能對亦是即存有即活動之天命性體，呈現其形著作用。而作爲天下大本之客觀之天命性體，復爲乾坤萬有得以眞實挺立之所以然。故就心之發用言，主在顯其覺潤形著作用；就發用目的言，心體覺潤形著之目的，則在形著具體化性體，使萬物得以眞實存有。故心主觀地發其形著作用，所要形著成就者即是性，亦即心之形著在「成性」也。「心由天造方成性」，是存有論地賦予此心超越客觀之意義，如此心方能無限遍在地發其形著作用，以形著成就性、具體眞實化一切存有。然五峯之成性，非只有光板，無價值之存有一面而已，尚有其積極的、道德的一面。如「夫生之者，仁也。人仁，則生矣」，此生是本心仁體本其於穆不已之作用，主觀地、道德自覺地，去形著性體、創生萬物。又客觀存有地形著成就此性，以使乾坤各正，此乃天之事；而主觀道德地形著成就此性，使禮樂並作，此乃人之事。故統天與人而言，則所謂「萬物成於性」者，即言萬物之所以得以眞實而有價值地成立，只因其性被彰著成就，此乃五峯由形著言成性之義也。

（二）橫渠首開形著之成性義

而橫渠早就有自化氣繼善之工夫以成性之說，其云：

> 性未成則善惡混，故亹亹而繼善者斯爲善矣。惡盡去則善因以亡。
> 故舍曰善而曰成之者性。〔註8〕

橫渠論性，亦承中庸易傳，由「於穆不已」之生化實體言性。如「性者萬物之一源，非有我之得私也。」、「未嘗無之謂體，體之謂性。」〔註9〕性是萬物一源、涵蓋乾坤、超越遍在、體物不遺的。雖具于個體，仍有其超越普遍性，是「非有我之得私」，同時亦爲天地萬物所共有。所謂「性未成，則善惡混」，即言性尚爲本體論地本然自存，未落於形下，未具於個體中時，仍是超越的，無相對善惡相之超越至善。及體物爲之性，便受形軀情欲之限制，須亹亹勉勉、自強不息地變化氣質以克己之私慾，使本然純善之本性，在化氣繼善之道德實踐工夫中，逐步彰著呈現出來，終其極可全幅彰顯至善性體，使成爲具體眞實之全善也。如此成就性之善，是由吾人道德實踐地成，彰著地成；而非存有論地自然地成、或本無今有地成，故其註解易傳「繼之者善也，成之者性也」二語，即云：

〔註 8〕《正蒙·誠明篇》。
〔註 9〕《正蒙·誠明篇》。

> 言繼繼不已者善也，其成就者性也。仁知各以成性，猶勉勉而不息，
> 可謂善成，而存存在乎性。〔註10〕

觀此，知橫渠亦將易傳「成之者性」成就天道者是此性之意，轉換爲道德實踐地彰著成就此性；及所當存之又存者，即此性也。故「成性」即指實踐地成就彰著性，而如何成就之關鍵則在「盡心」，其云：

> 心能盡性，人能弘道也。性不知檢其心，非道弘人也。〔註11〕

吾人若能自覺地、不已地發顯本心自主自律，自有天則之覺潤妙用，以形著彰顯性，使性之全體奧秘澈盡無遺，便是盡性也。因心能盡性，則盡性即是心形著彰顯性之全蘊，使性挺立，可知成性之關鍵即在心能形著性，心能盡性也。橫渠首由「心能盡性」，開此「成性」之形著義。而五峯即本之而言：「盡其心以成吾性耳」（《五峯集》氙四周禮禮樂），亦即盡吾心之形著作用，以彰顯成就吾性也。

然橫渠之言形著義，是通天道性體與心體爲一地圓頓地表示，而五峯則爲先心性分設，再正式言此以心著性而成性之義，以明心性之本爲一。後因五峯弟子爲朱子所壓服，此形著義之音響遂歇，及明末理學殿軍劉蕺山，於未識五峯學說之背景下，亦先分心宗與性宗，再以心著性，以明心性之本爲一。可證知由中庸、易傳之超越面言於穆不已之性體，而欲回歸論孟之主觀地言心者；亦即由主客之心性二分，再回歸圓頓之心性是一者，必函此形著一義，此乃理勢發展之必然，無關乎識與不識也。下即略述蕺山之形著義，以作爲此既異於陸、王，復有別於朱子、伊川而爲宋明理學之另一系，即五峯、蕺山之「以心著性」一系統之概述也。

（三）蕺山之形著義

蕺山之言形著，乃乘陽明末流如泰州學派之混情識爲良知，以致淪爲猖狂；及龍溪專講良知本體，缺少實踐工夫，以致虛玄而蕩來者。其先由大學之誠意慎獨說心，是爲心宗。云「好惡者此心最初之機…故意蘊而心，非心之所發也。……知藏於意，非意之所起也。」〔註12〕知意乃是能好善惡惡之心根，而意中又含藏著知善知惡之良知，故意乃是淵然有定向，能自主自律之心之知覺活動。又由中庸於穆不已之性體說慎獨，此是性宗。「至哉獨乎，

〔註10〕《張載集、橫渠易說、繫辭上》。
〔註11〕《正蒙‧誠明篇》。
〔註12〕《劉子全書》卷十、〈學言上〉。

隱乎微乎！穆穆乎不已者乎！」〔註 13〕以性為超越客觀不睹不聞的即存有即活動之形上實體，知其亦先心性分設，再言以心著性，其云：

> 夫心囿於形者也。……上與下一體而兩分，而性若踞於形骸之
> 表，……此性之所以為上，而心其形之者與？即形而觀，無不上也。
> 〔註 14〕

「心也者覺而已矣」，心本為能好惡、知善惡之知覺活動，其發用雖或囿於形軀，然本身仍為形上者；故曰心性「即形而觀，無不上也」。心性雖皆形上實體，而心為主觀之形著覺識原則，對性自必顯其形著作用，故云「心其形之者與」，此形即形著之形。知蕺山是由大學之「意知獨體」以求澈盡形著中庸之於穆不已之性體，其又云：

> 夫性，本天者也，心，本人者也。天非人不盡，性非心不體也。心
> 也者，覺而已矣。〔註 15〕

性本天，故性為萬物之存有原則，是超自覺者；而心本人，其中能好惡之意與知善惡之知，是能覺之心之形著活動等特質。而所謂「性非心不體」者，在言性體之奧秘，必待心體自覺活動充分形著體現後方得彰顯，亦即透過心之主觀地自覺活動以形著性，性方能逐步地主觀化內在化，以具體呈現其真實之意義。然又因自覺之心，必以超自覺之性為體，故心主觀之形著活動亦應逐步地融攝於超自覺之性中，使性為其客觀存在之根據，而心亦得其超越客觀之意義矣。

蕺山即由「心其形之者與」、「性非心不體」言其形著義，如此以心著性，使性既有其超越性與奧密性，復成其為真實而具體者；而心融於性，心即是淵然有定向，形著發用不已之實體，亦能有其客觀性與普遍性，如此性宗心宗合而為一，實只是一矣。蕺山故云：「天下無心外之性。惟天下無心外之性，所以天下無心外之理也。……而千古心性之統可歸於一。」〔註 16〕而五峯亦云「氣主乎性，性主乎心」〔2〕又云「性無不體者；心也」言客觀之性之得以具體成立，即在主觀之心之形著體現也。而心通澈性之全體，性亦內在於心；心融於性，性攝於心，心性是一矣。

五峯之言形著義，本為順承濂溪、橫渠、明道等由中庸、易傳言天命性體，

〔註 13〕《劉子全書》卷二、易衍第七章。
〔註 14〕《劉子全書》卷七、原旨七篇、原性。
〔註 15〕《劉子全書》卷二、易衍第八章。
〔註 16〕《劉子全書》卷七、原旨七篇、原學中。

逐步回歸論語、孟子之道德仁心之趨勢。然因其重心之形著，故返過來，復由論語、孟子來形著中庸、易傳，而直接開出此以心著性義者。蕺山則是經由陸、王之特尊論、孟，復自強調中庸、易傳客觀之性，乃先將良知之顯教歸於性體之奧秘，如此亦是先心性分設，再歸顯於密，而言以心著性者也。故五峯、蕺山之以心著性之特殊義理格局，當足以與陸、王之專自論、孟言一道德之本心；伊川、朱子言性只是理，心是氣之靈的理氣二分者，鼎足而三矣。

第三節　盡心成性

一、盡其心以成吾性

> 天命之謂性。性，天下之大本也。堯、舜、禹、湯、文王、仲尼六君子先後相詔，必曰心而不曰性，何也？曰：「心也者，知天地，宰萬物，以成性者也。六君子，盡心者也，故能立天下之大本。人至于今賴焉。不然異端並作，物從其類而瓜分，孰能一之！（《胡宏集》〈知言疑義〉）

> 天命之謂性。王者受命於天，宰制天下。其所以祭天地者，盡其心以成吾性耳，非有天地神祇在吾度外，有形體狀貌可得見而承事之也。（《五峯集》卷四《皇王大紀》論周禮禮樂）

> 氣主乎性，性主乎心。心純，則性定而氣正。氣正，則動而不差。……夫性無不體者，心也。[2]

> 誠成天下之性，性立天下之有，情效天下之動，心妙性情之德。[3]

天命之謂性之天，是中庸所示即存有即活動之創生奧體，天既生物不測地創造乾坤萬有，又於穆不已地永恒發用流行，使乾坤展續相生，無有窮已。而天命發用流行為萬物，萬物即以之為個體之所以立之性，而此性自以天道之自我定向、超越普遍、創生不已等諸般性質為其體性，故可曰「性，天下之大本」、「性天地鬼神之奧也」。然此秉天命而來之於穆不已、超越至善之寂感真幾之性，雖亦是能起宇宙生化、道德創造之即存有即活動者。但此性，仍只是客觀地本體宇宙論地言之性，亦即尚只是性之在其自己，是性虛懸地潛立、自存而已，並不能真起任何生化之作用，不能作為任何存在之自性。必待主觀之心形著彰顯，性方真實具體，能貞定作用，為物自性也。故六君子

先後相詔，不曰性，在因其雖本然自存，但不能自以為力。而必曰心者，乃以心之形著覺用，方為澈盡及具體化形上形下、人我事物之必要關節也。

而心者，「天命為性，人性為心」[1] 此言具於吾人客觀地為天下大本之即存有即活動之性，若主觀地、道德實踐地言即是心，蓋因客觀之性主觀地對其自山即是心。而此性之對其自己，便是性之自覺表現，故於穆不已之性，主觀地不已地自覺地自我呈現之作用亦是心，可知客觀地言，性之對其自己之自覺呈現，可說即是道德本心也。然若主觀地言心之自體，則此心自身是自主自律、自有天則、淵然有定向之即活動即存有者，復能主觀地道德自覺地發其形著覺潤，妙用不息之作用，以形著彰顯性之生化活動義。然因心性乃皆即存有即活動之超越實體，且此體只能是一，不能有二，故心性實是一，則心之形著活動，實即性之生化活動，就中心性只主客觀之別耳。而此主客觀之別，即在逼顯出心性皆是體，性為物之體，而心則對性顯其表現之形著作用，此即為五峯先心性分設，復以心著性義理格局之精彩處也。

五峯續云「心也者，知天地，宰萬物，以成性」，此知是即存有即活動之本心，本體宇宙論地直貫創生之知，知之即通澈之，通澈之即實現之，[註17] 故知天地即主理實現天地。而心如何主理實現存在界？則在「氣主乎性，性主乎心」一義。因性為氣化客觀萬有之所以立，故性為氣化實然之綱紀之主，而性只是客觀地虛立，必待為性形著之主之心，對性發其形著作用，性始得真實具體化，而物亦為真實之存有也。此即言澈盡心之形著作用，以彰顯成就事物之性，「盡心」以「成性」也。蓋心本即是性之主觀性原則、形著原則，而心與性是二而一，一而二，故「性無不體者，心也」。故由此道德本心自身當下主觀地、真切地形著覺潤此天下大本之性，亦即完全體現澈盡那作為乾坤萬有之客觀自性原則之性，便可使天地人我得以彰著挺立而具體實存也。

而乾坤宇宙本是縱貫時空永恒普遍的，故心之形著覺潤之活動，若能真切地存有地來體物不遺調適上遂，使道德本心之形著活動與靈覺妙用，能呈現性之全幅內容意義，能完全通澈朗現性之全幅奧密，便是能具體真實化性體之全幅內容也。如此心融於性，客觀之性得心之形著義而具有主觀性與生化性；性融於心，主觀之心之自覺形著妙用，有性為其體而得以立，心亦保有其普遍性與道德性，不致放蕩失所，而心性是一矣。必至此一地步，則天地間一切事物，方有其存在之可能，而吾人善化世界之道德創造，亦方有其

〔註17〕參《心體與性體》第二冊，頁447。

可能也。而「六君子盡心者也」，在言六君子道德地形著彰顯一切人物之性，既成就吾人道德本性，創造道德的價值的世界，亦普遍地具體成就潛存之事物自性，使事物亦爲吾人參贊天地，化育萬物之資具，使人至於今賴焉，即所謂「故能立天下之大本」也，此立是形著地立，亦即形著地成。此五峯「盡其心以成吾性」，以心著性思想之圓熟極成之境也。

又「誠成天下之性」，即以同爲即存有即活動之於穆不已之誠體，去形著成就天地之所以立所以存有「性立天下之有」之性，此亦五峯「成性」之義。而「情效天下之動」，此情以氣言，是形下有相對善惡者，然其中仍有超越普遍之天命性體爲其體，善惡只發而中節或遭扭曲與否之謂！「心妙性情之德」，心是即存有即活動之創生實體，故既超越地妙運其覺潤作用，以形著客觀天下大本之性，即普遍地形著事物之性，同時亦可妙運於情氣而主宰之，亦即心能形著情氣之性而妙運宰制情氣也，此亦五峯「盡心成性性」之旨也。〔註18〕

二、體用義

> 天地，聖人之父母。聖人，天地之子也。……此萬物之所以著見，
> 道之所以名也。……聖人指明其體曰性，指明其用曰心。性不能不
> 動，動則心矣。聖人傳心，教天下以仁也。（《胡宏集》〈知言疑義〉）

五峯又由中和體用言其盡心成性，以心著性之義理。天地是由存有論地言之者，是能自覺地踐德之聖人據以效法，自我肯定之根據。而此自覺踐德之聖人，亦即此於穆不已之超越天道之表現資乘。故知客觀超越之天道只是虛立的，只是萬物之客觀之自性原則；而自覺踐德之聖人則是主觀的，實存的，亦即透過聖人之法天體天，可體物不遺地形著彰顯天命之性，故知聖人是使萬物得以具體著見之形著原則。而聖人所以能使萬物著見之關節則在「指明其體曰性，指明其用曰心」、「性不能不動，動則心矣。」二句言心之形著作用也。蓋「道……變動不居，進退無常，妙道精義未嘗須臾離也。」〔2〕是純亦不已自我定向，於穆不已創生無窮，又妙運無方神運不息，體物不遺之即存有即活動之生化奧體。而此生化奧體即爲萬物之體性，此即言天道發用流行，創生萬物，而道便分別落實於一切個體中爲其性，天道即具於萬有中而爲其性，此性因秉承天道，故同時具天道自我定向，創生無窮等性質。如若

〔註18〕參《心體與性體》第二冊，頁 500。

自超越流行言，此變動不居，進退無常，具生化不已等性質，以引起氣化活動之實體便是道；而自萬物實存言，此具於個體中而爲即存有即活動之實體者便是性。如此於穆不已、生物不測之天道，即可以於萬物之性中所具存之超越普遍、生化不已、超對至善等性質，指明爲天道自身之體性與本質，此之謂「指明其體曰性」，天道以同爲即存有即活動之性，爲其體也。

「天地之心，生生不窮者也」〔1〕，心是自主自律、自有天則、自定方向之即存有即活動之實體，又能主觀地自覺地發其形著覺潤，神感神應，妙用不息之活動者。故「指明其用曰心」此在言維天之命，於穆不已之天道，有其生物不測，創生不息之作用，所謂「天地造化萬物，生生日新，無一氣之不應，無一息之或已」〔2〕，此即以心爲天道生化之活動作用也。蓋心亦生生不窮之生化實體，故能主動地發其形著感通之作用，反回來具體形著同爲即存有即活動之天道性體之創生至健，神感神應之活動，意即作爲天道生化活動作用之心，亦可主觀自覺地回轉來形著具體化天道生化之活動也。然須注意者，此「用」乃指以心著性之自覺地形著「作用」，且此形著作用，非僅形著天道之生化活動，亦形著爲天道本質之性的生化活動。其所指非體用之用，即非以性爲體，以心爲用也。因心與性同爲即存有即活動之生化實體，而作爲天道性體活動作用之心，又自能發其感通形著之作用，以形著具體化天道性體之生化活動。而此永恒、普遍之生化之活動，即爲天道性體之本質，則形著感通此舌動本質而無缺之心，亦當與天道性體爲同一即存有即活動之實體也。此爲自「體」上言天、性、心爲一，而言「用」，則指作爲天道性體之活動義之心的形著作用，而非體用之用也。

「性不能不動，動則心矣」，性之不能不動，乃自於穆不已，生物不測之生化性體，言其不已之活動義，而性之活動即是心，故曰「動則心」。而此心亦是維天之命於穆不已，感通形著至健不息者，非屬形下血氣之生理心理之心。此因心與性皆超越形上，而所以分言者，主在分別同爲即存有即活動之心性，一爲客觀之天地生化大本，是萬物存在之所以然；一爲主觀之能形著天道性體之生化活動，是存有原理之形著原則。〔註19〕而「性無不體者心也」〔2〕，主觀之心形著具體化客觀之性，使性融於心，心得淵然有定向之奧密性體爲其體，而心自覺妙用之活動義，及體物不遺之存有義，皆得以保有而不偏枯，心即是性，心雖主觀，亦有客觀意義矣；客觀之性得心之形著，使心

〔註19〕參《心體與性體》第二冊，頁484。

融於性，性得心之形著，而成爲眞實具體化之性，不再虛懸且無能爲力，而性之生化大用，爲物存在之所以然，皆得逕挺成立，具體成用矣。

心性既皆超越形上，故分設主在以心著性，以創造並具體化乾坤萬有也。而「氣之流行，性爲之主。性之流行，心爲之主」[3]，因形下實然之情氣事物，有性貴之爲其所以然，並爲其主情宰氣以成用之綱紀之主。而眞能主情宰情，典章乾坤之因，又在於心能形著萬物生化、存有根據之性，心爲性之形著之主。如此以心著性，盡心成性，天道性體之生化大用方才眞實而可能，而「聖人傳心，教天下以仁」，吾人道德創造參天地贊化育之大願，亦方有具體推展之可能也。

三、已發與未發義

盡心成性爲五峯思想之特色，故其論中和體用，已發未發，皆本以心著性之思路詮釋，心性分設以言體用，已疏釋如上，今再論其已發未發之異於前賢者，以見其以心著性之特出處。中庸首言已未發，茲引之：

> 喜怒哀樂之未發，謂之中。發而皆中節，謂之和。中也者，天下之大本也；和也者，天下之達道也。致中和，天地位焉，萬物育焉。
> [註20]

「中」是指點語，指在喜怒哀樂等情之未發時，可體會到一超越之中體，人若能超越地體證此中體，本心便能呈現，即本心便是中體之具體呈現，此皆由超越形上言之。因若自形下血氣言，喜怒哀樂未發之心境固是渾然中性，然亦可能是晦暗窒鬱的及外誘於物，自我放蕩奔逸無有己時者。故此「中」，是於情未發時，超越地體證一「天下之大本」之道體也。而「和」是指道體呈現而爲本心之發用，使一切氣化活動皆成合理狀態，此是從喜怒之情之發而中節處，內在地體會大本之道體即本心之發用狀態，非指形下之喜怒哀樂之情，發而中節合理也。故知中庸僅就情之未發超越地體證一道體，就情之已發內在地體會道體之主宰發用也。而五峯則有云：

> 中者，道之體；和者，道之用。中和變化，萬物各正性命而純備者，人也，性之極也。[2]

「中者，道之體」指於穆不已之生化奧體，即以中爲其體性本質，此所謂「指明其體曰性」（《胡宏集》〈知言疑義〉），而中爲道之體，故此中亦即能創生定

[註20] 中庸、首章。

向爲天下大本之性也。〔註 21〕道之生化活動義即心，心之形著活動能反回形
著具體化道之生化活動，此所謂「指明其用曰心」(《胡宏集》〈知言疑義〉)，
而和爲「道之用」，故此和即指作爲道之生化活動義之心。而本心之形著發用，
自有定則、自主自律、能形著彰顯承自天道本質，而爲萬物之自性之性體，
故曰「中和變化，萬物各正性命」。此明是由本體宇宙論言天道之生化，由心
以著性，使生化具體眞實之意。故「中」尙是中庸超越地體證天道之體性，
而「和」則非中庸就情之已發，內在地體會天道主宰發用之和，而只是借中
庸之詞語，自天道之生化義言心之形著發用矣。而下二段文字釋五峯已未發
之義更明，引之如下：

> 心性二字，乃道義淵源當明辨，不失毫釐，然後有所持循矣。竊謂
> 未發只可言性，已發乃可言心，……心之體段，則聖人無思也，無
> 爲也，寂然不動感而遂通天下之故是也。未發之時，聖人與眾生同
> 一性；已發，則無思無爲，寂然不動感而遂通天下之故，聖人之所
> 獨。……若二先生以未發爲寂然不動，是聖人感物亦動，與眾人何
> 異？尹先生乃以未發爲眞心，然則聖人立天下之大業，成絕世之至
> 行，舉非眞心邪？(《五峯集》卷三〈與曾吉甫書〉三首之二)

> 惟先君子所謂「不起不滅」者，正亦「靜亦存，動亦存」而言也，
> 與易「無思無爲，寂然不動，感而遂通天下之故」大意相符，非若
> 二先生指喜怒哀樂未發爲寂感不動也。某愚謂方喜怒哀樂未發，冲
> 漠無朕，同此大本，雖庸與聖，無以異也；而無思無爲，寂然不動，
> 乃是指易而言，易則發矣。故無思無爲，寂然不動聖人之所獨，而
> 非庸人所及也。惟無思無爲，寂然不動，感而遂通天下之故，更不
> 用擬議也。(《五峯集》卷三〈與曾吉甫書〉三首之三)。

五峯云「未發只可言性」，性於喜怒哀樂未發之時，尙淵然靜定，冲漠無朕，
是聖愚之所同然本具者，且性本超越至善、自定方可爲萬有之存有原理者。
然值此未發之際，性綱紀情氣之主宰作用尙不顯，雖曰不顯，然實已發用流
行，淵亭退藏，遍具一切而爲其體矣。故「未發只可言性」，是於情未發之時，
超越地體會此一客觀地虛立地之能起作用而尙未具體成用之性體也。「已發乃
可言心」，此已發仍順中庸之義，指情言，但「心之體段」是無思無爲，寂然

〔註21〕參《中國哲學原論》原教篇，頁151。

不動，感而遂通天下者，知心是一超越形上之實體。而五峯由此形上心體論已伐，則自非中庸就情之已發，形下地內在體會天道之發用矣。而是別就喜怒哀樂已發之時，形上超越地體證此一「無思無爲，寂然不動，感而遂通」之心體也。

故五峯論未發，是於情之未發時，超越地體證一尚客觀虛立，雖庸與聖無以異之性體也；論已發，則是於情之已發時，非形下內在地，而是超越地體證一聖人之所獨的寂感一如之心體也。如此於形下血氣之未發已發，分別體證同屬形上，此「心性二字，道義淵源」之性體與心體，此仍爲心性分設之格局。而未發之性，「庸與聖無以異」者，在於性體物不遺；而已發之心爲「聖人之所獨」者，在於聖人即寂即感，能自覺主動地擺脫情氣習染之蔽，而能完全澈盡體現此無思無爲，寂感一如之心體，如此盡心成性，以心著性，可達聖神之化境，而庸人則溺於情欲，所發不得其當耳。

五峯由形下情氣之已發未發，同時體證超越之《心體與性體》，固已異於中庸。然尚須注意此由已發體證之心，其自身亦是即存有即活動者，亦是能言發者，所謂「心涵造化之妙，則萬物畢應」[6]、「心妙性情之德」[3]，此造化之妙體，可由情之已發見其形著天道性體，知宰主理天地之活動義。就心體言，是自主自律，自有天則，於穆不已，生物不測之即存有即活動者，而其自身復能感通無礙，覺用不窮地，發其形著作用，以形著天道性體之生化活動者，「性不能不動，動則心矣」（《胡宏集》〈知言疑義〉）此之謂也。而就易傳言，「無思無爲，寂然不動」，乃是指易而言，「易則發矣」，此則以即寂即感、寂感一如言心之發用。然易傳之誠體、神體，是即存有即活動之實體，其寂然感應只是一，是不能分開者，故不能只以寂然不動爲未發，只以感而遂通爲已發也。可知心體、性體、易傳之誠體、神體並皆爲即存有即活動之實體，實皆只是一也。故未發時雖可體證性，實心亦在其中；已發時雖可體證心，而性亦在其中。如此以心著性，心性是一，則此作爲天道性體活動義之心，實發而不發，而潛虛流行之性，雖未發而實發也。五峯即以盡心成性，以心著性之義，由易之即寂即感言心之發也，[註22]故對二先生（楊龜山、尹和靖）只以未發爲寂然不動，只以未發爲眞心，以爲是使心性只有至善存有義，而失卻性之生化，心之形著義者。此節便在借五峯論中和體用，已發未發來表出其心性分設，盡心成性之特殊義理格局也！

〔註22〕參《心體與性體》第二冊，頁499。

第四節 限制與圓成

五峯心性分設,由中庸、易傳「天命之謂性」一義,客觀地言於穆不已之天道散落於個體即爲性,此性是本體宇宙論之生化根源,亦爲萬物之所以立之自性原則,是即活動即存有之形上實體。而此實體,只在能自覺呈現道德一心之人處,見其實義;因物不能自覺,故不能彰顯物之自性自體。唯心則是能自覺自主,妙用無窮之即存有即活動之實體,故能發其形著作用,不已地形著性體,而形著之即具體眞實化之,眞實彰顯性爲一創生實體也。此五峯盡心成,以心著性之路。

然心性皆形上實體,形著覺潤自然無隔無礙,若落於形下氣化,則立即拘於有形,雖本無限頓時滯爲有限矣。蓋因順以心著性之思路言,譬若孝親爲吾人之天性,吾人之道德本心,應當自覺主動地去形著彰顯此孝親之本性。而主動形著孝親之性,即是以道德行爲去孝,以行爲去孝,便是形下一事行,而本心便爲此形下事行所限。故本心當機發其形著覺用,即爲所當之事機所限,故曰「性情之德,庸人與聖人同,聖人妙而庸人所以不妙者,拘滯於有形而不能通爾。」〔註3〕庸人固拘滯於形氣,當機發用不能呈現本心,即便聖人當機呈用,無不中節,然以其有限生命,亦不得澈盡天下之機,澈盡天下之理,此羅近溪所謂聖人臨終亦不免嘆息之深沉慨嘆也。

故本心雖超越無著,然順其躍動不已之本質,隨機呈現,立爲事機所陷,而爲一具體有限之事行。則此一發便拘於有形之本心,遂不得與超越體物不遺之性完全等同無隔矣!心性有隔,盡心亦未必能完全對應此性矣!同時即便心性無隔,皆能回至超越層,而主觀之心仍能客觀地爲一生化原理否?蓋因心雖能形著性,但若不能具有性體之客觀意義使心性是一,則性是客觀之體,心是主觀之體,心性判然二分,各爲其體矣!然宇宙間只是一體,實難有二體。可知以心著性學說,面臨二大限制,其一即本心當機呈現爲事行後,仍能否無限普遍地澈盡形著性體之全蘊?其二即本心果能無限普遍地形著性體,復能將自身客觀化爲一生化原理,一如性體般地爲存有之自性原則否?〔註23〕故必當解決心體能脫掉形氣之拘滯,恢復其無限形著之作用;及心能具客觀意義,使心性是一等二大限制後以心著性之學說,方才光暢正大,圓頓至極也。下即分述如何圓成此二限制:

〔註23〕參《心體與性體》第二冊,頁526。

　　其一先就心如何能當機借物而顯，而不爲事機所限，保其超越普遍性言，五峯云「大哉性乎，萬理具焉」〔4〕，以性爲生化及存有之奧體，此奧體奧在其內蘊涵藏天地，無窮無盡，而此無盡之內容，只在本心之形著覺潤中彰顯。然本心躍動不已之發用，是當機的，散殊的，發而爲具體有形的，故本心有一步之發用，便有性體內蘊一步之彰顯。然本心之發用雖無限無息，但其道德自覺或因習染偷惰；及其具體之道德行爲，或受有限形軀之阻滯，而皆不得如其本然地全幅呈現，故當機借形而呈用之道德自覺與道德行爲，待其當機借形時，便落爲夭限，失其超越普遍性，不得無限地盡之又盡，及至全幅澈盡性體之全蘊矣。故曰「衝衝天地之間，莫不以欲爲事，而心學不傳矣。」〔3〕本心之形著與發用，溺於情欲形氣，自不得無限普遍地彰著性體全幅之奧密。故此形著過程可說是一無限之進程，而吾人在盡心工夫上但可言「往盡」，而不得言「全盡」〔註24〕矣。

　　自盡心過程上，本心之形著覺潤當機呈用，雖有限制，而不得全盡性體，然發爲道德自覺與道德行爲之生生不窮之本心，則仍是超越普遍無所限制的。故事機雖有限囿滯，而此超越本心，仍可依其感通無礙，覺潤無方之本質，雖當此機而顯，復可即刻躍起而及於其他，其雖發爲一道德行爲如孝親，但不爲此一孝親行爲所限，復不已地欲發爲其他之道德行爲也。五峯亦有云：

　　　人之生也，良知良能，……學必習，習必熟，熟必久，久則夭，夭
　　　則神，夭則不慮而行，神則不期而應。〔4〕

如此每一步形著有一步之彰顯，而步步超越即步步彰顯；此亦可說一步之形著即是步步之形著，一步之彰顯即是步步之彰顯。及至此地步，本心形著之無窮過程，方得取消而爲一時之全體頓現，而本心所發之道德自覺，與道德行爲，方能超越有限事機之拘滯，回復本心之超越普遍性，而可完全對應展示澈盡朗現性體之全奧矣。〔註25〕而此本心即可跨越有形之拘限，而一如性體之無限普遍而無限普遍地形著性體，使心性完全對應無隔，盡心可全然成性矣。

　　其二再就如何能將主觀之心，成爲萬物之客觀自性原則之性，使其自身客觀化而言。因前言心能一時頓現性體，或可以爲只是一種體證無限心發用之境界，未必眞能將心性客觀地豎立起來，成其爲本體宇宙論之生化原理，

〔註24〕參《中國哲學原論》原性篇，頁66。
〔註25〕參《從陸象山到劉蕺山》，頁358。

自性原則之實有。然體證固是一種境界，但所體會之無限心則不是境界，而是即存有即活動之實體性本心。蓋若承上所言，此本心雖具於有限形氣中，其所發之道德自覺與道德行爲，自爲事幾所限，而表現爲一具體事行，然亦可當機頓現其超越無限義，而跳脫出有限。如此即顯即離，亦捨亦著，本心自能不已地形著感通，無限地直貫創生，不僅能自覺地形著道德本性，成立道德世界；復能超自覺地形著萬有之性，成立自然世界。而此能打通主觀之道德界與客觀之存在界，使主客觀統一之關節，即在以心著性，性融於心，使形著關係泯滅而心性是一也。牟宗三先生釋此義甚詳，茲引之：

> （一）必須先客觀地存有論地說一形式意義的性體即奧體；（二）把道德實踐地說的這獨知之明覺視爲對于這奧體之形著；（三）把這明覺步步向這奧體緊吸緊收，歸顯於密；（四）這緊吸緊收步驟，是先通過把明覺緊吸于那作爲「心之所存」而非「心之所發」之意（主宰的實體性的淵然有定向的意），「知藏於意」，然後再把意體與知體一起緊吸于性體這個奧體；（五）意知之緊吸于奧體是無限的進程，這裡說步步緊吸，這步步是無限的步步，然而亦可以頓時與奧體爲一，此時全知體是性體，全性體是知體，兩者之距離即泯，而形著之關係亦泯，此時即主客觀之統一。〔註26〕

五峯與蕺山論盡心成性，以心著性，即是本中庸、易傳客觀地言一沖漠無朕，淵然有定向之性體，復主觀地由自主自律，覺用不窮言一能發形著作用之心，透過歸顯於密，意知緊吸于性體之無限進程，而一時頓現地形著澈盡性體之全蘊。此時客觀地就性體言，性之被形著具體真實化，即是心體全幅內容主觀之發用。亦即融心於性，性得心之形著，而全幅奧密真實呈現，不再潛虛懸空，故作爲客觀自性原則之性，亦有主觀意義，性即是心；若主觀地就心體言，心自主自律虛靈妙用，涵藏無盡之全幅內容即是性之全蘊。亦即融性於心，心得性以立，爲淵然有定向之實體，同時通過本心步步之形著，而性體之全幅奧密即於心中彰顯無遺。而心之自覺妙用之活動義，體物不遺之存有義，乃爲性體之全幅內容也。如此主觀之心亦有客觀之意義，而心即是性。故性得心之形著而真實挺立，心得性之貞定而具體發用，主客觀相對形著之關係即可泯除，而心性是一，且只是一即存有即活動之創生實體也，故云：

> 事物屬於性，君子不謂之性也，必有心焉，而後能治；裁制屬諸心，

〔註26〕 參《從陸象山到劉蕺山》，頁355。

君子不謂之心也，必有性焉、然後能存。〔3〕

具於事物客觀之性，必待心之形著，方能具體挺立，「然後能存」；而主情宰氣主觀之心，亦必待性之貞定，方能真實顯用，「而後能治」也。如此心性對揚，以心著性，而心性是一矣。可知作為此創生實體之本心，在自覺之道德界中，固是一實體性之道德本心，能產生吾人道德行為；而在超自覺之存在界中，仍能主觀地普遍地發其形著創生一切之作用。且此形著創生一切之作用，其中當即函心亦具客觀地，本體宇宙論地之生化原理與自性原則之意義也。〔註27〕則吾人之道德實踐，即在盡此既能主觀發用復有客觀普遍意義之心體，以圓滿對應形著彰顯作為乾坤萬有生化原理、自性原則之性體。如此本心既能頓時超脫形氣之拘限，復能保持超越客觀之義，使心性是一，使道德秩序即是宇宙秩序，以澈底完成儒家「道德的形上學」。

仲尼從心所欲不踰矩，可謂盡心矣。天即孔子也，孔子即天也。〔2〕

主觀踐德之孔子可上達客觀之天道，客觀流行之天道亦借孔子而呈顯其奧蘊，如此心、性、天是一，主客是一，道德界與存有界通而為一，此則五峯、蕺山「盡心成性」、「以心著性」一系統義理之光暢圓成之境，與價值獨特之處也。

〔註27〕參《心體與性體》第二冊，頁534。

第五章　工夫論

引　言

　　五峯義理精微獨到處，厥在「心性分設，以心著性」一義，此中心是主觀之形著原則，性是客觀之自性原則，雖有主客之分，實心性仍皆自道德創造之實體義言之者。而形下之情氣事物，亦莫不以天命流行於吾身之體爲己性，因天道超越至善，故其命於吾身之性亦至善，此中不惟有心能自覺之人可自覺此至善之本性；即便無心不能自覺之事物，其所以自立之本性，亦客觀地潛隱著天命之善性。故事物雖不能自覺自發，但卻可待能自覺以成德之人，藉著道德實踐之行爲，以彰顯挺立事物本然潛具之善性。此五峯「心性分設，以心著性」系統所特開出之道德的客觀面，即肯認一切客觀之事物，皆爲構成吾人道德實踐雖被動消極，卻不可或缺之必要條件。

　　而道德心性之論述，主爲吾人之道德實踐，提供足以下學上達，立體應變之理論基礎，否則只成「愈走愈向裡，愈逼愈渺茫」〔註1〕之疏離事功無益世道之空談。故理學諸家其心性論厎積極目的與收效處，即在付諸道德實踐之工夫論中。而有若何方向之義理，便有若何與之相對應之工夫，以求實踐地解決並證成其義理。而道德之主客觀面並重之五峯，其「盡心成性」思想之工夫，除在澈盡此心，以形著吾人之所以立之性體外，自亦包含形著一切事物之潛具善性，亦即「盡人之性」並「盡物之性」，必使一切人我內外皆得彰著挺立其道德性，建立一普遍地客觀地道德地世界而後已。如此自較象山

〔註 1〕　《中國學術思想史論叢》（八），頁 2、錢穆著「前期清儒思想之新天地」。

陽明言「心即理」，單由心體之主觀面言「致良知」，由推擴吾心之良知，便可收攝成就一切爲開潤客觀多矣；同時亦較伊川朱子脫落孔孟心、性之道德性與活動性，而專由氣心去認知一切人物所以存有之理，亦即較由知識之進路，以實踐道德者爲諦當。

故五峯之工夫，便在盡吾心以成人、物之性一義上，然則如何澈盡此心之形著作用，以回復並不已地護持此道德本心，使之由惡返善，進而發無不善之工夫關鍵，唯在「逆覺體證」此一工夫。蓋凡由「即存有即活動」論本心者，其唯一本質之工夫，便是逆覺體證。唯有透過逆覺此本身即有無窮動力，即是道德法則之本心，使之呈現重新主導引領吾人之道德實踐，則不論爲善去惡之始教，或步步皆善之終教，踐德成聖方爲吾人發自內在之本然意願而非他律者。此爲吾人之所以願意實踐道德之唯一理由，同時亦是吾人之所以能道德實踐之唯一動力根源，故五峯之工夫論，乃唯此逆覺體證之工夫爾。又五峯或受伊川影響，亦有格物致知，居敬窮理之說，然此皆不自覺地採用，凡其所論格物窮理諸端，仍由逆覺一義貫穿，並未雜取伊川、朱子由知識進路言格致工夫者，而造成系統混淆之情事。本章即由五峯所揭示之「逆覺體證」此一本質工夫，先論道德本心即爲工夫之根據，與形成罪惡之由，復透過諸多路向與方法，以證成「逆覺體證」果爲其首要且唯一之工夫也。

第一節　道德實踐工夫之根據

一、道德實踐之根據

（一）良　心

> 人皆有良心，故被之以桀紂之名，雖匹夫不受也。良心，萬世之彝。乘利勢，行彝章，如雷之震，如風之動，聖人性之，君子樂之。[2] 下之於上德，不待聲色而後化。人之於其類，不待聲色而後從。禍福於善惡，不待聲色而後應。詩云：「民之秉彝，好是懿德。」是故君子篤恭而天下平。[3]

「人皆有良心」，此云良心是人我普遍共具之本心，同時良心即爲天命流行具體於吾身者，故亦具絕對之天理與道德之價值。而此先天本具超越普遍之價值根源，復因本心之自主自由，自作主宰，而有自由不已地創造價值實踐道德之特性。以其感應靈動，故猝然被以惡名，雖匹夫不受。以其根於天理呈

現不已，故化民易俗，如風動雷震，民如響而斯應也。此乃純乎又純之聖人所性不移，建功立業之君子所樂不止者，實亦人我內省自覺，而不已地所欲者也。故曰「民之秉彝，好是懿德」。而吾人內聖成德之根據，即此好是懿德之良知秉彝也。如此成聖乃成人我皆可能之道德創造。復因良知內在自足，不假外求，而道德創造乃成無可推卸之本分矣。唯其如此，建立道德世界方為人我價值創造之本分，道德世界方有真實存在之可能。

> 中者，道之體。和者，道之用。中和變化，萬物各正性命而純備者，
> 人也，性之極也。聖人執天之機，惇敍五典，庸秩五禮。順是者，
> 彰之以五服；逆是者，討之以五刑。調理萬物，各得其所，此人之
> 所以為天地也。[2]

> 心無不在，本天道變化，為世俗酬酢，參天地，備萬物。人之為道，
> 至大也，至善也。(《胡宏集》〈知言疑義〉)

人果能自覺此內在之良心，世俗酬酢，人倫日用，皆稱體而施。進而惇敍五典，庸秩五禮，自可使人生世界，皆為良心之自由創造，主動實踐所敷施涵蓋。而此中又須知，良心無乎不在，其道德創造亦無物或遺，故一切之道德實踐，皆是應然而必然地行之者，而非偶然之適成也。復因良心無乎不在，則此調理萬物，各得其所之道德創造，亦非僅限於聖賢少數人，仍是人人所當行者，否則即失其普遍性，而中和變化，即生參差，不得其正矣。唯如此應然必然地實踐，人人主動地創造，道德世界成聖成德之理想，方能具體真實地展開呈現，而非一虛妄之幻想也。此方得謂「人之以為天地也」、「人之為道，至大也，至善也」。

（二）工夫之所由生

> 聖人與道一體，故不用學。學者，學道也。若體與道一，則更何用
> 學。惟未能與道為一，故須學也。「道也者，不可須臾離也；可離，
> 非道也」指大體而言也。欲求全體，故須戒慎恐懼，莫使有虧欠也。
> (《五峯集》卷五·〈論語指南〉)

> 王通曰：心迹之判久矣。吾獨得不二言乎？或問曰：通有二言，何
> 也？曰：仁則知通之言一，不仁則以通言為二。若心與迹判，則是
> 天地萬物不相管也，而將何以一天下之動乎？[3]

前述二段，分言良心為成聖之普遍根據，與人可秉良心以創造道德，達至通

乎天地，保合太和之地，此極至之境，無所謂工夫問題，因聖人與道一體，無須臾離道，所以皆是道，自不用學。然聖凡對言，即顯示人雖皆有成聖之良心，究竟未必皆可成聖，現實世間，盡多離道自棄，心跡相判之蕪雜存在，此即指出由良心至成聖尚有一段差距，此一差距即吾人圓成良心，與道無虧，使心跡不判，天人不二之當學當用工夫之所在也。

　　五峯由「未能與道為一」、「心跡相判」而有不仁，點出工夫之必須。然造成與道相異，心跡互判之原因，則在人是一既有限而又可無限之存有者。牟宗三先生有云：

　　　　若吾人能展露出智的直覺，則人亦可知本體與物自身。如是，則人雖有限而實可具有無限性；而那只知現象的知性與感性，既可以被轉出而令其有，亦可以被轉化而令其無，如是，它們不只是事實之定然，而且亦是價值上被決定了的，因而是可以升降進退的。當它們被轉出時，它們決定只知現象，此是充分被穩定了的。若從此看人，則人自是有限的。但當它們被轉化時，人的無限心即呈現。若從此看人，則人即具有無限性。〔註2〕

此由智的直覺，由道德本心之創造性，或即由一能創生之物之自身，而言人為一無限者。心無不在，且創生不已，一切存在皆在心之創造形著下而有其存在也。故自此言，人可有無限性。然吾人之感性知性，則被決定只能知現象，不能及於本體界，由此言，人則為有限之存在。人之可無限，自欲與天命為一，動靜行止，莫非仁心之創造，此方為人道之極。而人又為一實然有限之存在，一以受限於有限之生理與心理，不得以有涯之生，全體澈盡無限之天命，即所謂「心不盡用，君子而不仁者有矣。」〔1〕、「萬物備而為人，物有未體，非仁也。」〔1〕此則雖聖人臨終亦不免嘆口氣之存在限制也。一以此有限之身心，亦未必全如仁心般不已地創生踐德，而時有逆轉陷落，判天理私慾為兩橛之情狀者。唐君毅先生釋此云：

　　　　人之可以由一念陷溺而成無盡之貪欲，祇因為人精神之本質，是要求無限。人精神所要求的無限，本是超越現實對象之無限，然而它一念陷溺於現實的對象，便好似為現實對象所拘繫，他便會去要求現實對象之無限，這是人類無盡貪欲之泉源。〔註3〕

〔註2〕《現象與物自身》，頁27。
〔註3〕《道德自我之建立》，頁134。

此言人心本超越無限地破除有限，以向上向善，成就道德自我。然或因此超越無限之本心之陷溺，而認同拘滯於私欲，遂致顛轉倒反，反以其超越無限性，去追逐向下向惡之人欲，此時或本其倒轉之超越性，作情欲無止盡之追求；或即固著於物，以此非彼，茫無道德準則，遂成無窮之罪惡矣。五峯亦云：「欲之所起，情亦隨之，心亦放焉。」（《胡宏集》〈知言疑義〉）、「不仁見天下之事大，而執天下之物固，故物激而怒，怒而不能消矣。感物而欲，欲而不能止矣。」〔3〕。綜上二端，本心逆轉者，固須自覺反省而歸善，此為始教之工夫。而其限於有限之身心，不得澈盡天理者，雖不得即身以全盡之，亦應不已地使當下之每一步皆盡，使心性純乎天理，此則為終教之工夫，然不論始教、終教，皆為永恒無盡，不可少息之工夫歷程也。

二、罪惡之由來

（一）心之惑乃過

心之惑，乃過也。心過難改，能改心過，則無過矣。〔3〕

心官茫茫，莫知其鄉，若為知其體乎？有所不察，則不知矣。有所顧慮，有所畏懼，則雖有能知能察之良心，亦淪沒於末流，浸消浸亡而不自知。（《五峯集》卷二、〈上光堯皇帝書〉）

道充乎身，塞乎天地，而拘於軀者不見其大。存乎飲食男女之事，而溺於流者，不知其精。諸子百家，億之以意，飾之以辨，傳聞襲見，蒙心之言。命之理，性之道，置之茫昧則已矣。此邪說暴行所以盛行，而不為其所惑者，鮮矣。〔1〕

道體至善，流行於人倫日用之間，本為天理如如之價值人間。然若為人價值取向之道德本心，陷溺迷惑於外在情欲，失其本來自主自律，自定方向之本性，則或固限拘滯於形軀，而失本心之無限普遍性，誤以眼前某一有限之情欲即良心全體之呈現。亦或飄盪奔逸無所底止，失其本然自定之道德方向，錯將萬法因緣，一體視為良心之普遍發用。進而諸子百家，逞臆辨說，曲解訛傳，人亦惑於諸般眾說，不知察本探源，反隨順物欲之引吸，固著於無本之妄說，雖有畏懼，亦不知所措，何所當行；雖有顧慮，亦茫然不定，胡為指標。如此能知能察之良心，不能主動自覺道德意識，不能發其體物不遺之道德蘄向與成就之作用，使小如男女飲食，乃淪為人欲之橫流，大至邪說暴行，亦成為夷滅人倫之蟲毒。此乃不善之來，私慾之成之根本也，故曰「心

之惑乃過也」。而孟子亦有云：

> 耳目之官不思，而蔽於物；物交物，則引之而已矣。心之官則思，
> 思則得之，不思則不得也。此天之所與我也。先立乎其大者，則小
> 者不能奪也，此爲大人而已矣。〔註4〕

孟子以爲耳目之官，雖爲天所與我，以資助人生之日用，然其並不具有能發動道德行爲之本心，故既不能自覺其存在，亦不能主動地實踐道德，以參贊天地，位育萬物。而人則有自由自主之心官，此自其主體性而言，若合道德性而言，則即吾人本具之良心也。因良心會躍動不已地呈現，會自由自主地覺醒，故當心官一思，使良心一自覺，即能覺醒仁義禮智等道德價值，即便去實踐此等道德價值，此之謂「思則得之」。思者，良心自覺；得者，呈現善行也。然若此自作主宰之心官不思，不能覺醒吾人之道德意識，而只盲目地隨順耳目感官流動，則一方將自由自主地執著於耳目之欲，形成無窮之擴張；一方亦將使中性之耳目之欲，轉成與不思之心官互相牽引之對象，而成爲一無止盡之物欲追逐之流。〔註5〕此孟子由心官不思，不能道德自覺，言不善之來，五峯即承孟子之義，亦由「蒙心之官」、「心官茫茫」、「心之惑乃過」言私慾之形成也。

（二）情欲之助長

> 夫心宰萬物，順之則喜，逆之則怒，感於死則哀，動於生則樂。欲
> 之所起，情亦隨之，心亦放焉。故有私於身，蔽於愛，動於氣，而
> 失之毫釐，繆以千里者矣。（《胡宏集》〈知言疑義〉）
>
> 一裘裳也，于冬之時舉之以爲輕。逮夏或舉之，則不勝其重。一絺
> 綌也，于夏之時舉之以爲重，逮冬或舉之，則不勝其輕。夫衣非隨
> 時而有輕重也。情狃於寒暑而亂其心，非輕重之正也。世有緣情立
> 義，自以爲由正大之德而不之覺者，亦若是而已矣。〔1〕

情者，本爲人心於氣化界具體之發用。而人心是超越無限，可無盡不息地作用者，故其具體發用之情，在本質上亦可無限地延伸，與對應萬物。然此爲心所發之情，或因感物順心而喜，或因應物逆心而怒，可知喜怒決定在心，而情本身並不能自主自決。故當心官不思，自棄其道德主宰性，則情亦只能

〔註4〕 《孟子》告子篇第十五章。
〔註5〕 參《道德與道德實踐》，頁98～101。

秉人心之自由自主性而行，而喜怒皆未必能得其正矣。同時失却道德性扶持之心情，或因隨機之應物，遂認同此物事，而以此物事爲其判斷主宰，凡合此物事者爲正，不合者爲邪，正邪遂失絕對道德判準，而落入相對無定中矣。所謂「情所重處，便被驅役，自以爲是，而不知區區於一物之中，可惜哉！」（五峯卷集二・與彪德美）。同時「氣感於物，發如奔霆，狂不可制。」[3] 氣化萬變，則感物而動之心情，自亦感應發用無窮，或執此以非彼，或持彼以薄此。譬若以冬之裘重爲準，而以夏之裘重爲非也，實則裘裳之重本一，只心情狃於惑於寒暑之變，而失其正確之判準也。

> 富貴，人之所大欲。貧賤，人之所大惡。然因貧賤而修益者多，因富貴而不失於昏淫者寡。則富貴也，有時而不若貧賤矣。[2]

> 王公大人，一親其奉，喪其良心，處利勢之際，臨死生之節，貪冒苟免，行若大鼠者皆是也。富貴而奉身者備，斬良心之利劍也。[2]

富貴本奉身濟物，生生之所須，甚且爲正德利用厚生之必備資具。所謂「富可以厚恩，貴可以廣德，是君子之所欲也。」[2] 此亦孟子「形色，天性也。」[註6] 之義，一切客觀之存在，在道德本心之形著貞定下，皆可成爲與人爲善之條件。然人心自由自主復超越無限，自不以眼前掌握者爲滿足，必遍握盡其所知所及之一切而後已。此時人心已固著攀附於形物，以形物爲價值之判準，而失道德本性，以合於多於此形物者爲可欲，不合於寡於此形物者爲所惡。如此欲惡標準不在道德本心，反在外在形物之上，此則成告子義外之說。故人心嬰於物拘於氣，馳騖而不反道德本心者，亦罪過之一端也。

> 生本無可好，人之所以好生者，以欲也。死本無可惡，人之所以惡死者，亦以欲也。生求稱其欲，死懼失其欲，衝衝天地之間，莫不以欲爲事，而心學不傳矣。[3]

> 探視聽言動無息之本，可以知性。察視聽言動不息之際，可以會情。視聽言動，道義明著，孰知其爲此心？視聽言動，物欲引取，孰知其爲人欲？性情之德，庸人與聖人同，聖人妙而庸人所以不妙者，拘滯於有形，而不能通爾。[3]

生死本自然天理之運行，是人所皆同，無物或遺者，此爲定然有限存在之人物之限制，無可置疑者。然人雖有限，其心却可超越無限。無限之心面臨短

[註6]《孟子》盡心篇三八章。

暫即逝之形軀，自然怵惕聳動，若無道德良知爲之調適安排，順受其正，勢必貪冒苟免，無所不爲，冀免生死之大限，此亦私慾之所由生也。情若失落本心之道德性，則易奔逸橫流，認賊作父，助長不善之生戶。物若不得道德本心之貫注，則反易與慾望相牽引，甚且成爲吾人墮落之極大誘惑。故知私欲不善之來，根本肇始於心官之不思，良心不能自覺也實踐道德。然良心本不已地自覺者，其有不覺，則因人於視聽言動之際，溺於情、固於物、拘於習、昧於性，互相引取，習慣累積，遂成私欲，竟而蒙蔽本心之覺，故此情物習染，乃成私欲不善之助緣矣。

第二節　逆覺體證之工夫

一、本質之工夫

（一）先識仁之體

> 彪居正問：「心無窮者也，孟子何以言盡其心？」曰：「惟仁者能盡其心。」居正問爲仁。曰：「欲爲仁，必先識仁之體。」曰：「其體如何？」曰：「仁之道弘大而親切，知者可以一言盡，不知者雖設千萬言，亦不知也；能者可以一事舉，不能者雖指千萬事亦不能也。」他日某曰：「人之所以不仁者，以放其良心也。以放心求心，可乎？」曰：「齊王見牛而不忍殺，此良心之苗裔，因利欲之間而見者也。一有見焉，操而存之，存而養之，養而充之，以至于大。大而不已，與天地同矣。此心在人，其發見之端不同，要在識之而已。（《胡宏集》〈知言疑義〉）

此段由仁者盡心，指點儒家道德實踐之本質工夫，在識仁體本心。蓋自孔子言仁，孟子言盡心知性，反求諸己，工夫關鍵皆在實踐此物我同體，天地共具之本體仁心，擴充至極以復返天地人我爲一之地，而五峯即由仁者盡心言其主要工夫之進路也。心者，即無乎不在，躍動不已，自主自律，自定方向之道德本心，亦即孟子所言之本心或良心。而仁者之心本精誠惻怛，存養至當，隨機擴充呈現不止者。亦猶良知良能爲本心明覺之發用，良知是本心明覺眞誠篤實地發用，如見孝即知當孝；而良能是本心明覺，眞誠不容已地欲付諸行事，如知孝即當行孝。不論知行皆只本心明覺之創造性之眞誠不已之發動與表現，故曰「知者可以一言盡，能者可以一事舉」也。仁心本是吾人與天地萬物所共體之實體，此體雖冲膜無朕，實則生意盎然，洋溢宇宙，是

活潑靈動，體物不遺者。及其發用於人倫庶物，則是仁體湛然，超乎塵累，是通達無礙，用物不盈者，故曰「仁之道弘大而親切」，又曰：「至親至切者，其仁之義也歟！人備萬物，賢者能體萬物，故萬物爲我用。物不備我，故物不能體我。」〔3〕宏大言仁之通乎人我天地，親切言仁之通貫於人倫庶物，可不已地孝親敬長。此亦如穀種之萌生，及其長大，雖華實根莖，蔽天漫野，然皆萌發於穀種之內，非增益於外者者。工夫之所在，即在先識此內在本具而泉湧莫禦之本心，明道所謂「學者須先識仁，仁者與物同體。識得此理，以誠敬存之而已。」〔註7〕即此義也。

然良心雖時有受蒙蔽之可能，本心明覺仍必不已地躍動呈現，或即於良心放失之駁雜中呈現，或即於茫然無所自覺中呈現，此即「良心之苗裔因利欲之間而見者」。而此一萌蘗之生，即本心明覺之自體全體之呈現，是一覺而全覺者，非謂就某一端而呈現，本心即拘囿於某一端，而只有部份之呈現也。蓋良心不論於駁雜不自覺，或乘理自覺中呈現，其所當之事機，皆是感性的、被動的，被給予決定的，是屬形下之拘囿與限制者。而良心明覺之躍動呈現，則是絕對普遍，自動自覺，非立基感性而發者，故良心或即蔽於感性機制而不得發，或即就萌蘗之生而當體呈現，而無私毫拘於感性外在者。〔註8〕

此即說明良心之苗裔，實有無限之可能於利欲中應機呈現。故所謂「此心在人，其發現之端不同，要在識之而已」，乃在言隨發見之端，以指點先識仁心不已地呈現之性，爲道德實踐首要之工夫，此即明示良心之呈現，是一體具現，是純而不駁，全而不偏者矣。而所謂「一有見焉，操而存之，存而養之」，則在言即見即養此良心之全體，可竟先識仁之體，而存養有所施之功。

（二）逆覺體證

易卦有復。孔子曰：「復，反也，所以返本復始，求全其所由生也。」人之生也，父天母地，天命所固有也。方孩提，未免於父母之懷。及少長，聚而嬉戲，愛親敬長，良知良能在，而良心未放也。逮成童、既冠，嗜欲動於內，事物感于外，內外紛糾，流于所偏勝，故分於道者日遠也。目流于形色，則知自反，而以理視。耳流于昔聲，則知自反，而以理聽。口流于唱和，則知自反，而以理言。身流于行止，則知自反，而以理動。有不中理未嘗不知，知之未嘗復行，

〔註7〕《二程全書》、遺書第二上、二先生語上。
〔註8〕參《智的直覺與中國哲學》，頁196。

此顏子所以克己復禮，不遠復而庶幾聖人者也。（《五峯集》卷三〈復齋記〉）

良心發現之機括雖有不同，然皆屬自其心之陷溺而警覺者也。自感性外在而警覺振起，以回復仁心之本然，此之謂「逆覺體證」之工夫。逆者，反也，復也。不隨順利欲擾攘，血氣心知往下陷溺墮落，反而轉向本心求之謂。覺者，自感性外在自我警醒，覺此既超越又內在，通乎天地人物之本心也。體者，於人倫日用間，直下肯認此良心天理，而以之爲體也。證者，於現實生活之良心發見處，證此既內在又超越之本心道體也。〔註9〕五峯雖未明言「逆覺」二字，然亦云「復，反也，所以返本復始，求全其所由生也」，復反，即後返以復其本有，而本有者即內在本具之良心，此即「逆覺」之工夫。孟子有云：「堯舜，性之也。湯武，反之也。」〔註10〕堯舜性之，言其善行仁政，皆本性分所有，稱體而施者；湯武反之，則言其修爲事功，在求復返合於本性。而此「反之」，即逆覺體證之工夫，五峯亦云：「孟子曰：『萬物皆備於我矣，反身而誠，樂莫大焉。』自孟子而後，天下之人能立身建功就事者，其言其行，豈不皆有合於道。」〔5〕此亦言人之立身成德，當反身而誠，眞切地覺醒復返於本心，於現實日用中，當下即是，體會肯證此普遍活潑之本心，使之通貫圓運於吾人言行之中，視聽言動自然合理合道，而樂莫大焉。五峯多有此義之語如下。

知人之道，驗之以事，而觀其詞氣。從人反躬者，鮮不爲君子；任己蓋非者，鮮不爲小人。〔1〕

以反求諸己爲要法，以言人不善爲至戒。〔3〕

噫！大道不明，是以人至此極而莫覺莫悟也。故愚論之以示爲仁之道焉。（《五峯集》卷四〈皇王大紀論·楚殺追舒〉）

孟子又有云：「舜之居深山之中，與木石居，與鹿豕遊，其所以異於深山之野人者幾希。及其聞一善言，見一善行，若決江河，沛然莫之能禦也。」〔註11〕舜之居深山中，與野人無以異，雖非溺於私欲，然亦毫無道德實踐之需求，仍可謂拘圍於一不自覺之外在事機也。然及其聞一善行，而一逆覺良心，則良心便於不自覺之機括中躍然呈現，而一覺全覺，自是沛然莫禦，必至體備

〔註9〕參《心體與性體》第二冊，頁 476～477。
〔註10〕《孟子》盡心篇。
〔註11〕《孟子》盡心篇。

萬物而後已。五峯亦云「目流于形色,則知自反,而以理視。耳流於聲音,則知自反,而以理聽」此則自良心之陷溺,而言人心固著於耳目,遂與感性外在相滾一氣,終至無所底止者。然及其一自反逆覺,即良心突破利欲之蒙蔽而當體全體地呈現,自能由本心定之法則以見諸行事,自然能「有不中未嘗不知,知之未嘗復行。不遠復而庶幾聖人者也」不遠復,即不離此逆覺體證,反求諸心之工夫而庶幾聖,亦即言吾人之道德踐履,不應離此逆覺體證,反求諸身之工夫,蓋因此即吾人內聖成德之教之根本關鍵也。

(三) 即察識即涵養

> 仁之道大,須見大體,然後可以察己之偏,而習於正。(《五峯集》卷二〈與張敬夫書〉)

> 情一流則難遏,氣一動則難平。流而後遏,動而後平,是以難也。察而養之於未流,則不至于用遏矣。察而養之于未動,則不至于用平矣。是故察之有素,則雖嬰于物而不惑;養之有素,則雖激于物而不悖。[4]

> 天道至微,非聖人莫能知,知則能養天下之善於至微,而不至於天閼。止天下之惡於至微,而不至於盈積。深探其幾,推而行之,聖人之妙用也。知道者於此見天心焉,是仁之端也。(《五峯集》卷四〈皇王大紀論・商周建正〉)

五峯論察識與涵養,語句雖似承伊川「涵養須用敬,進學則在致知」,[註12]心靜理明一路所用者。然其察養所施之者,發此察養者,則厥為即存有即活動之本心仁體,此仍為承明道、上蔡重識仁之旨而來者。察識者,指自定、自悅、自行道德法則之本心仁體,下貫於相對之氣化,復推而感物應事,以自體自證其自己,合己者為是,不合者為非也。而涵養者,即操持調護、增益存養此自定、自悅、自行道德法則之本心明覺,使之不為外在感性所蒙蔽垢敗,發而不得其當。而「察己之偏,而習於正」即本心察識己之言行,導其偏頗,使習於正,習即涵養使之正。而人之行止發諸本心,苟有不當,所當察者,即察此本心之發用的當否?所當養者,即養此本心勿使偏失也!知發此察識存養者固為本心,而察識涵養所當施處,亦唯在此本心爾。

　　蓋因情氣習染屬氣化之形色,於其未動未流時,本渾然中性,無善惡之

〔註12〕《二程全書》、遺書第十八、伊川先生語四。

可言。若察養施之於此時，自然物各付物，事各付事，人我內外全爲本心明覺所貫，自然盡皆明暢靈運，無所掛礙。及至情流氣動，發如奔霆，莫可遏抑，雖欲平抑，亦已難矣，未若察養之於未流未動也。然不論情氣之已發未發，其有不正，皆緣於人心有意或不自覺之陷溺，超越之本心下陷，逐攀附中性之形氣，使成有相對善惡相之情欲。而欲察養情欲，使歸於正，其根本工夫，即在先識主宰發用此情氣之仁心本體，逆覺人人內在本具之良心，自能一念振起，一覺而全覺。亦即察養雖消極地施於形下之情氣，實則更積極本質地越過形下而施之於形上之本心仁體，此方是徹本徹源之道德實踐之本質工夫。

此中勿庸懷疑有察識之不切，或存養之不力之情事。因本心明覺本身自定、自悅、自行道德命令，又不容已地欲自證、自肯此命令，則其察識自然判剖精當，毫無虛假。而精切無僞即能眞切篤實，因其中即函有不容自己，沛然湧現之偉力，如此涵養必定能凝元固本，覺潤渾厚矣。故云「察之有素，則雖嬰于物而不惑；養之有素，則雖激於物而不悖」也。察識之精當即是知，自不惑於物；而知之眞切，便是不容已地行，自亦不悖物固物，可知行亦即是本心之自持自證者。故察識中有本心之自存自養，而涵養中亦有本心之自知自覺，如此知中有行，行中有知；察中有莨，養中有察，此即陽明「知之眞切篤實處，即是行；行之明覺精察處，即是知。」〔註13〕之義，而察養工夫至極，自然能晬面盎背，四體不言而喻，亦即羅近溪所謂「擧頭學目，渾全只是知體著見，啓口容聲，纖悉盡是知體發揮。」〔註14〕之如如化境。

朱子於知言疑義（見下章）中，曾疑五峯爲「不事涵養，先務知識」，此因朱子承伊川之路，將孔孟「即存有即活動」之心體，脫落存有之道德義，使心只成能知外物之氣之靈而已。故涵養即在以敬涵養此氣之靈之心，使之凝歛嚴肅，則心所致之知，所窮之理，方有具體眞切之效果。而能知者是心，所知者是只存有不活動之理，有能所有先後。朱子即以伊川之義理格局，檢識五峯之察識涵養，自然相隔不契，視同漠路！而五峯論心，本順承孔孟「即存有即活動」之仁心義而來，仁心即爲吾人之所以立，儒家道德踐履最本質之工夫，即在逆覺體證此仁心一義。此即孟子之「求放心」、明道之「先識仁」，及五峯之「先識仁之體」之義也。凡從此逆覺體證之工夫教路者，皆當知工

〔註13〕《傳習錄》卷中。
〔註14〕《盱壇直詮》卷下。

夫之鵠的在仁心，而必先識此仁心，而後涵養操存工夫方有所施；亦即一有見焉，便操而存之，察養實是同時施於本心者。五峯故云「深探其幾，推而行之，聖人之妙用也」深探即是察，察之精切處即是行，而能推而行之，即是能「養天下之善於至微，止天下之惡於至微」之存養之全功。故先察後養，實則即察即養，此乃聖人之妙用，而言先察後養，是義理上之先後，非時間上之先後。朱子云五峯「先務知識，不事涵養」實未得其情。

此蓋因良知本心原是能創生之自體，而本心明覺　則是本心仁體之具體呈現與發用。逆覺則又是本心明覺之不已地震動與呈現，而通過此呈現與震動以返回自照自證其自己者。照著是能，被照者是所。而本心明覺之逆覺，即是本心明覺之返回自照其自己，故能而無能義；又此逆覺返回覺之之本心仁體，是本心明覺之所以會發用呈現者，故雖所而無所義。如此本心明覺之反照逆覺其自己，即消融於自己而只是本心明覺之自體之具體地朗現而已。故於義理秩序上有能所之分，而自本心明覺當體處言，則無能所之分可言〔註15〕知此逆覺體證之工夫，既無能所之別，則質屬逆覺之先察後養，亦應是即察即養，即能即所，同時施於本心，而不分先後者。

（四）以放心求心

> 問曰：「人之所以不仁者，以放其良心也。以放心求心可乎？」曰：「齊王見牛而不忍殺，此良心之苗裔，因利欲之間而見者也。一有見焉，操而存之，存而養之，養而充之，以至于大，大而不已，與天地同矣。」（《胡宏集》〈知言疑義〉）

> 心無不在。放而不知求，耳目聞見為己蔽，父子夫婦為己累，衣裳飲食為己欲。既失其本矣，猶皆曰我有知，論事之是非，方人之短長，終不知其陷溺者，悲夫！故孟子曰：「學問之道無他，求其放心而已矣。（《胡宏集》〈知言疑義〉）

> 今之儒者，移學文藝干仕進之心，以收其放心而美其身，則又何古人之不可及哉！父兄以學文藝令其弟子，朋友以仕進相招，往而不反，則心始荒而不治萬物之成，咸不逮古先矣。〔2〕

人之所以不仁，在放其良心，使內在本具之道德本心，流落固陷於外在感性之事物，如此則將淪於告子義外之說中，而徹底昧於孔孟本心內具之本旨。

〔註15〕參《從陸象山到劉蕺山》，頁231。

故五峯於逆覺體證工夫路數中，又特指「求放心」一路。而所謂「以放心求心」，非謂以已放之心去求心，蓋已放之心，既失其本，又與情欲相滾糾纏不清，何能保其清明在躬，理性正確地求本心耶？此仍將歸於告子義外之途也。故以放心求心，當為指已放之心，流動於感性利欲之間時，就其隨時有良心之躍動呈現而怵惕聳動者，亦即就其隨時有良心之萌蘗之生，而隨處逆覺當下指點此怵惕者，即為吾當復之良心，此之謂「以放心求心」。而於感性生活中，一有見此良心，便自然覺其夭如屬如，知為吾本然自肯自持者。故即操而存之，存而養之，養而充之，以達至德盛仁熟，物我一體地步。而此中操存之所施，固在此本心；而發此操存者，亦仍此本心也。如此見者被見者，操存者被操存者，皆一「即存有即活動」之道德本心，而使此道德本心能夠呈現之工夫，即是逆覺以「求放心」。此說本於孟子。孟子云：

> 仁，人心也，義，人路也。舍其路而弗由，放其心而不知求，哀哉！
> 人有雞犬放，則知求之，有放心，而不知求。學問之道無他，求其
> 放心而已矣。〔註16〕

仁義乃吾人道德之本心，本可轉化氣質感性之偏執，故可以之為道德實踐之正路。然人或有走失雞犬，蔽於耳目，溺於名利而心知急於求索，反倒不知求索本心之放失者，自亦可悲，故為學之道，惟在求其放心也。五峯亦由人心之陷溺於耳目感官，人際關係，生活資具，及學文藝以干仕進等感性之心情與欲望，作為指點吾人求復本心之下手處。

五峯除本孟子「求放心」之旨，強調工夫目的在復本心外，又加「以放心求心」一教路，即加就良心之苗裔因利欲之間而見之逆覺一義，此則更親切地指出當下即是之道德實踐工夫教路。五峯自云「仁之道弘大而親切」（《胡宏集》〈知言疑義〉），宏大指仁心自體之無乎不在，體物不遺；親切則指仁心體備萬物，可隨處就其呈現之端，而逆覺體證之也。蓋因人於人倫庶物之間，總有與外在感性事物相融即，而見仁心之時刻流露與呈現者，便可即此而自覺之察識之，進而操存之擴充之。而此先察識後涵養，逆覺本心之工夫，是可普遍地就當下任一情況而行者，此較明道教人「先識仁，識得此理，此誠敬存之而已。不須防檢，不須窮索。」〔註17〕之語，親切多矣。蓋明道僅簡易直截地教人識此與物同體之仁心，而不須施之以防檢與窮索等次要助緣工

〔註16〕 《孟子》告子篇。
〔註17〕 《二程全書》、遺書第二上、二先生語上。

夫，然直能直究本心，不假助緣，此非大根器大頓悟者不能也。乃若常人，則須防檢窮索，隨機指點，今日克一點，明天克一點，漸克漸悟，以覺仁心之眞體，否則眞體亦只是一含糊抽象之光景耳，故其識仁工夫雖弘大而不親切。而五峯既求識仁，又「以放心求心」，即加以當下逆覺，隨處克悟之工夫，自然既宏大又親切，而「至親至切者，仁之義也歟！」〔3〕此之謂也。

> 子曰：「人之過也，各於其黨。觀過，斯知仁矣。」聞諸先君子曰：
> 「黨，偏勝也。」有所偏勝，則過而不得。其中或敏慧而過於太察，
> 或剛勇而過於太暴，或畏愼而過於畏縮，或慈愛而過於寬弛。人能
> 內觀其過，深自省焉，則有所覺矣。(《五峯集》卷五〈論語指南〉)

觀過知仁典出論語里仁篇，本在指點人之過，各因其所偏之類，由其偏類可知其不仁之所在，而反顯一無偏無黨之絕對仁心。五峯即借此指點語，復承安國遺訓，亦以黨爲偏勝偏類。而即就人之性向之所趨，環境之所使，隨機順事地指點過之所由生，譬若敏而失之刻，勇而失之暴，愛而失之溺，愼而失之畏等，當然人之過不只如此，此只借機指點人之過是無時無地皆存在而已。而所謂「內觀其過」，內觀是由內在超越之本心，異質地察識現實行爲之過。而此過則是本心陷溺所轉成之形下過心，與習心所貫注造成者，故「內觀其過」實是內在而超越之本心，穿透形下之過心，以直探過心未陷溺時原初之本心也。而「深自醒焉，則有所覺」則是本心察識及此過心，乃怵然覺醒，必發其道德創造之用，以善化轉化此過心以脫落習氣之沾染，而可重顯心靈明覺照。由人之能「內觀其過」自我覺醒，以當下應機地指點轉化其所偏勝偏黨處，此仍五峯「先識仁之禮」、「以放心求心」之逆覺體證工夫之一路也。

二、學、格物與致知、窮理與居敬

(一) 學

> 夫理，天命也；義，人心也。惟天命至微，惟人心好動。微則難知，
> 動則易亂。欲著其微，欲靜其動，其莫過乎學。學之道，莫過乎繹
> 孔子、孟軻之遺文。孔子定書、刪詩、繫易、作春秋，何區區於空
> 言？所以上承天意，下憫斯人。故丁寧反復三四不倦，使人知所以
> 正心、誠意、修身、齊家、治國、平天下之本也。孟軻氏閑先聖之
> 道，慨然憂世，見齊梁之君，間陳理義，提世大綱，一掃東周五霸

之弊，發興衰撥亂之心要。〔4〕

夫理者，天命之大體，流行於人世，爲道德創造之標準。而義者，乃人心之發用，施之於言行，可爲綱紀權衡之準繩。然人世之興衰無常，則因道心惟微，不易把捉，人心惟危，多有閃失。且亦有未見天命全體，只窺見一斑半點，遂執認己意，以爲至誠天道者，則其發自難中節合理也。故欲拔本塞源，稱理行義，唯在學孔孟之道，孔言，孟曰本心，皆直指先天本具之道德本心，而復此本心之法，五峯以爲則在格、致、誠、正、修、齊、治、平等大學所揭示之條目。又云：

> 孔子十五而志於學，何學也？曰：「大學也，所學修身、齊家、治國、平天下之道也。」〔4〕

> 夫不學，則不能有立；不能有立，雖俊而貴，將焉用之？大學一書，孔氏之門指學道之正路也。余今授爾以伊川所正之文，往熟讀之，朝夕勿忘，必至于能有所疑，親師而問之，取友以磨之，必至于昭然若發蒙，一見天地之全、古人之大體，庶幾學成有立。（《五峯集》卷三題大學）

仁義本心爲修養工夫之鵠的，而修持之方，踐德之法，則在大學一書。五峯特以伊川所正大學之本示人，知其論大學工夫之次第，或有受於伊川者。此段首先例之以孔子志學，在學大學之道，而大學即儒者學道之正路也。而所謂學道之正路，即指入學工夫之手段，在藉格致誠正之工夫，以親師取友，漸磨勿忘，冀能復見天命之大體也。熊十力先生有云：「十五志學，學者覺義，於覺而識仁體焉。學之究竟在是也。不仁謂之麻木，麻木者，不覺也。不覺即仁體梏亡。志於仁，乃爲志學。」。〔註18〕由覺而識仁以訓學；志學，即志仁而覺仁，亦不悖五峯之學旨也。然五峯又重視大學德目於現實上漸克漸悟之功用，其云：

> 是以大學之方在致其知。知至，然後意誠；意誠，則過不期寡而自寡矣。〔3〕

> 行之失於前者，可以改之於後，事之失於今昔，可以修之於來。惟造次不可以少待也，惟顛沛不可以少安也，則行失於身，事失於物，有不可勝窮者。是以大學之方在致其知。知至，然後意誠，意誠，則過不期寡而自寡。〔3〕

〔註18〕《新唯識論》，頁569。

「大學之方」，言修德之手段在致知，順此可物格、知至、意識、心正、身修、家齊、國治而天下平。由化欲寡過，進而成己而成物，此乃就其手段與功用而言者。然又以所致之知，非耳目感性之知，此乃示人爲學踐德，當在修己身，明人倫，以逐漸明此與天地同體、鬼神同功之本心，方爲善學善知。而不可迷於美食逸居，惑於詞藻名第，以感性知性之多聞多見爲眞知也。其有謂：

> 學進則所能日益，德進則所能日損。不已而天，則所能亡矣。〔1〕

> 學貴大成，不貴小用。大成者，參於天地之謂也；小用者，謀利計功之謂也。〔3〕

> 學，即行也。非禮，勿視聽言動。學也，行之也，行之行之而又行之。習之不已，理與神會，能無悅乎！〔6〕

> 人雖備天道，必學然後識，習然後能，能然後用。用無不利，惟樂天者能之。〔2〕

學不在進感性謀名計利之小能，而在成德性參同天地之大用。若能持大學之方，學行不已，自能「習則熟，熟則久，久則天，天則神。天則不慮而行，神則不期而應」〔4〕。不慮而行，乃仁心之如如呈現；不期而應，乃仁心之圓運不滯，妙運無方，自能理與神會，樂天安命。可知五峯道德實踐之終極目的，在朗然呈現仁心本體，而非只克欲寡過，修整感性之身心耳，故曰「仁也者，大學之本也。學者志於仁，必求所以爲仁。」〔4〕仁是既超越又內在，同時又普遍無限之實體性道德本心，是吾人踐德成聖工夫之所以可能之先天根據，亦是道德實踐不容已地見諸施行之動力根源，故儒家內聖成德之本質工夫，端的在此當下指點，以復其本心之逆覺體證之工夫也。此即五峯進於雖言天命性體，然少及工夫之濂溪、橫渠、明道等，而正式開出「逆覺體證」之工夫教路者。然既有此本質之逆覺工夫，則所謂「大學之本」，固在求復此本心。而「大學之方」，此大學若指學道之途徑，則其方自是指求復本心之逆覺體證之工夫；此大學若指書名之大學，則其方乃指所謂格致誠正等條目，苟如此則就五峯所開之逆覺工夫教路言，格物誠正等道德實踐之工夫次第，皆只能是隨機應事之借用語，只是逆覺工夫之助緣賸語爾，因其未克就工夫之本質仁心本性而施也。

　　此蓋緣於大學八德目所揭示者，只爲一道德實踐之當然，而非道德實踐之所以然。歷來宋明儒講說大學之「明德」，皆自根本上言明內在之仁心本性。然牟宗三先生則以爲大學首章「明明德」一句之傳文，如「康誥曰：『克明德』

帝典曰：『克明峻德』皆自明也。」〔註19〕所言之自明，據尚書原典或當指自明吾人之「德行」，未必指明吾人之「德性」。果以此說爲準，則「明德」當自果上解爲明人之德行，而不應自因上解爲明人之德性。亦即大學所言之格物致知等德目只能是爲學踐德之次第，其本身只是一空殼子，因未明言其本質之義理爲何屬！然若欲成就大學踐德之實功，則唯有將大學會通論語、孟子、中庸、易傳，並由逆覺體證之工夫以收攝之，使由果上言之德行，可逆覺上溯至貫穿發用此德行之仁心本性，以體證德行上之至善正道，確乎源自此仁心本性也。〔註20〕

　　而五峯既已正式展開逆覺體證之工夫，掌握內聖工夫之本質，自成一工夫之教路，實已無必要再繞出去，借大學德目言逆覺本心之工夫。而五峯之所以又有格物致知，居敬窮理諸般工夫，或乃承受伊川之影響而言者，雖亦不悖逆覺本心之旨，工夫亦未歧出，傍落本心。然實已見其未能自覺其所言之「先識仁之體」、「以放心求心」之工夫，已然全整自足，勿須再膠著比附大學之德目矣。故下僅略述格物致知、居敬窮理諸義，以見一斑即可。

（二）格　物

儒者之道，率性保命，與天同功，是以節事取物，不厭不棄，必身親格之，以致其知焉。夫事變萬端，而物之感人無窮。格之之道，必立志以定其本，而居敬以持其志。志立於事物之表，敬行乎事物之內，而知乃可精。事各付事，物各付物，人我內外，貫而爲一，應物者化，在躬者神。至此，則天命在我，無事於復，而天地之心可一言而盡矣。（《五峯集》卷三〈復齋記〉）

論語之所謂禮，即中庸之所爲善。顏子有不善，未嘗不知，至明也。非物格者，不能也。知之，未嘗復行，至勇也。若非仁者，不能也。起居言語，無非妙道精義，自不可須臾離，故欲罷不能也。（《五峯集》卷三〈題張敬夫希顏錄〉）

五峯由顏子有不善未嘗不知，知之精明，則未嘗復行，以言格物之功。則格者，當爲即存有即活動之仁心本體，而所格者，則爲溺於感性知性所屬事物之本心。然因本心是創造覺潤一切之大用，一切在本心之形著貞定下，方有

〔註19〕《禮記》、大學傳第一、《十三經注疏》本。
〔註20〕參《心體與性體》第二冊，頁 423～425。

其具體眞實之存在者,故雖言格物,實無能所之關係,只是本心仁體之自證自照其自己。消極地言,格是於視聽言動之中,經由逆覺,以返回自證本心之自體,使之知善知惡,知無不明;積極地言,格是應事物之來感,推擴本心之明覺,以不已地覺物潤物,導之使正,期能德盛仁熟,物我同體。

蓋因物之來感,事之變化,常是無窮萬端,時刻即至,而應之之道,唯有自體承擔,不厭不棄,身親格之。此仍將事與物,以及一切形色音響與唱和行止,皆統屬於所當格之列,此儒者道德事業立基于人倫日用之本旨,亦五峯當下隨處逆覺體證之旨所在。而格之之道,乃在即事物以各循其分,而各定其志;又加以篤實居敬,恒常不已,久之,自能應物者化,在躬者神,以竟格物即覺物正物之最終全功。

(三)致 知

> 人皆謂人生則有知者也。夫人皆生而無知,能親師取友,然後有知者也。是故知危者,然後可舉圖安也。知亡者,然後可舉圖存也。知亂者,然後可舉圖治也。是以君子必先致其知。[5]
>
> 故務聖人之道者,必先致知,及超然有所見,方力行以終之。終之之妙,則在其人,他人不得而與也。[4]
>
> 是以大學之方,在致其知。知至然後意誠,意誠則過不期寡而自寡矣。[3]
>
> 是故儒者莫要於窮理,理明,然後物格而知至。知至,然後意誠而心不亂。(《五峯集》卷四〈皇王大紀論・姜嫄生稷〉)

五峯甚強調致知,尤多言「先致知」,蓋自五峯之思理言,工夫之本質在「先識仁之體」、「以放心求心」等隨機指點反求本心之逆覺體證。故「先致知」,即言先推致吾逆覺本心之知,亦即推致吾窮究仁心本體之知。又因逆覺之知本然內具,而謂「人皆生而無知」,一者明無知者乃指感性知性之知,一者反顯逆覺之知,可就親師取友,相濡以沫等事機而指點開發出之。而此逆覺本心之知一致,本心即全體朗然呈現,當下反身自證其自己。故致知即在通澈而不隔地推擴此本心之知於人倫日用,使有不中理未嘗不知,而知之未嘗復行,則知危能圖安,知亡可圖存,致知之功大矣,故曰「先致其知」。又先致知之功,則在爲踐德之工夫,先立一大本方向,大本既立,心有定主,而後工夫方有所施爲處。本心明覺亦可漸明漸朗,終能全然擺脫情欲干擾,朗現

其無限之義，而不致茫然失向，隨處攀附，甚至淪於任情宰物，認賊作父之絕境。反之，苟能精察本心，自可廓清情欲，故曰「知至然後意誠而心不亂」，而心不亂自「過不期寡而寡矣」。

（四）窮　理

> 萬物不同理，死生不同狀，必窮理，然後能一貫也。知生，然後能知死也。〔4〕

> 人君欲救偏信之禍，莫先於窮理，莫要於寡欲，窮理寡欲，交相發者矣。〔3〕

> 窮理盡性以成吾仁，則知天下無大事，而見天下無固物，雖有怒，怒而不遷。雖有欲，欲而不淫。〔3〕

易云：「窮理盡性以至於命」。〔註21〕明道亦云：「窮理盡性以至于命，三事一時並了，元無次序。不可將窮理作知之事。若實窮得理，即性命亦可了。」。〔註22〕五峯言窮理盡性或本此而來，易傳未明言所窮者為認知之理，或實踐之理；而明道則明言所窮者非認知之理，而為天命發用流行生化之理。窮理者，即通澈知曉此天命生化之理，並具體地朗現此天命之理之謂，如此之窮理有即知即行之義。而盡性者，乃澈盡於穆天道所命於吾人之性，以不已地成就此道德創造之本性也。五峯云「窮理盡性以成吾仁」，亦同明道扣緊此道德創造之眞幾，以言窮究此於穆創生之天道之理；復本不已之天理，而欲徹底朗現命於吾人之大本方向，並安順於現實氣化加諸吾人之限制，如此即可成就內在於吾人，復通貫於一切之仁心本體，而能清明在躬，應物圓神，無入而不自得矣。故大千世界雖變化無窮，若自其生生之所從出言，亦皆此天命之仁心所發月手爾。苟能窮通此理，則人雖有形軀之限制，感性之隔墜，仍可通貫本末，知生知死，不固執於事物，不陷溺於情欲也。通本末謂之理窮，不固陷謂之欲寡，而「窮理寡欲交相發者」，即在言推致貫澈此道德創造之本心性體，當就理、欲二層同時用工夫，交相施於所對治之物，方見其全功。

（五）居　敬

> 幼翁曰：「我習敬以直內，可乎？」胡子曰：「敬者，聖門用功之妙道也。然坤卦之義與乾相蒙。敬以直內，終之以方也。苟知不先至，

〔註21〕易、説卦傳第一章。
〔註22〕《二程全書》、遺書第二上、二先生語上。

則不知所終。譬如將適一所，而路有多歧，莫知所適，則敬不得施，內無主矣。內無主而應事物，則未有能審事物之輕重者也。」〔4〕

格之之道，必立志以定其本，而居敬以持其志。志立于事物之表，敬行乎事物之內，而知乃可精。(《五峯集》卷三•〈復齋記〉)

行吾仁謂之恕，操吾心謂之敬，敬以養吾仁。〔3〕

處之以義而理得，則人不亂。臨之以敬而愛行，則物不爭。守之以正，行之以中，則事不悖，而天下理矣。〔4〕

「敬以直內，終之之方」，明謂敬爲一凝斂整肅、端正、貫徹道德行爲之工夫手段。而乾坤相蒙，故坤卦之敬，其工夫必終之以力行以方外，此其特性。伊川有云：「敬只是主一也。主一，則既不之東，又不之西，如是，則只是中；既不之此，又不之彼，如是則只是內。學者須是將『敬以直內』涵養此意。直內是本。」〔註23〕伊川此言「敬以直內」，是就實然之心氣，以敬使之振作、整肅、凝聚而言，亦即由敬來經驗地端正收斂此實然之心氣，擺脫情氣習染之蕪雜，漸涵漸養，使之轉成道德之敬心。

五峯云「敬則人親之」〔3〕，又有詩云「苦參道難學，放肆事容易。天道方愈怒，在人宜敬身」(《五峯集》卷一〈絕句五首〉)，「敬則人親」及「宜敬身」之敬，或亦可從伊川之路，言當整敕端肅此實然之身心，勿使放肆奔流。然五峯其它語句若「行吾仁謂之恕，操吾心謂之敬」、「天道至誠故無息。人道主敬，所以求合乎天也」〔4〕，則由恕敬內操外施之對言，及主敬以合無息至誠之天，知其敬主要仍施於穆不已之道德創造之本心仁體。故所謂「居敬以持其志」，乃是操持嚴整此能立志定向之本心，使本心常顯其主宰貞定之作用，使之由始至終，由內至外，不已不遺地護持本心仁體，亦所謂「敬以養吾仁」也。則其外應事物，自能權衡輕重，不悖事理；內反自照，亦能居敬涵養，守正不偏。知此仍是「先識仁之體」逆覺體證本心仁體之工夫路數，只五峯不自覺地假居敬之名而言之爾。

三、終教之功夫

(一) 純一不已

凡人之生，粹然天地之心，道義完具，無適無莫。不可以善惡辨，

不可以是非分。無過也，無不及也，此中之所以名也。惟聖人超拔
人群之上，處見而知隱，由顯而知微。靜與天同德，動與天同道。
和順於萬物，渾融乎天下而無所不通。此中和之道，所以聖人獨得，
民鮮能久者矣。爲君子者奈何？戒謹乎隱微，恭敬乎顯沛，勿忘也，
勿助長也。則中和自致，天高地下而位定，萬物正其性命而並育，
成位乎其中，與天地參矣。(《胡宏集》〈知言疑義〉)

盡心成性、以心著性爲五峯思想本旨，其以性爲客觀先在於一切者，而心則
爲性之主觀形著之作用，必以心著性成性，方爲圓滿，所謂「無過也，無不
及也，此中之所以名也」。而心有沈落之可能，故須逆覺以復之，以順應當下
於利欲間呈現之本心，操存擴充之，以提振習心過心，復返其本然之正位，
此爲始教之工夫。然人恒常相滾於氣稟情欲之流，雖可即此一事以逆返本心，
或隨即爲另一波情欲所固蔽，故並不能保證每一事，皆能自逆返而歸於正，
反愈見工夫之無有窮盡，無有已時，維持之不易。故唯時刻自覺於道德實踐
有所不足，而奮進不已，必欲去除一切固蔽以歸於善而後已，及恒常恭謹地
護持本心，不使再生陷溺；戒愼恐懼地省察本心，發顯隱伏之病痛，所謂「戒
愼乎隱微，恭敬乎顯沛，勿忘也，勿助長也」，以徹底肯證保持本心仁體之爲
必然應然之絕對善，使再無逆轉爲不善之可能。〔註24〕

此即五峯言能處見知隱，由顯知微，和順於萬物，渾融乎天下之中和之道，
人即當順此中和之正道，以知善惡，通顯微，動靜行止皆順合天理。如此人雖
是一現實有限之生命，多受氣與命之限制，不能具體呈顯全幅之天理，但吾人
之仁心原是能沛然不斷地道德創造，並不已地欲求突破氣命之限制者。故就具
體之形軀言，雖永不能超越而脫落之；然就本心之創生無限性而言，則可隨時
就當下事機而呈現，以覺潤形著一切之存在，使一切存在皆成如理合道之存在。
故吾人雖有限，若就無限本心之創造性一義言，實可說是雖有限而可無限者。
此即五峯「天高地下而位定，萬物正其性命而並育，成位乎其中，與天地參矣」
之義，亦道德實踐終教之境地。茲引牟宗三先生之語，以詳此義：

凡教皆有限定相，亦即是一途之通路。人總是通過一通路而彰顯那無
限者。無限者通過一通路，通過一現實生命，而被彰顯，同時即被限
定。這是一必然之詭譎，因而必然有一辯證的歷程以破除此限定。知
是教之一途，既知己，則即不可是己以排他，是即雖限定而不爲其所

圜,是即不限定。惟有此不限定之通達,始能真朗現那無限心。無限心既朗現已,則就無限心言,它有無限義,無量德、相鎔融,相滲透,而不相排拒。因此,雖知教之一途只彰顯一義,然既是無限心,則其所彰顯之一義即不因教之限而自限,因此亦不執此一義而排他,因為若排他,即非無限心故。不但此一義不排他,而且此一義即通全蘊,全蘊盡收於此一義。此之謂圓盈教之大通〔註25〕

若就自覺於某一事相有不足,而逆覺反本,以達於此一事相之足,使道德實踐之當下一步,能呈現無限之本心,此之謂「純一」;就自覺於步步事相上皆感不足,而不斷地使此一步,及接續之每一步,皆能逆反本心,具體圓足,此之謂「不已」。當下踐德,便即圓足之純一是「頓」;踐德不止,步步圓足之不已是「漸」。又當下逆覺,復返本心,固為純一之頓,是屬始教之工夫,若能當下逆覺,復步步逆覺,以成所謂不已久漸者,則是終教之工夫。如此可知終教工,夫實是純一不已、即頓即漸;既涵當下之頓,復涵步步皆頓之漸,以使每一步皆具體圓足,皆能呈現無限本心,以使吾人之道德實踐,皆能純一復不已地自證自行此本心,而為一無盡之道德實踐之長流。如此日用行止自皆根於本心,無不切當。五峯有云:

顏回欲罷不能,未至文王純一不已之地。孔子所以惜之曰:「未見其止也。」止則與天為一,無以加矣。〔2〕

聖人之應事也,如水由於地中,未有可止而不止,可行而不行者也。〔4〕

胸中無滯是神仙,行止由來各有天。(《五峯集》卷一·〈吳承遠譏登山詩〉)

「文王純亦不已」,便是所謂即頓即漸之終教工夫。譬諸聖人之應事,雖臨機發用,仍本諸仁心,其所為之權衡定奪,自能體當本心而行,而常行於所當行,常止於所當止,自必能圓應無窮,行止各當,成就即頓即漸終教工夫之大功。反之,若只一味地持本心不已之創生性,雖有強力不懈,而未能體貼仁德之權衡,行止自不得其當,此則仍有偏而非純一,則其不已或竟成偏雜之不已矣!故五峯例學顏回欲罷不能,未見其止,以反顯純一不已之終教工夫,實可自我權衡其行止。知終教與始教,仍是逆覺體證本心之工夫,言始

〔註25〕《現象與物自身》,頁 454~455。

教乃重其克欲化過以上返本心之一段工夫，言終教則重其既返本心後，恒常保任本心，又不斷地即每一當下事機，繼續向前逆覺體證此本心，以求即有限而可達無限之一段工夫。

（二）由仁義行

學道，便是行仁義也。至於德盛仁熟，則由仁義行，不用行仁義矣。

「道也者，不可須臾離也；可離，非道也。」指大體而言也。欲求全體，故須戒慎恐懼，莫使有虧欠也。戒慎恐懼，便是行也。至於純熟，自不用戒慎恐懼，然後謂之由仁義行矣。誠之，便是行仁義也。（《五峯集》卷五〈論語指南〉）

君子於天下無成心，不狥人以失己，不狥物以失道，稱情而施，當於義而已。夫由義而行，事異則行異，何必蹈古人之陳迹，然後爲是乎？（《五峯集》卷五〈釋疑孟、德〉）

天下有二難：以道義服人難，難在我也。以勢力服人難，難在人也。由道義而不舍，禁勢力而不行，則人心服，天下安。〔4〕

仁義本爲先天所固有，是自主自律之道德創造實體，亦吾人道德行爲之所從出，而不待外求者。然及心跡相判，人道二分，則須由學以施行心跡不判，人道是一之工夫。故曰：「學道，便是行仁義」此即是借仁義，以成就克己復禮，戒懼持守本心之工夫。然一曰「行仁義」，此時實已將「仁義」推出去，而成爲一外在於吾心，並將對治吾人之習心過心之道德判斷標準，似成義外之說，然此僅爲克治氣稟工夫之暫時之相，仁義非即外在者也。所謂「戒慎恐懼，便是行」、「誠之，便是行」，乃借中庸「誠者，天之道也；誠之者，人之道也。」，〔註26〕以對顯至誠者自誠，不待思勉便自然從容中道，而凡人則不免當借天理仁義，以求對治人欲，克復本心。其既以「行仁義」爲外推之權用，故及行之又行，德盛仁熟，行止無有須臾虧欠於道體後，則仁義始又重顯其自主內在，自發自律之地位，工夫亦由始教躍昇爲終教，而謂之「由仁義行」也。此即孟子所謂：「舜明於庶物，察於人倫，由仁義行，非行仁義也。」〔註27〕以見舜之能明庶物之理，察人倫之道，皆其不假外求之本心之自動自發之踐德行爲，是由內推於外，非由外對治內者。五峯又有云：

〔註26〕中庸二十章。
〔註27〕《孟子》離婁篇。

仁者臨機發用而後見，不可預指。〔4〕

聖人仁以爲體，義以爲用，與時變化，無施不可。學聖人者，以仁存心，以義處物，相時而動，亦豈必於進退哉！（《五峯集》卷二〈與光堯皇帝書〉）

義者，權之行也。仁，其審權者乎？〔1〕

仁之爲體要，義之爲權衡，萬物各得其所，而功與天地參焉。（《五峯集》卷二〈與原仲兄書〉）

仁者之心臨機發用，唯是其所是，非其所非，率順仁義本性而行，並無預藏之成見。故稱情而施，當理而動，不因外在感性知性之成見預設，固蔽活潑善應之道德本心，自能「不徇人以失己，不徇物以失道」。蓋因「仁以爲體」，其體是一自主自律、自有天則之道德創造實體，本身並無任何具象，自亦不隨一固定格套以行之，是無可預指者。而「義之爲用」其用是言仁心明覺之發用，雖無定法，但就所對應之事機，必顯其如理合道之判決，亦必順此事機之判決以行，此時則有一定然之軌跡可循。如見父母便知孝、見兄弟便知悌，而發此孝悌者是仁之體，行此孝悌者則是義之用，是謂「以仁存心，以義處物」也。處物雖有定法，而事機之來感卻無窮，仁心明覺之判決照應，自亦相時而動，唯其所宜，則處物之定法，亦當有不同之權行，此乃「義之爲權衡」、「義者權之行」之謂也。義雖有權行，發用判決此權行者，則仍爲靈轉妙運之仁心自體，故曰「仁其審權者」也。此段由仁爲體要，義爲權用，明「由仁義行」可權衡輕重當下即是，以擺脫情識物欲干擾之功用。

　　熊十力先生有云：「夫保任此本體，方名工夫。但保任實由本體之自明自覺，易言之，即工夫實自本體出，非是離本體別有一心來用工夫。」〔註28〕而五峯所謂「學道，便是行仁義」此中之道與仁義，似即是暫離其本體之位，心與理二，而下降成一只有形下存有義之工夫者。此時之工夫既失本心明覺之自照，遂只成一枯乾死板之理，則甚易蔽於外物，或竟有連此死板之理亦蒙塵不見之可能。縱或有一善言善行，亦未必能保持其持之以恒，而僅爲一偶然，則雖有工夫，亦非本質之工夫，故五峯只以之爲始教，而莫若「由仁義行」爲當。此因主在此外推死板之理，缺乏本心明覺不已之創造性，故唯有此似已下降之「道」、「仁義」等工夫自體回復其不已之道德創造性，回復

其心與理一之本性，消除其權假之相，而以之爲工夫，自沛然湧現而莫禦之強力，必欲不已地穿透物欲之障而自現，必欲不已地推擴本心明覺於一切，以自證其存在。可知唯有此發自本心明覺之自照自證，「由仁義行」之工夫，方可爲必然可憑之唯一本質之工夫。蓋五峯所謂之「由仁義行」，仁義之自體中實便函有工夫，亦即「由仁義行」所發之行爲便是工夫，此工夫便是本心明覺之逆返而自照自證其自己，此時即本體便是工夫。此「由仁義行」所成之工夫中，因有仁義爲工夫之自體，故可以仁義領導指點此工夫，則此工夫便是實然有定向之工夫，此時即工夫便是本體，此乃黃宗羲所謂「心無本體，工夫所至，便是本體」〔註29〕之義也。

（三）無為之為

> 有爲之爲，出於智巧。血氣方盛，則知巧出焉。血氣既衰，則知巧窮矣。無不可變之操也。無爲之爲，本於仁義。善不以名而爲，功不以利而勸，通於造化，與天地相終始，苟不至德，則至道不凝焉。〔2〕

> 聖人周萬物而無爲，故博施濟眾，不期應於物而物應。功用配天地，悠久無疆，而人道立矣。〔6〕

> 有毀人敗物之心者，小人也。操譽人成物之心者，義士也。油然乎物，各當其分而無爲者，君子也。〔1〕

五峯以爲人之有爲皆出於智巧，智巧屬感性知性層，雖亦吾人踐德之資具，但本身自成一機括與格套，只隨順情欲之流而下滾。若乘於血氣方盛之機，仍可有強力成功之用，然中既無自覺之本心，故亦無不可變之操，雖有善行，亦屬偶然不可憑恃者。殆及血氣既衰，更易固陷攀執，不知其終於胡底。若小人乃有意地毀人敗物，固蔽良知；而義士雖有譽人成物之心，此亦有爲地行仁義，推本心於外，而成他律道德者，非儒者之本旨；唯聖人無爲，即不借感性知性以求名謀利，而是由仁義而爲，由天理以行，其爲只是仁心明覺之自覺自照自證其自體而已！自然「善不以名而爲，功不以利而動」。又因本心明覺之覺照圓通無滯，沛然莫禦，故能「博施濟眾，不期應於物而物應」，自可使仁心明覺之發用，無一毫之夾雜，故能體物不遺，成己成物，功用配天地。

〔註29〕《明儒學案》〈黃宗羲自序〉。

　　五峯由當下即是言逆覺體證之工夫，固極親切易行，然卻易生誤以當下之情識為良知本心，而持之以縱情肆欲之弊，果欲確保此逆覺本心之始教工夫，不墜失本心，則其關鍵仍在逆覺體證本心一義。蓋因本心是一有所覺，便是本心明覺之自體之全體呈現，是一覺全覺，無積累無純駁之別者。工夫既是無盡之歷程，則當下之頓悟亦須無盡地接續推展，而唯有即頓即漸，純一不已，由仁義行，無為而為，方始能操持不懈，擴充不已，永保任此心之明覺。果如此，則既能圓應事物，又於造次顛沛，富貴名利之生死關頭，亦能無所動心；復可即有限之形色，而一任天理以行，盡人之性、盡物之性，以至德石一地、功參造化，即有限而可無限之地。此乃言盡心成性，著重即一切存在而成就其道德兵值之五峯，所以欲經由道德實踐而達致之極致境地。

第六章　朱子「知言疑義」之疏解與駁正

引　言

　　華族文化於春秋戰國之際，緣於封建之崩頹，學術外流於民間，而先秦諸子各出己意，鍼砭時弊，形成思想多向發展，百家爭鳴之鼎盛局面。然自暴秦之焚書坑儒，箝制思想以來，雖有漢武帝之獨尊儒術，但多著重於章句訓詁；隋唐雖包容多元文化，但又以佛道為思想之主導；泊自兩宋，人心厭倦長期非理性非道德之生命情態，亟思於人倫日用間，尋一真誠懇當，道德理性之生命安宅，以慰藉長久墜陷於虛無之人性尊嚴。遂有宋明儒學之復興，雖單言儒學，僅剋就道德心性之探討，實則義理層出，脈絡紛陳其間，學派之眾，辯難之繁，庶幾不亞於先秦之諸子。而就中成學立說，自立學統以與相異學派質疑問難相摩互盪，再現百家爭鳴之光芒，最為人所熟知者，厥為南宋淳熙二年（西元 1175 年）之朱子與象山之鵝湖之會。長久以來，所謂朱陸異同，幾成研究宋明理學之第一大課題。而所以有此異同，主緣於朱子不再由道德創造之實體義，解說孔孟之心性，而是經驗地自存有論言心為形下之氣，性為「只存有不活動」之理，遂異於直承孟子說本心之象山。今賢不唯唐君毅、牟宗三二先生如此確定，錢穆先生亦以為朱子虛靈知覺之心是「皆屬氣一邊事，非即理一邊事。」，〔註1〕而判定朱子為理氣二分者。

　　然人固知朱陸鵝湖之會，所交迸之智慧光芒，而稱羨推重不已。殊不知於鵝湖之會稍前或同時，朱子即曾有「知言疑義」之作，以其理氣二分之義

〔註1〕《朱子新學案》、第二冊，頁4。

理系統,質疑問難於承孟子即心說性,與明道「先識仁」之說,而自立「以心著性,盡心成性」之說統,並有異於象山之五峯。人多知以五峯爲首之湖湘學者,與朱子之往還,爲促成朱子由中和舊說轉爲中和新說之重要因緣。然却因疏於對五峯「盡心成性」義理系統之理解,且基於湖湘後學迅爲朱子壓服之現實命運,故多自朱子立場出發,而視五峯等人爲朱子成學之助緣背景而已,連帶忽略此「知言疑義」,實爲朱陸鵝湖會前,朱子所開啓之另一場「理氣二分」系統對「盡心成性」系統之辯論也。「知言疑義」雖成於五峯歿後,五峯不得親身反駁朱子之質疑,然其中所顯示五峯義理之獨特,及二家說統之有異,所透露出之重要性與關鍵性,實不應亞於鵝湖之會。故特立專章,先述朱子心性與工夫之義理綱維,復次逐條疏解駁正朱子之質疑,以對顯出五峯「盡心成性」說統之價值,實當視爲足以等同於象山陽明之另一說統,且足以與朱子相抗衡者,冀求復五峯應有之學術地位,而不再僅以附庸餘事視之也。

又黃宗羲於朱子對五峯之八端致疑,曾意圖調停折衷,其云:

> 愚以爲胡氏主張本然之善,本自無對。便與惡對,蓋不欲將氣質之性混入義理也。心爲已發亦自伊川初說,有凡言心皆指已發而言,以其未定者爲定爾。察識此心而後操存,善觀之,亦與明道識仁無異。不善觀之,則不知存養之熟自識仁體。有朱子之疑,則胡氏之說,未始不相濟也。〔註2〕

如此相濟妥協,一則不解五峯與朱子之義理爲全異,二則或將復置五峯於朱子之陰影下,且掩蓋功當侔配鵝湖之會之「知言疑義」之勝義價值!故實不可取也!

第一節　朱子「知言疑義」之緣起與義理格局

一、「知言疑義」之緣起

「知言疑義」爲朱子與友人呂祖謙(伯恭)、五峯門人張栻(敬夫)三人往復討論五峯所著之「知言」,彼此批駁,互提疑義而成者。朱子三十一歲時曾有跋五峯「幽人偏愛青山好,爲是青山老不老,山中出雲雨太虛,一洗塵

〔註2〕《宋元學案》、卷四二、五峯學案知言疑義、黃宗羲案語。

埃山更好」一詩，其云：

> 紹興庚辰，熹臥病山間，親友仕於朝者以書見招，熹戲以兩詩代書
> 報之。或傳以語胡子，子謂其學者張欽夫曰：「吾未識此人，然觀此
> 詩，知其庶幾能有進矣。特其言有體而無用，故吾爲是詩以箴警之」，
> 庶其聞之而有發也。明年胡子迂，又四年熹始見欽夫而後獲聞之。
> 恨不及見胡子而卒。〔註3〕

此因五峯曾警示朱子所作詩，且稱賞之，而造成五峯、朱子二人彼此相聞之
因緣，然五峯於明年即卒，故二人終未有當面論學之機，種下朱子「知言疑
義」批駁五峯之遠因。爾後朱子於三十七歲至四十歲間，多與五峯門人張敬
夫，論究中和問題，可知此時朱子尚受五峯思路之影響，其有答張敬夫書云：

> 蓋通天下只是一個天機活物，流行發用，無間容息。據其已發者而
> 指其未發者，則已發者人心，而凡未發者皆其性也。亦無一物而不
> 備矣。即夫日用之間，渾然全體，如川流之不息，天運之不窮耳。
> 此所以體用精粗，動靜本末，洞然無一毫之間，而鳶飛魚躍，觸處
> 朗然也。存者存此而已，養者養此而已。〔註4〕

此書乃朱子三十七歲時所作，〔註5〕其論「天機活物」句，乃就天命流行不已
而言已發未發之無間。因天命之體雖流行無盡，亦總有個未發底之義，故就
此未發者言性；就天命之體往來流行無窮而言已發。朱子如此言，實已將「天
機活物，流行發用，無間容息」，視爲已發未發爲無間者，此概受北宋諸家言
「於穆不已」之道體而言者。而「已發爲心，未發爲性」一句，乃就情之未
發出者言性，就已發出者言心，而自以爲與五峯「未發只可言性，已發乃可
言心」(《五峯集》卷二〈答曾吉甫書〉) 之旨相合。其實五峯是自情之未發以
體證一超越之性體，自情之已發而體證超越之心體之動用神用，此發是在五
峯「心性分設，以心著性」之格局下言心之形著作用 (見前盡心成性論之已
發未發一節)。故朱子此語，既將「良心發見」之發，誤混成情之已發未發之
發，又失却五峯之本旨也。

　　而其「存者存此，養者養此」，則或受明道「先識仁，識得此理，以誠敬
存之」、五峯「先識仁之體」〔1〕等工夫之影響，而以爲工夫當落在日用處操存

〔註3〕《朱文公文集》卷八一、〈跋·跋胡五峯詩〉。
〔註4〕《朱文公文集》卷三二、書問答、答張敬夫書八之四。
〔註5〕王懋竑纂訂、《宋朱子年譜》，頁25、商務本。

察辨，以使本心能呈現之上。〔註6〕此時之朱子，對「於穆不已」之天道、性體、心體，及情之已發未發與本心良知之發爲異質異層者，皆尚未有眞切之了解。而只是儱侗顢頇地隨著北宋諸家，與五峯之腳步走，而不自覺其並未確切當握五峯之思理，反而透過與五峯門人張敬夫之往復論學，竟自覺甚有得於五峯，下舉朱子答羅參議書中可知：

> 胡仁仲所著知言一冊，其語道極精切，有實用處，暇日試熟看，有會心處，却望垂喻。欽夫嘗收安問，警益甚多。大抵衡山之學，只就日用處操存察辨，本末一致，尤易見功，某近乃覺知如此。〔註7〕

然及朱子四十歲時，因數年之著實磨練，反覆思究，終開出其「只存有不活動」之理路。遂於某日與蔡季通論辯，忽自疑其前論中和之非，不再走其雖信服而並不眞契入之由本體宇宙論言天命流行之體爲「中」；及此中體呈現引生氣化，並主宰氣化，使之無不中節謂之「和」等舊說路數。另有「中和新說」之提出，承伊川之義，而有心性情三分，靜養動察，敬貫動靜之義理架構出焉。此時朱子再回顧五峯之義理，遂覺處處干格難通，乃有與五峯弟子張敬夫、友人呂伯恭等三人，以其中和析說爲背景，反復議論批駁五峯之「知言疑義」之作也。牟宗三先生以爲朱子論中和之說自三十七歲始，至四十歲「中和新說」成立，至四十三歲乃完全確立，而「仁說」之論辯則大體起於四十三歲後，至四十六、七歲而止。又因「知言疑義」之義理，即全以「中和新說」與「仁說」所確立之「只存有不活動」系統立言，故牟宗三先生判定「知言疑義」當作於「中和新說」之後，與「仁說」之成相差不遠。〔註8〕即在朱子四十三至四十七歲（西元1172年～西元1176年）間，而朱陸鵝湖之會會於淳熙二年，朱子四十六歲（西元1175年）〔註9〕時，亦即五峯歿於紹興三十一年（西元1161年）後之十一至十五年之間。

「知言疑義」中之張敬夫僅見五峯二面（見結論五峯門人節）未必對其師說有透澈相應之了解，同時議論復常爲朱子所左右，立論不堅，未能爲其師辯駁，觀「知言疑義」中敬夫語可知，反倒呂伯恭尚偶有持平之論。就中獨朱子持論最激，竟有不欲其流傳後世之意，乃遂謂知言一書「有掎摭前輩

〔註6〕 參《心體與性體》第三冊，頁94～95。
〔註7〕 《朱文公文集》、續集卷五、答羅參議書。
〔註8〕 參《心體與性體》第三冊，頁230及頁237。
〔註9〕 王懋竑篡訂、《宋朱子年譜》，頁58、商務本。

之嫌，亦不欲其流傳也」〔註10〕又云「胡氏之學，大率於大本處看不分曉。故銳於闢異端，而不免自入一腳也。」，〔註11〕可見朱子對舊說期所深信之者，而於自立新說後，必欲棄去掩埋而後已之痛悔與激切。

　　朱子對五峯由信服而至冰炭難容，此固朱子系統建立之必然反應。然五峯是由「即存有即活動」一義言道體、性體、心體；由逆覺體證言儒家道德實踐之一質工夫，以自成一系統者。而朱子則是由「只存有不活動」言性理，脫落心體之道德義與創生義，且工夫亦走順取之路以自成系統者，知二者在系統上實有本質上之差異。故朱子所作「知言疑義」應可視爲與承濂溪、橫渠、明道而來之五峯蕺山系之正面論戰也。此番論爭，一則當有助朱子釐清並肯定其靜涵靜攝之系統，一則可借朱子之駁斥，反顯五峯盡心成性，逆覺體證系統之獨特。惜乎五峯與朱子生年失之交臂，未能正式地覿面相質，五峯、蕺山與伊川、朱子二系統之異同，失却造就成另一次智慧摩盪、光燦道統之鵝湖之會，良可惜哉！

二、朱子義理格局之概述

　　五峯是由「維天之命，於穆不已」這一根源之智慧，而順著論語、孟子發展至中庸、易傳所完成之立體眞貫創生之縱貫系統立說，此系統以「即存有即活動」言道體、性體、心體；天道性體是一切存在之所以然，亦是道德創造之實體，故其本身自有活動義，能引發氣化世界之活動。其爲存在之所以然是理是性，能自我活動又是心，故此系統是「心即理」且「性即理」者也。而朱子自其成立「中和新說」後，便不再走立體直貫創生之本體宇宙論之路，而純就存有論立說，故只就存在之實然，以推證超越之所以然之理以爲性。

　　如此乃將有道德性之存在如惻隱之心，其所以然之理，視爲道德者，而對非道德性之存在如草木，其所以然之理，便爲無所謂道德者，此乃將「於穆不已」之性體之道德性減殺矣。又此對存在之然，經由存有論之解析，以推證其所以然之理（即其性）者，其所能把握之天道性體，只能是「只存有不活動」之理，而不能有活動創生義，故亦喪失能起道德創造之性體之創生義。〔註12〕知朱子之性只能是存在之所以然之理，脫落了能創生之心義與神

〔註10〕《朱文公文集》卷三五、書、答劉子澄書十五之四。
〔註11〕《朱子語類》卷一〇一、程子門人、胡康侯。
〔註12〕參《心體與性體》第三冊，頁476～478。

義，而成「性即理」也「只是理」之「只存有不活動」之存有論格局。

　　既然性理只是存在之所以然，而不能創生活動，故其具體創生活動之作用乃由實然之心氣來承擔。又因氣不能道德地自主定向，故須以理在實然存在之心氣背後，靜態地超越地存有論地主宰此心氣之活動，以成就他律道德式之道德實踐也。而朱子在此理氣二分之義理背景下，乃有其心、性、情三分之格局，下即略述之

（一）心、性、情三分

　　性是此理。〔註13〕

　　性即理也。在心喚做性，在事喚做理。

　　道即性，性即道，固只是一物。然須看因甚喚做性，因甚喚做道。

　　性則是純善底。

　　性不是卓然一物可見者，只是窮理格物，性自在其中。

「道即性，性即道」，乃順中庸首章「天命之謂性，率性之謂道」而言，以天所命於吾人者爲性，而吾人順此天性以行，則是道。然中庸之性道是「即存有即活動」者，本身即有踐德之力量，而朱子之性道却只爲一切存在之所以然之理，既非心亦非情，故曰「性即理」及「性只是此理」也。而此「性則是純善底」，因存在之所以然之理，就道德之存在言是善底，故性亦屬純善。「性不是卓然一物可見者」知性是超越形上者；又因「窮理格物，性自在其中」知性是普遍存在之靜態的實有。而此「只存有不活動」之性，因無道德實踐之動力，故須通過居敬以涵養心氣，及對已發心氣之察識，方能使心知與存在之性理做合理之關連，而由凝斂之敬心，順性理之當然與定然，以成就道德之行爲。

　　心者，氣之精爽。

　　所覺者，心之理也；能覺者，氣之靈也。

　　心之理是太極，心之動靜是陰陽。

　　問心之動、性之動。曰：「動處是心，動底是性。」

氣爲實然存在，自有精爽昏昧之別，而心則爲能動能知之氣化之精爽，故云爲「氣之靈」。而此心氣之靈復能認知地攝具存在之理，此之謂「能覺」。而「所覺者心之理」則在言此「心」，亦有爲心知明覺所認知地攝具之存在之理；

〔註13〕本（一）「心性情三分」一小節中，所引朱子諸條語：皆引自《朱子語類》卷
　　　　五、性理二、性情心意等名義一段中，統註明於此，以下不另註焉。

因既有心之存在，便應有心存在之理，故此心本身存在之理，亦可爲心知認知之對象也。故「心之理」若橫說，可意謂爲心知明覺所認知地攝具之理；若縱說，則可意指此實然存在之心氣，其所以存在之理也。而「心之理是太極，心之動靜是陰陽」此即縱地言心有其動靜，自有其所以陽動陰靜之理，即以所以陰陽之理爲太極，故此太極仍只是存有之所以然之理，本身無活動義者。因太極與性理是形上超越之所以然，故無動靜之可言；而心爲氣之靈，屬形下氣化一邊，則實有其動靜。故「動處是心，動底是性」一句，便指眞能動者是心，而性只爲心之所以能動之理，性只爲能動之心之定然之主宰而已，性本身並不能動也。總言之，心是氣化實然之靈，是能動靜者，且能認知地攝具眾理，雖心知本身亦有其所以然之性理，可爲心知所認知之，但心仍非即超越之性理。

　　　性者心之理，情者性之動，心者性情之主。

　　　性以理言，情乃發用處，心即管攝性情者也。

　　　舊看五峯說，只將心性對說，一個情字都無下落。後來看橫渠「心統性情」之說，乃知此說大有功，始尋得情字著落，與孟子說一般。

　　　孟子言「惻隱之心，仁之端也。」仁、性也；惻隱、情也；此是情上見得心。又言「仁義禮智根於心」，此是性上見得心。蓋心便是包得那性情。性是體，情是用。心字只是一個字母，故性情皆從心。

此段主言心統性情之關係。「心之理」指心之所以然之理即是性；而所以然之性一依附心氣而發者即是情，此中「性之動」非指性本身之動，乃指動者依其所以能動之性理以動，而一動即爲情也；而依性而動之情與爲心之理之性，是異層異質之二者，故須由能發動與能認知之心管攝性與情。由能認知之心管攝性，是認知地統攝性而含具性，則性即在心之認知中見，亦即心能掌握性；由能發動之心管攝情，是行動地統攝情而發用此情，則情乃成心自身之發動，亦即心能宰制情，此朱子心統性情之說也。因心雖有認知作用，但本身並非性理，自不得爲存在之主，故此「主」僅指心之管攝作用爾。

　　又「舊看五峯說」一段，仍言其心統性情之說。唯五峯是心性分設，以心著性之思路，性是自性原則，心是形著原則，而情本爲仁心之發用，故情攝屬於仁心，並非情字無著落也。而橫渠之「心統性情」，則爲孤立無依傍之語，本未易得其確解！而朱子却以其心性情三分之格局，借此語以言「心統性情」。同時又支解孟子四端之說，以其只爲知覺運動之實然之心，去比附孟

子道德的超越的本心；又以仁義禮智爲性體所具之理，是實然之情之所以然之理，以言孟子「仁義理智根於心」一句。實則其心之認知地攝具此理，只是外在關連地具，非本質必然地具，非孟子仁義禮智自發自律於本心之本具也。故朱子順伊川「愛自是情，仁自是性，豈可專以愛言仁？」〔註14〕之思路，而以仁爲性，以惻隱羞惡等爲情立說，雖傍落了孔孟言仁之心義、神義，却強調出其性爲超越之理，情爲心氣之發，而性情總由能知覺動靜之心來統攝之心性情三分久義理格局也。〔註15〕

（二）居敬察養、格物窮理之工夫

　　凡言工夫，皆當著實於心體言，而朱子之心只爲知覺運動之實然之心，其本身並非即是理，故工夫異於孟子之逆覺體證「即存有即活動」之本心工夫，而別從以敬涵養貞定此氣之精爽之心入手。而居敬者，乃經驗地凝聚此實然之心；而涵養者，即在涵養此實然之心；然此只消極地言之，其工夫之積極作用處，則在由大學所提工夫格套之格物致知以窮理。而就朱子之思理言「格」者，至也。故格物，乃即一切存有而窮其超越之所以然之理，以成就德性之知之謂，而致知則爲推致吾心之知覺以格物窮理也。如此之格物致知，乃成橫列的、順取的根據敬心以窮外在之理；而非由立體眞貫的、逆覺的道德本心以窮內在本具之理。此爲朱子工夫論之靜涵靜攝之系統，牟宗三先生釋之云：

> 用「靜涵」一詞，乃心氣之靜的涵蓄淵渟之意；用「靜攝」一詞，乃認知的綜函攝取之意。靜涵相應朱子本人所說之涵養，靜攝相應朱子本人所說之察識以及致知格物，格物窮理。此爲其最得力處，由之以展開其心靜理明之境界。以與先秦儒家所抒發而爲北宋濂溪、橫渠、明道所弘揚之本體宇宙論的實體之創生的直貫之縱貫系統對立。〔註16〕

此即以靜涵此心氣之知，使之常凝聚清明而能發其明理之知覺爲基礎，再進而靜態地認知地攝具其所對之實然存有之存有之理，以成就德行之知；亦即透過格物窮理，使吾人之心氣知覺能無絲毫夾雜地，全然凝聚於超越的存有之理上，進而使心氣能完全依此清明之存在之理而發用，以成就一合理之世

〔註14〕 《二程全書》、遺書第十八、伊川先生語四。
〔註15〕 本（1）「心性情三分」一小節義理主要參考《心體與性體》第三冊，頁465～479。
〔註16〕 參《心體與性體》第三冊，頁48。

界，此之謂「心靜理明」之境界。而此種橫列的、順取的系統，主觀地言是認知的靜涵靜攝之系統；而客觀地言，則是本體論的存有之系統也。以下舉例略述之。

> 是以君子之於敬，亦無動靜語默而不用其力焉。未發之前，是敬也
> 固已立於存養之實；已發之際，是敬也又常行乎省察之間。〔註17〕

朱子以心為氣之靈，故工夫即在以敬來肅整端正此心，汰除私慮雜念，使心能正確地攝具存有之理，以為其貞定之主，使心之發用自能如理而合道。此步涵養心氣之工夫是於意念未動，思慮未萌之靜時做，故曰「未發之前，敬立於存養之實」。待及屬情氣之意念思慮發動後，因情本身非理，故所發自未必皆能順性合理，此時即須加以省察。亦即以為敬所涵養而呈顯之心知之明，來省察已發用之情氣，並導化其不正，使所發皆能依性理而行。而此步由敬心以省察之工夫是在情氣發動時做，故云「已發之際，敬行乎省察之間」。而不論靜時涵養此心，或動時省察情氣之發，皆由「敬」以統貫之，故以敬統貫動靜，於靜時養、動時察乃朱子之基礎工夫。

朱子大學章句格物補傳有云：

> 所謂致知在格物者，言欲致吾之知，在即物而窮其理也。蓋人心之靈，莫不有知，而天下之物，莫不有理。惟於理有未窮，故其知有不盡也。是以大學始教，必使學者即凡天下之物，莫不因其已知之理而益窮之，以求至乎其極。至於用力之久，而一旦豁然貫通焉，則眾物之表裏精粗無不到，而吾心之全體大用無不明矣。此謂物格，此謂知之至也。

此段所言之格物致知，乃動時省察工夫之積極說明也。「致知在格物」者，乃言所以推致吾心知之明，在於即一切存有物以窮究其超越之所以然之理。而「能知」者乃人我皆有之心知明覺，而「所知」者乃一切存有皆具之存在之理。此乃將一切存有皆平置為普遍存有之理，而成為主觀的虛靈心知所認知攝具之對象，亦即成為平面地對等地由能知攝所知、由「心知之明」窮究「事物之理」之格局。然天下事物無盡，所當窮之理亦無盡，故須以能知覺之心，就其已知之理，不斷地分判各種事物之異，及其所以異之理，並進而揀別出道德之理以續窮究之，此乃所謂「凡天下之物，莫不因其已知之理而益窮之，以求至乎其極」。而唯經由此漸磨漸窮之格物窮理過程，及其一旦真積力久而

〔註17〕《朱文公文集》卷三二、書問答、答張欽夫書八之三。

豁然貫通時，自能「眾物之表裏精粗無不到，吾心之全體大用無不明」，而事物之性理亦無不彰顯，道德之實踐亦皆見諸行動。是故朱子之工夫，簡言之即在敬貫動靜、靜養動察，及格物以窮理。

第二節　「知言疑義」之疏解與駁正

合朱熹、呂祖謙、張栻三人批駁五峯「知言」而成之「知言疑義」，其議論主以朱子中和新說後理氣二分思路為背景，朱子並曾統言對知言之質疑有八端，「知言疑義，大端有八：性無善惡，心為已發，仁以用言，心以用盡，不事涵養，先務知識，氣象迫狹，語論過高。」〔註18〕今即揀擇「知言疑義」所列文字，以逐端對照五峯與朱子之義理，並疏正朱子對五峯之誤解。「知言疑義」今存於《朱文公文集》卷七十三雜著中，又《宋元學案》卷四十二五峯學案亦有著錄。本節於議論與疏解各家觀點所例舉引用之原典，屬《朱文公文集》之「知言疑義」所有者，皆不加註。非「知言疑義」所有，另有引用者，方有註焉，先說明於此。又於逐端疏解中，先列「知言」原文，再列朱子等疑義，而疏解則隨機附焉。

一、性無善惡之疏正

> 知言曰：好惡，性也。小人好惡以己，君子好惡以道。察乎此，則天理人欲可知。

熹按：此章即性無善惡之意。若果如此，則性但有好惡，而無善惡之則矣。「君子好惡以道」，是性外有道也。「察乎此，則天理人欲可知」，是天理人欲同時並有，無先後賓主之別也。熹謂好惡固性之所有，然直謂之性則不可。蓋好惡，物也，好善而惡惡，物之則也。有物必有則，是所謂形色天性也。今欲語性，乃舉物而遺則，恐未得為無害也。

此段朱子以為是「性無善惡」之說，朱子是以性為只存有不活動之存有之理，本身是不能活動者，而能活動發用如好善而惡惡者，則是情，而情之好惡則又未必得當，故曰「好惡，物也，好善而惡惡，物之則也」此即以好惡為情意發用之則，但此則只是生理心理之作用，雖有其如此之因，但非即是存有之性理之本身，故曰「好惡固性之所有，然直謂之性則不可」。然五峯

〔註18〕《朱子語類》卷一〇一、程子門人、胡康侯。另，王開府《胡五峯的心學》對《知言疑義》有專章論述，可參看。

之性是「即存有即活動」之天下大本，本身即爲超越之至善是自有天則者，能以其至善而發其好惡之判斷，並非朱子所謂「性無善惡」，更非「無善惡之則」者。而五峯「君子好惡以道」意指由內在本具之天道性體，發其好惡，非是將道推於性外，而性外有道。因以含攝外在當具之道以對治人欲，是朱子他律道德之作法，非五峯自律道德之作法。

又五峯云「察乎此，天理人欲可知」，意指秉天道而好惡者爲天理爲君子，而由情欲以好惡者，因昧其至善本體則爲人欲小人。其中判準即在此能好惡之至善性體，是不爲天理即成人欲，天理人欲不並立者，絕非朱子所謂「天理人欲同時並有」之意者。而張栻以「好惡，性也，此一語無害」，尙守其師說，又曰「但著下數語，則爲病」，故欲改成「小人則以人欲亂之，而失其則矣」則徒隨朱子腳跟轉，無系統可言矣！

　　知言曰：天理人欲同體而異用，同行而異情。進修君子宜深別焉。

熹按：此章亦性無善惡之意，「好惡，性也」一章相類，似恐未安。蓋天理，莫知其所始，其在人，則生而有之矣；人欲者，梏於形，雜於氣，狃於習，亂於情，而後有者也。然既有而人莫之辨也，於是乎有同事而異行者焉，有同行而異情者焉。君子不可以不察也。然非有以立乎其本，則二者之幾微曖昧萬變，夫孰能別？今以天理人欲混爲一區，恐未允當。熹再詳此論，胡子之言蓋欲人於天理中揀別得人欲，又於人欲中便見得天理。其意甚切，然不免有病者，蓋既謂之「同體」，則上面便著「人欲」兩字不得。試更仔細玩索，當見本體實然只一天理，更無人欲。

此段五峯仍是由能發好惡之至善性體立言，能秉天命善行以行爲天理，溺於飲食男女則爲人欲。而飲食男女本聖人亦不免者，故理欲之別，不在所行之事上分，唯在本性之溺與不溺上分。又「體」指事體，非指本體，此之謂「同體異用」也。而朱子則以人欲爲梏陷於形、氣、習、情者，此固無差，然又以五峯爲「非有以立乎其本」故「天理人欲混爲一區」者，此則差矣！蓋五峯由天下之大本、天地之所以立（見前心性論）言性，胡得謂其無本？且五峯由同一事體上，自其本性之溺不溺分理欲，尤見其警策有本，並無理欲相混之情事。朱子又以五峯爲「於天理中揀別得人欲，於人欲中便見得天理」，如此分判是客觀地就現象之實然而言者！然天理自是天理本純淨無雜，天理人欲爲不並立之二者，何得從中揀別人欲？人欲僅是天理之隱晦蒙蔽，又何得於人欲中見得天理？朱子至多可謂依天理以去人欲，不得曰「于人欲見天理」。

　　又朱子初言「有同事而異行，有同行而異情」，尙以「體」爲事行，言于同一事體上而有異行異情之表現，此尙合五峯原意。然後又將「體」由「事體」轉爲「本體」，而曰「本體實然只一天理，更無人欲」，知其實不悟五峯本意，只以己意判之爾。若專就本體言，天理自是純然無雜，上面著不得人欲，五峯言天道性體亦不得有違之者。然五峯之「同體異用」實非謂天理人欲二者根源于同一本體，由同一本體而發者，而是指同一事體上，因其發動之初機，而可判爲天理或人欲者。朱子或認定五峯之性，乃如告子般由生理心理之自然論性，不合其由存有之所以然論性，故繼定五峯爲中性之「性無善惡」，且不明「本體」爲無迹無相，沾不得一毫夾雜者，遂有此疑之生。《朱子語類》中多有論此義之語，引之如下：

　　問：「五峯言天理人欲同體而異用，同行而異情，如何？」答曰：「下句尚可，上句有病。蓋行處容或可同；而其情則本不同也。至於體用豈可言異？觀天理人欲所以不同者，其本原自不同，何待用也。

　　問天理人欲同體異用。先生云：「如何天理人欲同體得？如此却是性可以爲善，亦可以爲惡。却是一因人欲窠子，將什麼做體？」〔註19〕

前條朱子意指天理人欲不得立於同一「本體」，因理欲於本原上有別。又以「同行而異情」爲尙可，因「行處容或可同」。知朱子將「體」字看成「本體」，將「同行」看成事行，而不知五峯之「同體」與「同行」皆指同一事體與事行。又後條仍將「體」字視爲「本體」，故以爲天理人欲不得同體。而「性可以爲善，亦可以爲惡」則又明以五峯爲不知本體，只以中性無善惡之別論性者。此爲朱子由誤解「同體異同」而引伸至以五峯爲「性無善惡」之說者，實已全失五峯之本旨而不自知。

　　知言曰：凡天命所有而眾人有之者，聖人皆有之。人以情爲有累也，聖人不去情；人以才爲有害也，聖人不病才；人以欲爲不善也，聖人不絕欲；人以術爲傷德也，聖人不棄術；人以憂爲非達也，聖人不忘憂；人以怨爲非弘也，聖人不釋怨。然則何以別於眾人乎？聖人發而中節，而眾人不中節也。中節者爲是，不中節爲非。挾是而行則爲正，挾非而行則爲邪。正者爲善，邪者爲惡。而世儒乃以善惡言性，逖乎遼哉！

〔註19〕此二條俱見《朱子語類》卷一〇一、程子門人、胡康侯。

熹按：「聖人發而中節」，故為善，「眾人發而不中節」，故為惡。「世儒乃以善惡言性，邈乎遼哉」此亦「性無善惡」之意。然不知所中之節，聖人所自為邪？將性有之邪？謂聖人所有為，則必無是理；謂性所固有，則性之本善也明矣。

五峯此段本意為情、才、欲、術、憂、怨等氣稟，皆天命於吾身者，因其不能自主自覺，只順著生理心理一定之機栝而運行，故頗似中性無記義。若為溺心乘之，則皆具成就惡之不善義；若為本心所乘，則能發顯本然之德性，此仍五峯「天理人欲同體異用」之說，善惡由發用之初機定，不由事體事行上定之義也。而五峯「世儒乃以善惡言性」意指性本絕對超越層之道德標準，本身超越至善無事相，故不接受形下現象界對事相所作之判斷，唯於其發用於現象界，方接受形下之善或惡之判斷。正因其超越不接受判斷，方可反顯其本身為絕對至善，而不可以相對事相上之善惡來指謂之。然若如世儒之執著於事相上言性為善或惡，則已失却至善性體只發判而不接受判斷之本質，故五峯曰「邈乎遼哉」！

而朱子以其性只為存在之所以然，只是善理，本身不能活動，能活動者為心之思路，見五峯「世儒乃以善惡言性」一語，便以為五峯之性是可善可惡之中性，而失五峯性體至善不可以相對之善惡指謂之本旨。同時五峯「聖人發而中節」指聖人若能順自覺發用好惡之本性而行，便是中節合理為善，亦異於朱子性只是理不能發用活動之系統，故朱子乃有不信「聖人所自為」之說！朱子進而以其性只是善理之思路，認為「聖人發而中節」即在聖人順本善之性而行之故，而不得言性為可善可惡者也！此中誤解全在不解五峯以絕對至善，自覺發用言性也。另外張栻亦評五峯此段云「此一段大抵意偏而詞雜，當悉刪去」、「所謂輕詆世儒之過而不自知其非，恐氣未和而語傷易」，真可謂不解師意，有愧師門矣！

> 知言曰：或問性。曰：「性也者，天地之所以立也。」曰：「然則孟軻氏、荀卿氏、揚雄氏之以善惡言性也，非歟？」曰：「性也者，天地鬼神之奧也，善不足以言之，況惡乎？」或又曰：「何謂也？」曰：「宏聞之先君子曰：『孟子所以獨出諸儒之表者，以其知性也。』宏請曰：『何謂也？』先君子曰：『孟子道性善云者，歎美之辭，不與惡對。』」

熹按：「性無善惡」似有病。「性無善惡」前此論之已詳。

五峯此段仍在言至善性體是超越善惡相對相，不可以有限事相上之善惡來言說者，而「性善」只是「歎美之辭」，非相對事相上價值判斷之定義說詞，故不可因五峯言「性善」便將至善性體，由超越絕對之本體層拉下爲形下相對事相上只善不惡者。此中又須知朱子之性本善，其仍屬超越層之善理，故朱子一則不解五峯能活動之至善性體，二則誤以五峯之性爲中性可善可惡者。此因朱子僅固守「只存有不活動」論性體之說統，而恒不透且拒斥「即存有即活動」論性體之說統者。茲再列舉朱子評五峯「性無善惡」之文數條，以見其詳。

> 論性，却曰：「不可以善惡辨，不可以是非分。既無善惡，又無是非，則是告子湍水之說爾。〔註20〕

> 蓋謂天命爲不囿於物可也，以爲不囿於善，則不知天之所以爲天矣。謂惡不可以言性可也，以爲善不足以言性，則不知善之所自來矣。〔註21〕

五峯論性爲「不可以善惡辨」，是欲對顯出性爲超越絕對至善之體，並非爲形下相對善惡等判斷詞語所可指涉言說者，亦非以性爲中性無善惡者。而朱子竟誤爲是告子水流無定向，唯低下出處是向之湍水之說。實則告子、五峯論性角度、內容全異，只名言近似，朱子不能循名責實，自然差之大矣。後條朱子針對五峯「善不足以言之，況惡乎哉」之說，乃以其性只是純善底理之說，批評五峯「謂惡不可以言性」爲「可」，只因合其性只是善理之說。又以五峯「以爲善不足言性」爲「不知善之所自來」，實則五峯只是以爲相對之「善」名，是不足言此超越之性體者，且「天命之謂性」，並非不知至善性體之所自來。而朱子硬以五峯「善不足以言性」之至善性體爲中性無善惡之性，且據之言此無善惡之中性爲無善根者，不似朱子之性爲純善有根者。此實五峯與朱子二系統之質異，所引生朱子之誤解與誤判！

二、心爲已發之疏正

> 知言曰：天地，聖人之父母；聖人，天地之子也。有父母則有子矣，有子則有父母矣，此萬物之所以著見、道之所以名也。非聖人能名道也，有是道則有是名也。聖人指明其體曰性，指明其用曰心。性不能不動，動則心矣。聖人傳心，教天下以仁也。

〔註20〕 《朱子語類》卷101，程子門人、故康侯。
〔註21〕 《朱文公文集》卷四二、書、答胡廣仲書六之三。

熹按：心性體用之云，恐自上蔡謝子失之。此云「性不能不動，動則心矣」語尤未安。凡此「心」字，皆欲作「情」字。然「性不能不動」此語却安，但下句却有未當爾。今欲存此以下，而頗改其語云「性不能不動，動則情矣。心主性情，故聖人教人以仁，所以傳是心而妙性情之德。」

此段五峯言「指明其體曰性，指明其用曰心」，原意為心性分設，心是主觀性形著原則，性是客觀性自性原則，心性俱是「即存有即活動」之形上創造實體。而「其用曰心」乃以心為此道體實體之活動，「動則心」亦自性體之活動義說心，其「用」、「動」皆道體性體之一本質，亦即指作為道體性體活動義之心之形著作用。故知此心仍為實體性之本心，其用乃心之形著作用，非是體用之用也。然朱子以五峯之性為體，此表面似尚通，實則五峯之性體為有活動義者，而朱子之性則為不能活動者；且以五峯之心為體用之用，實為不解五峯之用是心之形著作用。

朱子續以其能動靜知覺之心，以認知地攝具所以然之性理，行動地統領所發之情之「心主性情」之說法，欲篡改五峯心性為形上之體，情為形下之氣而由心性所主宰之思路。遂強將五峯「性不能不動，動則心」之句，所表之「即存有即活動」之性體，就其活動義言為心之義，轉為朱子性本不能動，但可隨能動之心氣而呈顯之說統。故在改五峯「動則心」為「動則情」，視五峯之心動為情氣之已發之條件下，以「性不能不動」一語為安。

又改五峯「聖人傳心，教天下以仁」為「聖人教人以仁，所以傳是心而妙性情之德」。而五峯於知言卷三本有「心妙性情之德」語，原意乃謂心可妙運形著超越至善之性體，以彰顯天道性體之全蘊，及可主宰妙運情氣之變化，使為成德之資具，故曰「心妙性情」。然朱子則以其心情屬氣，性為理之二分法，以氣之靈之心來縮合異質異層之性情之「心統性情」說，改成為「聖人教人以仁，所以傳是心而妙性情之德」一語。實則朱子以仁為只是理之性，仁本身不能妙運統攝情氣，故須經由能認知地攝性、行動地統情之心來妙運統攝之，此仍為未解五峯真義，而僅借五峯之名言，而頗改其辭義，必欲納歸於其系統而後已之作法爾。

另張栻則評此段云「心性分體用，誠為有病。此若改作『性不能不動，動則情矣』一語，亦未安，不若伊川云：『自性之有形者謂之心，自性之有動者謂之情』，語意精密也。此一段似亦不必存」。五峯心性非體用，已辨之如前。又張栻雖亦不贊同朱子之改語，而以伊川語代之，然而伊川「性之有形者謂之心」

〔註22〕一語，實義爲由實然心氣之知覺活動，去認知地形著形像化只存有不活動之性理，亦即通過實然之心知去異質地含攝超越之性理，使心與性能認知地內在地關聯而爲一，然自本質言，心與性仍爲二而非一，〔註23〕此之謂「性之有形者謂之心」。可知伊川實然之心認知形著義與五峯實體心之創造形著義，實爲截然不同之二者，而張栻既不解伊川之形著義，又昧於其師之形著義，竟自放言，其謬甚矣！

三、仁以用言之疏正

朱子「仁以用言」。此一質疑，未見於「知言疑義」中，而知言有云「道非仁不立。孝者，仁之基也。仁者，道之生也。義者，仁之質也。」〔1〕又云：「仁者，心之道乎。唯仁者爲能盡性至命」〔1〕，可知五峯論仁，是由能道德創造之實體道體立言者。而倫常之孝，乃根基於仁體而發，言行之義，亦以仁體全蘊爲其權衡準則。因仁本身即是體，亦能創造發用，故所謂「盡性」，乃指澈盡仁體本性之全蘊，順仁體之創生性而能引發出道德行爲者也。故非可以仁爲體用之「用」，更不可以仁爲情之已發之「發」。朱子有此疑，乃承伊川「愛自是情，仁自是性，豈可專以愛爲仁？」〔註24〕之義，亦以仁爲超越普遍之理，本身無道德創造性者。而愛只是情，只是能動靜之心依循此普遍存有之理，而發之某種合理之表現。

朱子亦云：「程子所謂『仁性也，愛情也』，其所謂『豈可專以愛爲仁』者，特謂不可指情爲性耳，非謂仁之與愛了無交涉，如天地冠履之不相近也。」〔註25〕知朱子明以仁爲超越之性理，不得等同爲心所發之情，而愛屬形下之情，只是心順仁性而發之行爲，非即形上之仁性。故朱子一見五峯由澈盡孝與義等行爲爲盡仁時，在其「仁性愛情」之思路下，恰成由形下盲動之情愛發用言超越性理之仁，頗異其仁是性理，愛是依仁而發之情之說法，遂以五峯爲「仁以用言」者，論亦非是矣！

四、心以用盡之疏正

知言曰：天命之謂性。性，天下之大本也。堯舜禹湯文王仲尼六君子

〔註22〕《二程全書》、遺書第二五、伊川先生語十一。
〔註23〕參《心體與性體》第二冊，頁279。
〔註24〕《二程全書》、遺書第十八、伊川先生語四。
〔註25〕《朱文公文集》卷四六、書、答胡伯逢書四之四。

先後相詔，必曰心而不曰性，何也？曰：心也者，知天地、宰萬物以

成性者也。六君子盡心者也，故能立天下之大本。人至于今賴焉。

熹謂「以成性者」，此句可疑，欲作「而統性情也」，如何？熹按孟子盡心之
意，正謂私意脫落，眾理貫通，盡得此心無盡之體，而自其擴充，則可以即
事即物，而無不盡其體之用為耳。但人雖能盡得此體，然存養不熟，而於事
物之間一有所蔽，則或有不得盡其用者。故孟子既言盡心知性，又言存心養
性，蓋欲此體常存，而即事即物，各用其極，無有不盡。夫以大學之〈序言〉
之，則盡心知性者，致知格物之事；存心養性者，誠意正心之事；而夭壽不
貳，修身以俟之者，修身以下之事也。此其次序甚明，皆學者之事也。然程
子盡心知性，不假存養，其唯聖人乎者？蓋呈聖人則合下盡得此體，而用處
自然無所不盡，中間更不須下存養充擴節次工夫。然程子之意，亦指夫始條
理者而為言，非便以盡心二字就功用上說也。今觀此書之言盡心，大抵皆就
功用上說，又便以為聖人之事，竊疑未安。

　　然五峯曾云「仁者，天地之心也，心不盡用，君子而不仁者有矣」[1]，
其中「心不盡用」句，或啓朱子以五峯為「心以用盡」者。然五峯此段實就
其心性分設，以心著性之「盡心成性」思想精華而言盡心；非如朱子所謂由
功用言盡心者。蓋五峯之心性皆以體言，而性對心言，是客觀原則，對一切
存有言，是自性原則；而心對性言，是主觀原則，對一切存有言，則是形著
創造原則。「盡心」是充分體現心能形著性之作用者，而「成性」則是由心之
形著以具體真實化此性。此乃欲會通客觀地言性與主觀地言心，所必應有之
「以心著性」之進展，亦五峯大有功於儒學之義理者。然朱子竟只執「盡心」
之字面，不深究其形著義，而以五峯為「以心用盡」者，亦失之固執矣。

　　朱子先欲改「以成性」為「統性情」，以周納於其「心統性情」之格局，
實全昧於五峯以心形著地成性之意，此則緣於其對孟子「盡心、知性」之異
解。蓋孟子原意為若能主觀地澈盡本心，便可使內在之天性具體地呈現而知
之，亦即能盡心方能知性，盡心為知性之充分條件。而朱子卻以只是一空殼
子，本身無本質義理之大學之格物致知，強與比配孟子之盡心知性，亦即通
過排列秩序之對比，而由格物言知性，由致知言盡心。如此「盡心」乃由於
「知性」，知性先於盡心，知性反為盡心之充分條件，此全異於孟子之本義矣！
且如此言能格物以窮此只是理之性，便是「知性」，亦完全脫落孟子本心能創
造之一義矣。

復言「盡得此心無盡之體，而自是擴充，則可以即事即物而無不盡其全體之用」，如此之盡心，仍據朱子之心能認知地含攝窮盡而言者；亦即此心認知地盡其能無限含攝性理之自體，同時亦就是可進一步，由即事即物以格物致知之方式，來窮盡一切存有之理者。而所謂被盡之「無盡之體」，乃指心知將所窮之理收攝於其自體之體；而「全體之用」之用，乃指將心知外推，以即事即物地去窮理之作用。而所謂「無盡之體」、「全體大用」之「體」之無限內容，又可因認知心之格物而得盡，知「體」之自身實即是此能認知之心。故朱子之「盡心」便是以認知心格物窮理，亦即以認知心之能格物窮理言盡心，如此「盡心」乃爲就其有格物窮理之功用上而說者。此非但不符孟子、五峯由澈盡本心之道德創造言盡心之義，亦不得謂五峯「盡心大抵，皆就功用上說」，實則以「功用」言「盡心」者，非五峯而爲朱子自身也。

朱子末又引伊川「盡心知性，不假存養，其唯聖人乎」句，以明其凡人「盡心知性」皆當存養，而不可如五峯僅「以盡心二字就功用上說」之工夫主張。然吾人首先須知孟子「盡心知性」之本意，本在積極主動地澈盡此自主自動之本心以體現道德之心性，而「存心養性」則爲消極靜態地存養此自主自律、自動自發之本心。且盡心知性須以存心養性爲基礎，存心養性亦以盡心知性爲極致，故盡心知性，存心養性實只一事，皆爲調護顯發本心之自操自持，自澈自現之工夫。若套用五峯之工夫論，便是當下逆覺察識此本心，一有見焉，便操存之，察識涵養同時施用於一事耳。此乃由實體義論本心者，所必以逆覺存養爲其本質工夫，聖凡皆不得違背者，而朱子借伊川語言聖人不假存養，實未諦當。同時伊川、朱子之存養，是以敬涵養能動而非理之氣心，是後天漸教之工夫，與孟子、五峯逆覺存養本心之先天即頓即漸之工夫（見前工夫論）有異。

其次就朱子之思理言，以爲要能盡得此心無盡之體，亦即收攝一切存在之理於己心中，必須通過一段存養之工夫。而存養消極地是以敬涵養本心；而積極之作用，則在格物致知，以窮盡一切存在之理並含攝於心中，然後即事即物時自能盡其全體之大用，而用無不當也。簡言之，其以爲在盡此心無盡之體前，須有一段存養工夫，而不可先就功用上言盡心，否則便是遺漏消極存養、積極察識此含攝一切存有之理之心知之工夫，自不能盡「無盡之體」以及「全體之用」矣。故朱子一見五峯盡心可以成性，可以立天下大本，頗誇盡心功用之辭語，便以爲既不合其由心知認知地攝具存有之理之盡心義，

同時又失却盡心前所須之一段涵養窮理之工夫，〔註26〕只驀頭地由成性立本言盡心之功，遂以五峯爲「心以用盡」，爲不合「聖人之事，竊疑未安」者。實只因朱子不解五峯當下逆覺本心，一有所見便即操存之即察即養之工夫路徑也。此則朱子心性情三分系統，由居敬察養、格物窮理言工夫者，所必然會與五峯由實體性論心性，以當下逆覺，即察即養爲工夫路數之系統，發生對立干格難通之局面。

> 知言曰：心無不在，本天道變化，爲世俗酬酢，參天地，備萬物。人之爲道，至大也，至善也。放而不知求，耳聞目見爲己蔽，父子夫婦爲己累，衣裘飲食爲己欲，既失其本矣，猶皆曰我有知，論事之是非，方人之短長，終不知其陷溺者，悲夫！故孟子曰：「學問之道無他，求其放心而已矣。」

熹按：「人之爲道，至善也，至大也」此說甚善。若性果無善惡，則何以能若是邪？熹又看此章云「本天道變化，爲世俗酬酢」，此兩句大意自有病。聖人下學而上達，盡日用酬酢之理，而天道變化行乎其中耳。若有心要本天道以應人事，則胸次先橫了一物，臨事之際，著意將來把持作弄，而天人之際終不合矣！

此段朱子未明言此「心以用盡」爲何屬者，然文中朱子以五峯之心爲據外在天道以應人事者，故置于「心以用盡」段。五峯此段云「心無不在」，乃言心之超越普遍性，如仁之體物而不遺，且本心是自主自律，自動自發，沛然莫禦地相應於「於穆不已」之天道，而見諸道德行事者。天道至善而無外，則相應於天道之本心，自亦遍在而純善，故朱子云「人之爲道至善也，至大也」爲確說，但又由心善證性善，反對五峯性無善惡之說，此中之誤解，已疏正於前。

朱子續以「本天道變化，爲世俗酬酢」二句爲有病，蓋其視「本天道變化」之「本」字爲根據義，即以心來根據天道之道德法則以行事，所謂「有心要本天道以應人事」，此則將天道外推成一物，而心爲本身不能自定方向，須借外在之道以定向之實然心氣，此非五峯之原義。五峯「本天道變化」之「本」字，是相應義，非朱子誤認之根據義。根據是指二者質性有別方言根據，相應則指二者立名或異，質性實同者，故五峯言心「本」天道變化，實則指能自定自悅自行道德法則之本心之沛然發用。因本心即是法則規矩，故

〔註26〕參《心體與性體》第二冊，頁451。

知本心並非有所虛欠不足，乃遂另「本」一法則以據之，亦非「胸次先橫了一物」之謂。故若以五峯此「本」字爲多餘則尚可，若如朱子般以「本」字爲根據義則不可矣！

五峯既承孟子由創生實體義言本心，則工夫便只在逆覺體證本心此一義，此之謂「學問之道無他，求其放心而己矣」。因人雖有爲感官人情外物所固陷蒙蔽之時，然本心明覺自會不已地呈現於利欲之間，而一有所覺，便操存養充之，可至步步皆覺，一覺全覺，全依本心之天理以行之地步（見前工夫論），此便是「盡日用酬酢之理，而天理變化行乎其中爾」之境。可知五峯由本心言逆覺工夫，實極爲切當且能扣緊工夫之本質！而朱子則不能客觀地欣賞此逆覺工夫，反以爲僅是儱侗高妙，浮光掠影而近於禪佛者。故朱子必欲就其經驗論與實在論之思路，套用孔子「下學而上達」之語說工夫，以取代五峯之逆覺求放心義！實則孔子云「不怨天、不尤人，下學而上達，知我者其天乎？」〔註27〕已含仁心上通天理之義，且孟子之「求放心」，亦明指求復本心乃下學上達之指歸。而朱子因將仁心之道德性創生性減殺，遂不解此仁心本體實即成聖工夫之鵠的，故其所言之下學上達，只成一空頭的、形式的、缺乏方向之助緣工夫，反成雖下學未必能上達，雖上達亦未必能走上成仁成聖之路者。朱子既不明五峯之心是普遍無限自有天則，本心便是工夫，工夫便是本心之覺潤其自己者，且由本心言工夫方爲「聖人下學而上達」之本旨，則其質疑遂皆成不相應不相干之贅詞矣。

> 知言曰：或問：「心有死生乎？」曰：「無死生。」曰：「然則人死，其心安在？」曰：「子既知其死矣，而問安在邪！」或曰：「何謂也？」曰：「夫惟不死，是以知之，又何問焉！」或者未達。胡子笑曰：「甚哉！子之蔽也。子無以形觀心，而以心觀心，則知之矣。」

熹按：「心無死生」幾於釋氏輪迴之說矣。天地生物，人得其秀而最靈。所謂心者，乃夫虛靈知覺之性，猶耳目之有見聞耳。在天地，則通古今而無成壞；在人物，則隨形氣而有始終。知其理一而分殊，則亦何必爲是心無死生之說，以駭學者之聽乎？

五峯此段言心「無死生」，意指本心超越絕對，永恒偏在，不受有生長滅亡之相對現象界所影響，只是恒常地自在而已。人若能自覺此心，本心便能呈顯發用，見諸道德實踐。反之，人若陷溺於情欲，本心便只潛隱於內，不

〔註27〕《論語》憲問篇。

能見諸於行事，然亦非消失不見者。故本心只有顯與不顯之別，而無或生或滅之說，此即五峯心「無死生」之說。又此心既非佛家輪迴有生滅之心，及朱子氣化實然之心，亦非身死而心在之靈魂不滅論者，而是體物不遺超越永恆之儒家之仁心。朱子以「無死生」爲佛家辭語，同時又不能客觀地契悟此「於穆不已」既超越又內在之本心義，總以爲失之儱侗虛玄，故斥「心無死生」句爲「幾於釋氏輪迴之說」者。實則五峯只借用佛語，而於儒者之仁體本心，則仍諦當而無所歧出。

　　朱子自云「心者，乃夫虛靈知覺之性」，此是由實然之心氣認知作用言心，是就其心情屬氣，性只是理之理氣二分格局言者。心只是形下感官之知覺作用，其本身並不能自定法則，須緝合外在之性理以行，方能發而中節合理，故亦無自作主宰之義可言。如此由經驗與氣化層面論之心，是會「隨形氣而有始終」者，與五峯超乎氣化之限制，只有顯隱而無生滅之本心，大相逕庭。反恰成五峯所謂「以形觀心」，由有生死之形氣層所謂之心，而無與於五峯「以心觀心」，由永恆遍在性言之超越層之實體性之本心。朱子又有云：

> 心須兼廣大流行底意看，又須兼生意看。且如程先生言：「仁者，天地生物之心。」只天地便廣大，生物便流行，生生不窮。
>
> 心無間於已發未發。徹頭徹尾都是，那處截做已發未發！如放僻邪侈，此心亦在，不可謂非心。〔註28〕

自朱子心性情三分之格局言，其所謂「生物之心」，此心當非孔孟能起道德創造之本心，仍應爲實然氣化有陰陽動靜之生之心。而既有氣化之生，則此心亦「須兼廣大流行底意看」，因「心無間於已發未發」，自會有其生生不窮之流行，雖放僻邪侈，亦無不在者。故知此心雖有氣化中定然之生滅，但於其有生未滅之時，仍有其廣大如天地之生生流行，就一實在論之朱子言，或已覺心之活動空間，已甚廣大無窮，足以顯示心之生德。況且現象界亦只有周而復始，生生以不窮者，未見有永恆不死者。故對五峯「心無死生」之說，先疑以爲釋氏之輪迴，繼則斥爲「駭學者之聽」之怪說，實只朱子不能通契五峯既超越又內在之實體性本心義，復堅持己見所生之誤解爾。

五、不事涵養、先務知識之疏正

　　知言曰：彪居正問：「心無窮者也，孟子何以言盡其心？」曰：「惟

―――――――――――――――――――――

〔註28〕以上二條俱見《朱子語類》卷二、性理二、性情心意等名義。

仁者能盡其心。」居正問爲仁。曰：「欲爲仁，必先識仁之體。」曰：
「其體如何？」曰：「仁之道弘大而親切，知者可以一言盡，不知者
雖設千萬言亦不知也；能者可以一事舉，不能者雖指千萬事亦不能
也。」曰：「萬物與我爲一，可以爲仁之體乎？」曰：「子以六尺之
軀，若何而能與萬物爲一！」曰：「身不能與萬物爲一，心則能矣。」
曰：「人心有百病一死，天下之物有一變萬生，子若何而能與之爲
一！」居正竦然而去。他日某問曰：「人之所以不仁者，以放其良心
也。以放心求心，可乎？」曰：「齊王見牛而不忍殺，此良心之苗裔，
因利欲之間而見者也。一有見焉，操而存之，存而養之，養而充之，
以至于大，大而不已，與天地同矣。此心在人，其發見之端不同，
要在識之而已。

　熹按：「欲爲仁，必先識仁之體」，此語大可疑。觀孔子答門人問爲仁者多矣，
不過以求仁之方告之，使之從事於此而自得焉，初不必使先識體也，又以放
心求心之問甚切，而所答者反若支離。夫心操存舍亡，閒不容息，知其放而
求之，則心在是矣。今於已放之心不可操，而復存者置不復問，仍俟異時見
其發於他處，而後從而操之。則夫未見之間，此心遂成間斷，無復有用功處。
及其見而操之，則所操者亦發用之一一端耳，於其本源全體未嘗有一日涵養
之功，便欲擴而充之，與天同大，愚竊恐其無是理也。

　　祖謙曰：蓋所謂「心操存舍亡，閒不容息，知其放而求之，則心在是矣」
者，平昔持養之功也；所謂「良心之苗裔，因利欲而見」、「一有見焉，操而
存之」者，隨事體察之功也，二者要不可偏廢。苟以此章欠說涵養一段，「未
見之間，此心遂成間斷，無復用功處」是矣。若曰「於已放之心，置不復問，
乃俟其發見於他處，而後從而操之」語却太過。蓋「見牛而不忍殺」，乃此心
之發見，非發見於他處也。又所謂操者，亦發用之一端，胡子固曰「此良心
之苗裔」。固欲人因苗裔而識本根，非徒認此發用之一端而已。

　　熹謂二者誠不可偏廢，然聖門之教詳於持養而略於體察，與此章之意正
相反。夫必欲因苗裔而識本根，熟若培其本根，而聽其枝葉之自茂耶！

　　此段五峯明白以「先識仁之體」，逆覺體證本心爲道德實踐之本質地工
夫，一則因本心不已地躍動，隨處於利欲之間有萌蘖之生，而吾人於本心一
有呈現時，便能一覺而全覺此本心；二則於本心一覺後，本心自照自證之明
覺仍不已地施於其自體，使本心明覺自主自律自持之力量，愈爲沛然而莫禦，

必至與天同大同久同善而後已。此即爲由步步之逆覺頓悟逐漸累積而終有之進展，即全體之大逆覺大頓悟之即頓即漸逆覺工夫之極致表現。而如何能逆覺此本心，並以本心爲成聖之鵠的，以不已地發用之本心爲動力，且恒常不斷地調護修持此本心？此中之關鍵便在「先識仁之體」，而先識只是義理秩序之先，非時間秩序之先，因本心明覺之發用是不受時空限制，隨處於利欲間呈現，亦隨時自照自證，自我涵養其自己者。故能掌握「先識仁」之關鍵，則一旦有所覺有所識，同時便是本心明覺之自證自養其本身，此便是即察即養之復其本心之工夫（詳見前工夫論），而並非朱子所謂「不事函養，先務知識」之謂也。

朱子順伊川「涵養須用敬，進學則在致知」開其順取工夫之路，由敬涵養未發前之心氣，使之常收斂凝聚而不致於茫然無主。又以屬氣邊事之心發而爲情，而以此敬心之認知作用，察識已發之情爲恰當否？又可進一步地以格物致知之方式，窮盡一切存在之所以然之理，然後復以此認知地含攝眾理之敬心，再察識已發之情，自可使道德行爲能更明白而諦當。此是先涵養再致知，而致知又有助於涵養心氣，而使涵養與致知無先後定準，只成一循環圓圈者。

可知二者心情定義不同，逆覺順取之工夫入路亦有別，故朱子於知言此段，開首即以「先識仁之體，爲大可疑」。蓋自朱子言，工夫之首要當在涵養敬心，進而格致窮理，而涵養與窮理雖互相循環，但論先後，則仍應先致知而後涵養，《朱子語類》即載云：「問致知涵養先後，曰：須先致知，而後涵養。」〔註29〕可知朱子此疑有二層誤解，一則五峯「先識仁」之識，是覺識，是由陷溺中警而覺識本心之意，非朱子「察識」情之已發，由氣之靈的心之認知作用言之察識。故即便以「察識」言五峯之「識」，亦當由逆覺之路來認定。二則五峯之先識仁，並非只先識仁，後便不事涵養，而爲雖於義理秩序上言先識仁，實則是同時操存此仁心之即察即養者。而在朱子消極地涵養，而爲雖於義理秩序上言先識仁，實則是同時操存此仁心之即察即養者。而在朱子消極地涵養，積極地格致窮理之格局中，朱子反倒成「先務知識」者也。朱子以其經驗論之心態，不能通契逆覺之路，以爲輕浮近禪，故每欲以日用踐德步驟掩蓋之，此處即以孔子答門人爲仁之問，多重實踐之法，「初不必使先識仁體」，及「聖門之教詳於持養而略於體察」等語堵絕之，實未得五峯情實也。

─────────────

〔註29〕《朱子語類》卷九、學三、論知行。

　　朱子續以五峯由「識之」答求放心之問爲「支離」，實則五峯逆覺識仁，爲唯一本質且沛然有力地即察即養之工夫，何得謂爲支離？只因朱子順其思路，以爲單「察識」無「涵養」者爲支離，遂生此誤解也。而「心操存舍亡，閒不容息，知其放而求之，則心在是矣」之疑中，就五峯思理言，一「知」心有放失陷溺，便是能於利欲間有所警覺之機，而有所警覺本心後，發自本心之操存養充便自然同時施於其自身，使本心能如理合道地引發道德行爲，以成逆覺之極功，此便是「以放心求心」。而朱子不解此「知」字之關鍵性及「放心」之本義，反言由能知情氣有所放失，可證明有認知作用之認知心仍在，此則轉五峯逆覺之「知」成其認知義，誤五峯隨時可逆反回于本心之「放心」（即「過心」「習心」之意）爲離形軀而外放者，其差大矣！又祖謙云朱子「知其放而求之，則心在是」句，是平日持養之功，其誤解同於朱子矣！

　　又朱子「今於已放之心不可操，而復存置不復問」之疑，自五峯言，本心已陷溺放失成習心過心，自無得而操存，否則乃成操存習心與過心者矣！而朱子則以爲心之發爲情，情苟失節，而此心尚在，故尤當重視操存敬養此心，使發不再失節，此仍系統不同之干格也。「俟異時見其發於他處，而後從而操之」一句，自五峯言，待其發而操之，並非屬偶然不可憑恃之機緣，並非有所謂道德之假期者。因本心入會時刻不已地呈現，不會長久而無所顯露，及其有一見焉，便操存養充之，此爲必然絕對且無時或已者，非如朱子想像爲「未見之間，此心遂成間斷，無復有用功處」者，亦非如祖謙以未見之間，爲欠缺涵養一段工夫者。

　　而「及其見而操之，則所操者亦發用之一端耳，於其本源全體未嘗有一日涵養之功」一句，自五峯言，本心一有呈現，便是當體自己之全體呈現，亦即本心明覺之普通無限地自照自證其自己，故雖只表露於一端，但由之而體證操存者却是本心之全體。並非只操存彼呈露之某一端，否則乃成割裂本體，執著於偏狹矣。而超越無限之本心之自照自證其自己，此便是道德仁心之體物不遺，與化育無盡，亦即是五峯所謂「一有見焉，操而存之，存而養之，養而充之，以至于大，大而不已，與天同矣」之意，朱子安能謂其於本源全體無一日涵養之功耶？若自朱子理一分殊之格局言，「發用之一端」即心之發爲情之某一端，而情之發則有正與不正之別，然不論正與不正皆有其所以然之理，亦即一事有一事理，萬事有萬事理。此時便須以敬涵養凝肅心之知覺，以逐端逐事地一一窮其爲正爲邪之理，而透過此等格物窮理之手段，

方可使心知能眞切貫通並含攝眾理，導化其情氣之發用。故朱子是就情氣發用之每一端來格物窮理，以增進心知攝理之功能，冀求一旦萬端豁然貫通，則心知之全體大用亦無不明也。此亦即是由格物致知之積極功用，來強化涵養操持心知之能力，以求達至所謂涵養本源全體之大功！

可知五峯爲僅就本心發用之一端，而操存涵養本心之全體者；而朱子則爲就情氣發用之每一端格物窮理以積極地操持涵養其心知者。二人之心既有超越無限與形下有限之別，操持之端亦有一端與萬端之異，自然在朱子眼中，視五峯爲僅操「發用之一端，於本源全體未嘗有一日涵養之功」者。朱子固可自其順取之路而如此地言，然面對五峯逆覺之路，如此置疑則實成處處刺謬，糾纏不透之剩語。而其中祖謙猶云「固欲人因苗裔而識本根，非徒認此發用之一端而已」，或覺五峯由苗裔識本根，應有其深義！然張栻所謂「必待識仁之體而後可以爲仁，不知如何而可以識也」，此則完全不解其師逆覺體證先識仁體之工夫，只成徒隨朱子翻轉之浮詞贅語爾！

六、氣象迫狹、語論過高之疏正

「知言疑義」最後二端是「氣象迫狹，語論過高」。所謂氣象是道德學問，涵養陶冶人各不同之氣質與性向，所表現出之一種生命情調。學問容有高下，涵養或有深淺，然氣質性向則天命賦予，應客觀地被尊重與正視，而不得與於價值判斷者。同時學養本身亦有思想系統，與方法講求上之差別，而吾人之氣性亦有能契與不契，與收受能力之多寡等不同。故學養透過各種主、客觀等因素，而施於吾人自身時，頗難斷定何者氣象爲高卓或偏隘！蓋若自學問氣性皆近似且能相融即者言，此中或可就工夫之深淺，言其氣象之雍容或迫狹；然若學問氣性兩不類，而重出於一身，則某類學問必會使不同之氣性呈顯或雍容或迫狹等不同之生命情調。反之，某種氣性對不同之學問，因各種內外在因素，亦會形成不同方向與程度之表現。而各種不同之表現，又皆應有其被尊重與肯認者。

然值此之際，果欲完成一氣象寬狹之判定，則唯有立基於學問、氣性與環境等主、客觀因素皆相類同系之基礎上，方可有其較客觀公正之結論。而大千世界，流轉無息，何得與人主觀有爲地成此一判之機乎？故一般判別，多只就自我立場，以判當下呈現具象於目前之他人，而略見其未見之學問氣性等背景根源因素，往往只成不得實情之主觀地自說自話爾。觀乎朱子之評

五峯爲氣象迫狹，即爲只從其「只存有不活動」之系統批駁五峯「即存有即活動」之系統，實難有合情合理之論斷。

而語論則爲吾人由學養氣性相鎔融發爲氣象外之另一種表徵，且語論更著重就對象而發之議論，與對其自身所發之議論，以觀此主、客二者之語論，是否切題而肯當。蓋就義理本身言，只有眞假明晦之別，故語論亦僅有對題不對題之別，至多亦不過是深淺之程度差別。而切題深入者，乃其義理精微工夫深厚之表現；而離題浮淺者，亦只其義理工夫之粗疏與淺薄爾，實無所謂或高或低之分。而論高低者，唯當應機對談時，方得自其應機之與否，品評其高下，此則多關乎主觀才性之聰敏清明，而非關乎評論客觀義理之質實也。故朱子果欲評論五峯，只可由其問學論道之應機與否評高下，不得自辯論義理本質上來論高下也。

「知言疑義」中並無評論五峯氣象與語論等文，然觀乎「《朱子語類》」中，其所批評五峯者，則多有自客觀義理之辯解，轉爲主觀地對五峯之氣象與語論而說者。而朱子之所以陷入主觀情緒之爭辯，根由仍在系統之互異。蓋朱子之理氣二分說，是植基于經驗論與實在論，重視窮究一切客觀存有之理，以對治形下現實，如氣稟物欲之紛雜者，故其既重內聖成德，亦重視窮究包含現象界之存有之理，亦即是由「主智」之知識進路，去成就內聖道德之學。而五峯心性分設，以心著性之思路，雖也有心主觀性客觀之分別，但其目的本在使北宋以來多論客觀之性者，回返會通於孔孟主觀之心而進展來者。故雖已展開重視道德心性之客觀面，已較象山陽明單論心性之主觀面者，爲開濶明朗多矣！但就其本質言，其心性分設，主客有別之說，仍是專由道德心性，亦即仍是由「主德」之心性進路，來成就內聖之教者。故在由智識以成德之朱子眼中，對單就心性以成德之五峯，自會有「氣象迫狹」之主觀感受；同時對五峯就超越面言心性之說統，有異其重形下心氣之生命情調與義理系統，自會有形上者把捉不易，進而斥五峯爲「語論過高」之學措也。以下即舉例以明之，先疏正「氣象迫狹」，再及「語論過高」：

> 胡氏之病，在於說性無善惡。體中只有理，無人欲，謂之同體，則非也。同行異情，蓋亦有之，如口之於味，目之於色，聖人與常人皆如此，是同行也。然聖人之情不溺於此，所以與常人異耳。某謂聖人立言，處處皆通，必不若胡氏之偏也。〔註30〕胡氏議論須捉一

〔註30〕 本（六）「氣象迫狹、語論過高」之疏正一小節中，所引諸語，皆引自《朱子

　　事爲說，如后妃幽閒貞淑，却只指不妒忌爲至；伯夷氣象如此，却
　　只指不失初心，爲就文王去武王事。大要不論體，只論發出來處，
　　類如此也。

　　湖南一派，譬如燈火要明，只管挑，不添油，便明得也即不好。所
　　以氣局小，長汲汲然張筋努脈。

首條朱子以五峯「同體異用」之「體」爲純善不動之理體，非可如五峯之以
天理人欲混爲一體爲說，故視五峯之理欲同體爲不解聖人理與欲有別之偏狹
異說也。實則五峯「同體異用」之「體」，指事體，然在朱子實事求是之心態
中，實難透悟「天理人欲詭譎地相即於一事體」之精義也。又五峯往往就事
之一端發議論，此實因執此一端，便可見得發此事端之本心之全體，此本爲
逆覺把捉本心，且不違孔孟矩矱之唯一路徑。然在朱子實在論之心態下，總
不能想像執一端可得全體之精華，遂評其爲「只論發出來處」，而不若遍就一
切，逐一逐個地窮克爲寬廣也。朱子又以挑油燈之例，以五峯等爲只察識不
存養，如只挑燈不添油者。實則五峯是一察識便即涵養，察養同時施於本心，
是既挑燈又添油者，然朱子始終不透此逆覺之路，遂有「氣局小，長汲汲然
張筋努脈」等氣象迫狹之議，此仍屬朱子主觀論斷，未得客觀之實情。

　　人學當勉，不可據見定。蓋道理無窮，人之思慮有限，若只守所得
　　以爲主，則其或墜於偏者，不復能自明也，如五峯只就其上成就所
　　學，亦只是忽而不詳細反復也。

　　今胡氏子弟議論每每好高，要不在人下。才說心，便不用說心，以
　　爲心不可用。至如易傳中有連使「用心」字處，皆塗去「用」字。
　　湖湘此等氣象，乃其素習，無怪今日之尤甚也。

　　五峯諸子不著心看文字，恃其明敏，都不虛心下意，便要做大。某
　　嘗語學者，難得信得及就實上做工夫底人。

朱子首條云「道理無窮，人之思慮有限」，此明爲其一事一理，萬事萬理，逐
一克去，終有豁然貫通一日之格物窮理漸教之格局。故對五峯就「發用之一
端」逆覺本心全體之路，以爲是單「只守所得以爲主」，則其所得者應只爲某
一事理爾，則守之主之便恰成執著與偏頗矣。而朱子以爲造成五峯此等偏狹
之因，即在五峯「只就其上成就所學」，實則五峯就形上主觀之心體以形著形

語類》卷一〇一程子門人、胡康侯段，特此附註。

上客觀之性體，乃儒者之本旨，何以一論形上，便是偏墜，便是過高耶？何以先識仁體一覺全覺，步步察養之工夫便是偏狹？而逐一克去之順取工夫，方爲寬容與疏緩？又後二條五峯弟子由超越面言心爲內在本具，自是自主自發，而不可主觀有意地去「用」者；因一「用」，便是將心外推成他律道德，此亦不背孟子心體超越絕對之自主自律義。然朱子不能接受此超越義之心，故硬以「議論好高」斥之爲湖湘素習，殊不知此素習正孔孟論心之本旨。而末條朱子主張「就實上做工夫」，此固不錯；然五峯諸子不走格物窮理順取之路，而走就「發用之端」逆覺體證本心之逆覺之路，亦是「就實上做工夫」，此無關乎聰明與否，而爲聖凡同一之本質路徑，朱子實不應以體證形上之本心，即爲明敏人士之好高做大，而不知「虛心下意」。

由上可知朱子以其理氣二分，格物窮理順取之路之立場，一見五峯由形上超越論心性，便斥爲語調過高；一見五峯等就發用之一端以逆覺此超越之本心；亦即由形上心性以成內聖之教者，而未如其就形下每一事相上逐一格物窮理，未能有合於其由知識以成內聖之教者，便譏爲氣象迫狹矣！若單就朱子之系統，或可如此言，然若就五峯之系統觀之，則朱子此八端之置疑，實非爲相應之評也！

第七章 結 論

引 言

　　前數章中，已歷述五峯思想主旨，專在顯「心性分設，以心著性」一義。性為於穆不已之天道具於存有而為之體，使一切存有能得其創生性與存有性，亦即得其所以能自立自存與自生自化之因，故性至尊；心為於穆不已之天道之生化活動，一切存有皆在心之形著活動下，方得其為真立真存與真生真化者，故心至貴。然此皆就形上超越層而言，若剋就現實存在言，此至貴之天心（道體之活動義），却往往未易明與不易顯，則至尊之天性（道體之存有義），自亦恆有無以立體成用之時，亦即乾坤顛倒，天地失位，道理泯沒，人欲橫流之情態。而先賢面對如此違逆天心、人心之存在限制與困頓，自思有以導化節制，以回復天地本然之至善，以安順吾人不安、不忍之仁心，冀與天地合德、明月並明，而得其光朗順暢與適性自然也。

　　故孔、孟對應春秋戰國人性之顛倒逆轉，遂秉其所默識遙契之生生天道，以隨機指點克復之道，並開顯提示天性本然內具，以為成德之根據。知孔、孟即是由能自覺覺人覺物之人心，主觀地去成就吾人復性存善之要求；亦即主觀地由人心發動踐德成聖之行為，期能圓滿天道。及至北宋諸家，則承中庸、易傳天命之謂性之說統，明白地將天道拉下貫通於人我之間，以加強心性超越之根據，遂側重強調天道之客觀性與普遍性。然不論由主觀之人心上遂以成就天道，或將客觀之天道拉下以為踐德成聖之理據，皆僅呈現了此恆行於時間空間中之天道之一偏耳，未得天道之全體實蘊也。故及南宋五峯出

－159－

而會通北宋諸家重視客觀天命性體，與孔孟側重主觀道德人心等二路，便建立既有形上理據，復重現實成聖教路之說統。如此即使於穆不已之天道，真能擺脫氣化之限制，完全無遺地呈現於物我存有之間，此時性乃真得其既客觀又主觀之至尊，心乃真得其既主觀又客觀之至貴也。

五峯學說之價值便在建立此主客並重，以心著性之系統，使儒家義理能由偏教進展成主客合一，心性天是一之圓教也。又成就彰顯此心性天是一之圓融教路之工夫，便唯在扣緊此即存有即活動，既超越復內在之心體，由此心體即可本質地開出自覺自照、自導自化之逆覺體證之工夫，而無須外求也。本章結論前二節即在經由先秦，以至於宋明諸家，對各家心性論做一系統之檢查。冀由此檢索，能彰顯出五峯開出以心著性說統之必然性與價值；以及對諸家能否扣緊仁心之創造義，而本質地開出逆覺體證之工夫做一縱向地檢查，以彰顯五峯正式開出逆覺工夫之可貴與價值。又所列諸家僅就其對天道心性與逆覺之工夫，所關懷之程度與講求之方式，做一概述，非即謂所列諸家之所有思想與工夫盡萃於此也。

而五百年後，明末之劉蕺山雖不識五峯之義理，仍開出心性主客觀分設，以心著性之說統，及由仁心而發之逆覺工夫，可證五峯、蕺山之以心著性說統，既有天命心性以為體，復有逆覺體證為工夫，實可以自成系統，而與象山、陽明，伊川、朱子二系統相抗衡而鼎足為三者也。第三節則對五峯思想居樞紐地位之心性天等觀念，以及由之而展開之以心著性、逆覺體證等義理架構做一扼要概述。並經由對五峯數位重要弟子之考察，以略述其思想之傳衍與遷滅之一般。

第一節　建立以心著性系統之價值

北宋諸子值晚唐五代禮教衰頹，道德淪喪之際，故濂溪、橫渠、明道諸起而強調客觀意義之性天之尊，以為儒家成德內聖之教立體再生，並對抗佛老解釋一切根源之宇宙論。〔註1〕南宋五峯即第一個承北宋諸子之以中庸、易傳為首出，而逐步會通落實於論孟之理路，加以消化反省，而自言心性分設、盡心成性，使主觀之心與客觀之性合一之以心著性之義理者，此既異於象山、陽明之涵攝一切存有活動，直下言一道德本心之申展與遍潤；亦不同於伊川、

─────────────

〔註 1〕 參業師王邦雄先生、儒道之間，頁 58。

朱子以天道僅爲一超越靜存，萬物存有之根據，而不能引生氣化活動者。故
牟宗三先生於人所熟知之象山、陽明與伊川、朱子二系外，特提出五峯與蕺
山一系，以彰顯以心著性之特殊義理間架，而判定宋明儒學當爲三系，茲引
牟宗三先生之判準如下：

　　（一）五峯蕺山系：此承由濂溪、橫渠、而至明道之圓教模型（一
　　　　　本義）而開出。此系客觀地講性體，以中庸易傳爲主，主觀
　　　　　地講心體，以論孟爲主。特提出「以心著性」義，以明心性
　　　　　所以爲一之實，以及一本圓教所以爲圓之實。于工夫則重「逆
　　　　　覺體證」。

　　（二）象山陽明系：此系不順「由中庸易傳回歸于論孟」之路走，而
　　　　　是以論孟攝易庸而以論孟爲主者。此系只是一心之朗現，一心
　　　　　之申展，一心之遍潤。于工夫亦是以「逆覺體證」爲主者。

　　（三）伊川朱子系：此系是以中庸易傳與大學合，而以大學爲主。
　　　　　于中庸易傳所講之道體性體只收縮提練而爲一本體論的存
　　　　　有，即「只存有而不活動」之理，于孔子之仁亦只視爲理，
　　　　　于孟子之本心則轉爲實然的心氣之心，因此，于工夫特重後
　　　　　天之涵養（「涵養須用敬」）以及格物致知之認知的橫攝（「進
　　　　　學則在致知」），總之是「心靜理明」，工夫的落實處全在格物
　　　　　致知，此大體是「順取之路」。〔註2〕

　　由牟宗三先生之判定可知五峯、蕺山雖承北宋三家而發其「以心著性」
之間架，然其義理根源仍在先秦之論、孟、庸、易。故此節即自先秦始，下
貫宋明諸家，以見其說統之源流與價值。

　　孔子踐仁知天，踐仁是人主觀地道德實踐之事，此時尙未明言有一於穆
不已、生物不測之客觀超越之天道，所謂「夫子之言性與天道，不可得而聞
也。」〔註3〕然孔子又有云「天何言哉，四時行焉，百物生焉！天何言哉？」
〔註4〕此則已能默識天地間有一流行不已，至動而不失其序之道體存在。又云
「天生德於予」、〔註5〕「上學而上達，知我者其天乎？」〔註6〕由生德言天，

〔註2〕　參《心體與性體》第一冊，頁49。
〔註3〕　《論語・公冶長篇》。
〔註4〕　《論語・陽貨篇》。
〔註5〕　《論語・述而篇》。
〔註6〕　《論語・憲問篇》。

－161－

知對此內在之仁德，實已默默覺其當來自天，來自一超越至善實體之天，吾人道德實踐所修持者，即在上達通乎此既超越復至善的天道也。且孔子之仁，因默契至健超越之天道，故是覺潤不已的。〔註7〕覺潤是仁德的感通，此已擺脫了詩經、書經中具人格神之天，不入宗教天人分離之途；而不已是仁德之永恆呈現，保持了超越形上義，不致落於自然義之實然氣命，而缺乏價值尊嚴也。故孔子雖未明言性與天道，然其踐仁成德之教，已隱函超越地遙契形上天道之意義，已開天人合一、心性天合一之門也。〔註8〕

孟子言「盡其心者，知其性也；知其性，則知天矣。」，〔註9〕其言盡心知性，此是內在地實踐地由道德本心說性，而此性仍不是客觀超越義之性，而是主觀的道德心性。然其盡心知性後可以知天，言知天即函此道德地言之心性，可有客觀超越之形上意義，乃所謂「萬物皆備於我，反身而誠，樂莫大焉。」〔註10〕也。由萬物備我見心性之普遍客觀，知未將心性專門限定為只往超越之人格神之天發展，亦未限定心性僅為氣化實然之血氣性情也。孟子道德地即心說性，本承孔子之仁德而來本心仁德既感通無外，覺潤無方，能遙契形上客觀之性天，故孟子內在之心性，當隱含此知天遙契天之客觀意味；雖未明白強調客觀之性天，使心性天是一，但已預涵此形著義，只待客觀之性天一顯，形著義即當應運而生。

中庸云「天地之道，可一言而盡也：『其為物不貳，則其生物不測。』，〔註11〕此是由人對自我道德生命不已地發用，而體會出此純一不貳、生物不測雖超越形上，但真實存有之天道也。此時即由孔孟主觀地道德實踐地言仁德心性，以超越地遙契客觀之天道一路，改為由人內在地體會遙契此一客觀之天道，並以之為已性，此即中庸首章之「天命之謂性」。而「唯天下之至誠，為能盡其性」，〔註12〕此則透過人主觀地踐德盡性，至誠不息地向外向上感通以契接天道，而將客觀之天道轉化為一有道德意識之形上實體矣。如此經人之盡性以內在地契接天道，自可使主觀的道德的仁德心性，與客觀的超越的性天打成一片，使道德心性之普遍發用，即是客觀性天全蘊之呈現，

〔註7〕 參《心體與性體》第二冊，頁223，並見圓善論，頁260。
〔註8〕 參《圓善論》，頁308。
〔註9〕 《孟子・盡心篇》。
〔註10〕 《孟子・盡心篇》。
〔註11〕 《中庸・二六章》。
〔註12〕 《中庸・二二章》。

而心性天道是一也。易傳亦是直下由於穆不已言一形上生生之天道，並由此天道說性體，而聖人即能法天之生化不息，而不已地道德創造，使主觀之心性等同客觀之天道，乃所謂「一陰一陽之謂道。繼之者善也，成之者性也。」〔註13〕之意。故知中庸、易傳，乃是承論語、孟子強調主觀道德之心性，而調適上遂至客觀之天道，而以客觀之性天收攝主觀之仁德者也。此雖非形著義，然已表出形著義所欲極成之心性天道圓滿合一之境；及暗示二分之主觀與客觀，除有由主觀上透至客觀以合一之路外，尚應函一反過來由客觀下貫至主觀之可能，此即形著義必生之因。

　　先秦是由主觀面之論、孟上達於客觀面之庸、易，而有一圓滿之發展。而北宋三家則是自函攝主觀道德意義而達至客觀性天之極的庸、易，以言客觀之道體性體；復由此強調客觀面之於穆不已、生物不測之天道性體，逐步回歸重主觀道德實踐面的論語、孟子。由客觀面下貫至主觀面，形著義即可應運而生矣。

　　北宋濂溪即承中庸、易傳，由超越至善，寂感真幾之即存有即活動的天道，客觀地言誠體與神體，其云：

　　　　「大哉乾元，萬物資始」。誠之源也。「乾道變化，各正性命」。誠斯
　　　　立焉。〔註14〕

濂溪以中庸之誠體會合易傳作爲創生原則之乾元，而由誠體、乾元來解釋此一客觀的、本體宇宙論的即存有即活動的天道。而乾道變化，化生萬物，即是客觀之乾元誠體所普遍引生的，並即以此客觀之乾元、誠體爲所以存有之性也，唯其甚重客觀超越面而較少言主觀道德面。其論實踐之工夫，則著重書經之「思曰睿，睿作聖。」〔註15〕一語，亦即由意念之「幾」，將要發動上作工夫，以化此不正之意念。故濂溪雖倡言客觀之庸、易，但因未真正下貫歸本於論、孟，道德主體性不夠，故尚不得開此形著之路。

　　及至橫渠，亦承中庸、易傳客觀地言天道性體，如所謂「太和之謂道」，〔註16〕即以能創造宇宙生化活動，至健而不失其秩序之太和，言客觀超越之天道也。而其論道德實踐，則歸本於主觀面之論語、孟子一路，其云：

〔註13〕　《易‧繫辭上傳》、第五章。
〔註14〕　《通書》首章、誠上第一。
〔註15〕　《十三經注疏》本、《尚書周書》卷六、〈洪範篇〉。
〔註16〕　《正蒙‧太和篇》。

聖人盡道其間，兼體而不累者，存神其至矣。〔註17〕

此言聖人能充分呈現此妙運氣化之神用實體，以兼合各事體而不累於物相，使能存此清通神用之客觀超越天道。尤其橫渠云「心能盡性」、「成之者性」〔註18〕更是明白地透過道德實踐之工夫，以撥除氣欲之限制，而形著彰顯此客觀的本體宇宙論的天命之性也。故知橫渠當已自覺到單言客觀於穆不已之性天，尚虛歉不足，必當下貫回歸論語、孟子，主觀地言道德實踐，使客觀之性天得主觀本心之形著，方具體圓足，可立體以成用。橫渠實已正式開展「以心著性」之理路，只因其先言客觀太和天道，煙霧甚濃，故人不易知覺其已由客觀之庸、易回歸主觀之論、孟，而有「以心著性」一理路之開出。

明道是最能消化客觀之性天，以會通主觀之本心，進言其圓頓一本之義，以成就北宋復興儒學以來所當完成之圓教義理。其亦是根據中庸「維天之命，於穆不已」言一客觀形上之即存有即活動之道體，復自中庸之「文王之德之純，……純亦不已」〔註19〕言主觀之道德實踐，所謂「學者須先識仁，仁者渾然與物同體。」〔註20〕也。明道亦分解地先肯認仁德即是於穆不已之即存有即活動之形上道體，而氣化萬物則是形下者；再進一步圓融通澈地言，仁即道，道即氣，氣亦即道，形上形下打成一片，道德界即自然界，而化主客觀為一矣。所謂：

只此便是天地之化，不可對此個別有天地。〔註21〕

只心便是天，盡之便知性，知性便知天，當處認取，更不可外求。

〔註22〕

知其所以圓頓一本者，乃是由中庸、易傳之客觀地本體宇宙地言一即存有即活動之生化實體，直接透入論語、孟子主觀地道德地言仁，此是順先秦由論、孟上透庸、易，接下來由庸、易下貫論、孟，而使心性天為一之必有回應與發展，而其中應已函以心著性之間架，只因明道智慧圓熟，其體悟仁道之勁道特強，故直言一本，而跨過此義，使人未知形著一義也。

及至南宋初年五峯因其自覺自發地特別強調孟子，而主觀地道德地言孔

〔註17〕《正蒙‧乾稱篇》。
〔註18〕以上二語皆見《正蒙‧誠明篇》。
〔註19〕《中庸‧二六章》。
〔註20〕《二程全書》、遺書第二上、二先生語上。
〔註21〕《二程全書》、遺書第二上、二先生語上。
〔註22〕《二程全書》、遺書第二上、二先生語上。

子之仁與孟子內在之心性，復接續北宋三家之由庸易回歸論孟之路，故亦重客觀面中庸之天命之性，與易傳之乾道變化各正性命，以使主觀之心與客觀之性合而爲一，即只是一。又以上向只是心性分設之平說而說是一，然順五峯原文之意，則仍有主觀客觀之別。故如何使彼此眞相契入而爲一？厥在以心著性一義也。即首先心性分言，以中庸、易傳爲客觀地本體宇宙論地言之一於穆不已、生物不測之即存有即活動之實體性的天道與性體；而以論語、孟子爲主觀地道德實踐地言之一可上通契接，超越普遍天道之實體性的道德本心。故自本體言，心與性屬同質同層，當屬同一之即存有即活動之實體，蓋因宇宙間只是一體，不能有二實體同時存在，此不得有疑者也。再者主客觀如何相契爲一？即在以心著性也。蓋因五峯順中庸天命之性之說，客觀地以性爲萬物之客觀之自性原則；而由此天道性體之活動義而言之心，自應仍是客觀地之心而非主觀地道德自覺地言之心，如此心性皆屬客觀面，主客仍不得爲一！故唯有正式肯認主觀地、道德自覺地所言之，能感通無礙、覺潤無方之本心，是一形著作用，面對客觀之天道性體，能發其形著作用；亦即能形著彰顯同爲即存有即活動之天道性體，以澈盡性體全蘊，乃所謂「性之流行，心爲之主」[2]、「性無不體者心也」[3]者。如此中庸、易傳客觀本體宇宙論地言之性，才有主觀之義，而可與論語、孟子主觀道德踐地言之本心是一，而心亦有客觀之義，此時心性方是一，主客方是一矣。此五峯心性分設，主客並重，復由主觀道德之本心，形著彰顯客觀本體宇宙論之性體，以盡心成性，以心著性之思路。

　　後於五峯之朱子則順接伊川之思路，不能相契於主觀地言論、孟與客觀地言庸、易二路以來，儒者所共同肯認之即存有即活動之道體、性體、心體義，此由其批評五峯而作之「知言疑義」可知。其只以道體爲一超越靜定，爲萬物之存有原則，及吾人道德行爲之理論根據，而道體之本身並不活動，故不能引發氣化活動，只爲萬理歸藏之理體而已。所謂：

　　　　性即理也。在心喚作性，在事喚作理。[註23] 心者，氣之精爽。

　　[註24]

又將孟子之本心視爲實然能活動之血氣之心，以成其「心性情三分，理氣二分」之格局。伊川、朱子既已脫離自即存有即活動以言心性天之路，自無與

[註23]　《朱子語類》卷五、性理二。
[註24]　《朱子語類》卷五、性理二。

－165－

於形著義矣。

而象山與陽明則修正伊川、朱子之歧出，又重歸論孟主觀地道德地言心之路。象山云：

> 心之體甚大，若能盡我之心，便與天同。〔註25〕

陽明曰：

> 無心外之物，無心外之理。〔註26〕

知陸王之言「心即理」，則仍是主觀地道德實踐地，言心爲一即存有即活動之實體。即是以論、孟函攝庸、易，將客觀超越之天道性體函藏於心體中，而只是一心之朗現，一心之申展，一心之遍潤。既無心性分設，自無以心著性之義矣。而陸王由論、孟攝庸、易，可圓滿地爲一圓圈；蕺山、五峯之由庸、易回歸論、孟，而言以心著性，亦可圓滿起來爲一圓圈。而此兩圓圈，皆以論、孟與庸、易爲標準，即皆以即存有即活動之體言心、性、天，故可視爲同一圓圈之兩來往，可會通爲一大系也。

五峯歿後，近五百年（五峯卒於南宋高宗紹興三十一年（西元 1161 年），蕺山生於明神宗萬曆六年（西元 1578 年）），明末理學殿軍劉蕺山，始出而再次言此形著義。蕺山有云：

> 夫性本天者也，心本人者也。天非人不盡，性非心不體也。心也者
> 覺而已矣，覺故能照。照心常寂而常感。〔註27〕

「性本天者」，知蕺山論性，仍是承庸、易客觀地本體宇宙論地言一即存有即活動之天道，而由此天道說性，此爲性宗。「心本人者」，則是承陸王之特尊論、孟，言一函攝客觀超越義之主觀的、道德自覺的本心，此是心宗。此亦是心性分設，主客並重；復因「性非心不體」，乃將函攝意知物之主觀道德之心，去形著彰顯性天之全幅奧密，即歸良知之顯教於性體之密教，而以心著性也。如此心性雖有主客觀之別，但融心於性，而性是心之性，即客觀之性，是心之自體性，如此心有客觀義矣；而攝性於心，心是性之心，即主觀之心，是性之活動義，是使性真實具體之形著作用，如此性亦有主觀義矣。〔註 28〕亦即由庸、易客觀地言之性，在心之形著下，可有主觀義，能下貫於論孟；

〔註25〕 《陸九淵集》卷三五、語錄下。
〔註26〕 《傳習錄》卷一。
〔註27〕 《劉子全書》卷二、語類二、易衍第八章。
〔註28〕 參《從陸象山到劉蕺山》，頁 493。

由論孟主觀地言之心，在澈盡性體全蘊下，遂有客觀義，而可上通遙契庸、易，故心性是一，主客觀是一矣。此蕺山先分設心宗、性宗，再歸顯於密，以心著性之義理間架也。

五峯是自覺地順承庸、易言客觀天命之性，並自覺地特尊孟子之道德本心（其實五峯言之性與孟子即心言之性，進路不同，五峯並不明白知覺此。當然就其極也，二者內容意義實同），而正式地言此主客並重，心性分設，以心著性，盡心成性之義理格局。而遍覽蕺山之著作中，雖多自覺地強調由大學之誠意，言心宗之慎獨，及由中庸天命之性，言性宗之慎獨，及良知治念之工夫者，而其中無一語提及五峯，〔註29〕可知其亦非有意自覺地言此形著格局也。而其所以提此形著之因，只因深契陽明之良知，但為避免陽明末流之弊，遂重大學之言誠意慎獨，將良知之顯歸於誠意意根之密，再以心形著性體之密，使心貞定不放蕩，性具體而不虛懸，以杜混情識為良知，及重本體輕工夫等弊病而逼出者。

故五峯、蕺山雖相隔五百年，五峯歿後，即為朱子之強力所壓服，形著之音響遂歇；而蕺山於清廷入關，亦絕食殉國，後無有繼之者，人遂不知此以心著性之系統也。然此以先秦為義理根源，接續北宋由庸、易回歸論、孟之路，而先肯認庸、易客觀之性，再以論、孟主觀之心去形著彰顯庸、易客觀之性，使心性是一，主客合一之以心著性之特殊義理間架，其勝義自不可掩，當可與象山、陽明，伊川、朱子二系統鼎足而三矣。蓋自論、孟首開主觀道德之本心，而庸、易復提示一客觀超越之天道性體，而此主客分言之心、性及天實皆儒者所共同肯認及體會得來之同一即存有即活動之實體，故在義理發展上，必當有一下貫上透、會通契接之步驟，以證成心性天是一，主客是一也。此會通之進程，在先秦，即是由主觀之論、孟調適上遂至客觀之庸、易。在北宋，即是由客觀之庸、易下貫回歸主觀之論、孟。在五峯、蕺山，則是由先分別肯認主觀之論、孟，與客觀之庸、易，再以論、孟之心形著彰顯庸、易之性（言五峯是由庸、易回歸論、孟，是自其接續北宋由庸、易回歸論、孟之發展而言；言五峯是由論、孟形著庸、易，是自形著作用之基礎上言者），以成其以心著性之系統也。此三步皆理勢自然之發展，有其應然與必然成立之因，固不在其人之自覺或倡言與否也〔註30〕

〔註29〕參拙著碩士論文、理學家劉蕺山之研究。
〔註30〕此章義理架構參攷《心體與性體》第二冊，頁 505～512，及《圓善論》，頁

第二節　開展逆覺體證工夫之價值

　　自孔聖由不安、不忍指點仁心，仁心覺健不已之特性，乃昭然明朗，千載以下，儒者皆不悖此矩矱，而具體呈現此仁心之道德實踐工夫，便落在察識與存養此「即存有即活動」之創造性仁體之上。熊十力先生有云：

> 孔子曰：「君子無終食之間違仁，造次必於是，顛沛必於是」。孔子此言，托於君子，而不自居。實則自道其存養之功耳。其莊敬日強，直無有一瞬一息鬆懈。至於真積力久，則亦行所無事矣。聖人存養工夫深密，故常不違仁。禽獸非無仁心，但其軀體組織未臻完善，心靈尚未得顯露。人類則因其身體構造精利，仁心已顯發出來，實主乎吾人之身。然仁心即是生命力之發現，此不唯在吾身，亦遍在天地萬物。仁心之主乎吾身，常於吾人一念乍萌，乃至著乎行動之際，恆詔示吾人以可不可。〔註31〕

熊先生此說，明謂存養此內在本有且具不已發動作用之仁心，即是聖人莊敬日強、造次顛沛必於是之成德工夫。又此仁心「主乎吾身，常於吾人一念乍萌，乃至著乎行動之際，恆詔示吾人以可不可」，亦明示此躍動不已之仁心，本自有天則，可為吾人道德實踐之綱領。又「常於吾人一念乍萌」一句，更關鍵地本質地指出存養仁心，不須著意地把捉持弄，或窮索時檢之。蓋因仁心生生剛健不息，本身原即於穆不已、沛然莫禦地，欲具體呈現以見諸行事，以自證自照其妙潤創生之生德大用，此之謂「逆覺體證」。逆者，反也復也，不順利欲擾攘與血氣心知往下往外滾落，反而轉向本心之謂；覺者，就利欲之間，自我警覺此「即存有即活動」之仁心；體者，於逆覺之當下，直接肯認此仁心即為吾人之本體；證者，於逆覺之當下，自證此覺健不已之仁心也（詳見前工夫論第二節逆覺體證之工夫）。

　　而此先天本具之仁心本體，自主自發、自覺自證其自己之逆覺體證之工夫，實即為由覺、健訓仁之儒者之極諦當與最本質之工夫也。故孔子答顏淵問仁，有云：「古正己復禮為仁。一日克己復禮，天下歸仁焉！為仁由己，而由人乎哉！」〔註32〕此即由克己復禮言仁。而此克復非持一外在標準以對治己身，而是「為仁由己」，由此先天本有之仁心以行，便能自主自律其言行，

　　　　308～312，加以潤飾而成。
〔註31〕　明心篇，頁77～82。
〔註32〕　《論語・顏淵篇》。

使發無不仁也。可知孔子實已揭櫫逆覺踐仁工夫之大蠢，然因僅就日用如何行仁處指點，故尚未正式展開此逆覺工夫之路也。

> 孟子曰：「仁，人心也；義，人路也。舍其路而弗由，放其心而不知
> 求，哀哉！人有雞犬放，則知求之，有放心而不知求。學問之道無
> 他，求其放心而已矣。〔註33〕

孟子承孔聖本旨，以仁為人心本具即道德即創生之大德，且仁本身之自有天則，便是吾人據以行之之大路。反之，人若僅追逐感性知性之欲求，而蒙蔽此仁心，堵塞此義路，唯一回復之道，便在「求其放心而已」！而「求放心」，便是教人就心之放溺處而直下警覺，及其一念警醒，仁心亦即時躍起於放溺中，而發用呈現於人倫日用。故此「求」，非指向外追求，而是向內之自求本心，亦即是仁心之返回自覺自照其自己也。而本心之逆返覺照其自己，便是仁心不安、不忍其自己之陷溺與放失，所生之一種悚然警覺之震動，此種怵惕警覺之震動，便是孟子「反求諸己」之「求」之作用也。孟子首明言此求放心「逆覺」之義，爾後之五峯即持以為首要本質之工夫，故其推尊孟子曰：「孟軻氏之學，立天地之經，成萬物之性者也」〔4〕。所謂成性者，即經由逆覺反本之工夫，使本心不放失，而復歸其正位，以發其形著萬物本性之作用，使人物皆得彰顯挺立其自性，以使一切存在皆成道德之存在。故知重視道德客觀面之五峯，實以其逆覺體證之工夫，盡人之性盡物之性，以客觀地成就一切存有之道德本性，則逆覺非僅限於吾人求放心，且擴至成就一切潛具善性之客觀事務，可謂開闊極矣！

中庸首章云：

> 天命之謂性，率性之謂道，修道之謂教。道也者，不可須臾離也；
> 可離，非道也。是故君子戒慎乎其所不睹，恐懼乎其所不聞。莫見
> 乎隱，莫顯乎微，故君子慎其獨也。

道是既超越復內在，而不可須臾離者，其落實具化於吾人，即為吾人之仁心。然日用中人卻多有乖離仁道本心之事實，其因或在陷溺於血氣心知之固蔽，或因疏於內省自覺而使然。故率性修道之工夫，即落在如何戒慎恐懼於不睹不聞，及情欲未發之時；亦即如何使吾人能逆反於陷溺而有所自警；且進而對治一切不善之念作，並護持之以防工夫之斷，此即謂之「慎獨」。故中庸之慎獨者，即在慎此天命之仁心獨體，使此超越之仁體，雖異質地呈現於現實

〔註33〕《孟子·告子篇》。

日用中，仍能依本心自律之天理以行，而有中節如理之表現。

中庸由當下之言行，異質地躍升以存養此天命仁體之「愼獨」，實源於「自反而不縮，雖褐寬博，吾不惴焉。自反而縮，雖千萬人吾往矣。」〔註34〕之曾子之「守約」也。而曾子所守者，即此「自反」之縮與不縮一義，此自反便即是內向逆覺此自在之仁心。而且此雖言「守」與「愼」，但非僅消極地存養而已，蓋因仁心覺潤不已，感通無方，故守之愼之之同時，實已包含仁心之自發自察、自導自化之積極踐德作用在其中。故五峯亦贊曾子守約爲能逆覺本心以盡仁道之大用者，其語之曰：「曾子孟子之勇原於心，在身爲道，處物爲義，氣與道義周流融合於視聽言動之間，可謂盡心者。」〔2〕可知中庸之工夫，雖在愼此天命獨體，然亦隱涵轉出逆覺體證工夫之可能性。

大學首章有云：「大學之道，在明明德」，其所謂「明德」即人光明靈澈之道德心靈，此心靈雖具於氣化之吾身，然其背裏對應者，實可爲既超越復內在之仁德道體，是故大學亦可有以誠意愼此仁道獨體之工夫，其云：

> 所謂誠其意者，毋自欺也。如惡惡臭，如好好色；此之謂自慊，故
> 君子必愼其獨也。曾子曰：「十目所視，十手所指其嚴乎。」〔註35〕

誠意者，使光明澄澈之本心能眞實無妄地依天理而發，不爲物拘不爲己蔽之謂也。而吾心果能毫無曲折雜染，光暢直截地惡所當惡，好所當好，一如仁德天理之自定理則，自行自守此理則，便可使吾人亦能自悅自主地實踐道德，此之謂「自慊」。而自慊之道，即在戒愼恐懼吾人之意念於將發未發之際，以冀其所發之意念皆能稱理而行，此之謂「愼獨」。此「獨」雖指人所不知己所獨知之地，但因躍動不已之仁德本心，必時刻無息地逆反覺照察識其所發用之言行與意念，好比「十目所視，十手所指」般地嚴明不懈，故此己所獨知地之動靜思維，實仍無時無處不受仁心逆覺作用之監督與導化也。故大學雖未明言「明德」者爲何屬，但若以「即存有即活動」之仁心實之，則大學誠意愼獨之工夫，可涵有成就逆覺體證工夫之可能性。而五峯即由本心仁體言大學，以爲大學所致知之知，非見聞之知，而爲仁心之德性之知。故其云：「請問大學之方，曰致知。是故學爲君子者，莫大於致知。彼夫隨眾人耳目聞見而知者，君子不謂之知也。」〔4〕

泊自北宋初年，濂溪順乎中庸、易傳由天命流行之體言天道性體，義理

〔註34〕 《孟子・公孫丑篇》。
〔註35〕 《朱熹四書集註・大學章句・傳第六》。

轉向著重本體宇宙論客觀面之天道，而略於自本體宇宙論之主觀面言仁德本
心，故其相應對顯義理之實踐工夫，亦暫離逆覺本心之工夫教路，而旁由心
思之功用上作工夫，以填補逆覺工夫之空缺，其云：

> 洪範曰：「思曰睿，睿作聖」。無思，本也。思通，用也。幾動於此，
> 誠動於彼。無思而無不通為聖人。不思，則不能通微；不睿，則不
> 能無不通。是則無不通生於通微，通微生於思。故思者聖功之本，
> 而吉凶之幾也。〔註36〕

濂溪論道德實踐，仍指向孔孟之仁德本心說工夫，唯方式則據尚書洪範之「思」
以言之。此「思」即道德本心通微至極之作用，亦即就意念發用之際彰顯挺
立誠體仁體之本然，使意念發無不當，故曰「幾動於此，誠動於彼」。而「幾」
者，乃吾人意念之發動，而意念之發有善有惡，故成聖工夫即在透過思之作
用，以通微知幾，知善判惡，進而由仁德疏通導化其意念，使歸本然至善，
期能稱理以行也。由此「思」之能「知」幾與能「通」化，可知濂溪仍是扣
緊於穆不已沛然莫禦，能自覺自證自律之本心言工夫者，雖謹守聖門本旨，
然其手段却繞出由洪範之「思」以言仁心發動之踐德大用。則終不若以逆覺
為道德實踐工夫，來的簡易與直截也。

　　橫渠亦承中庸易傳之路，客觀地言一太和天道，然其已能感受此能引起
宇宙大化之客觀天道，或有經由吾人主觀之道德實踐，以具體地呈現之可能
與必要；亦即經由「盡心化氣以成性」之工夫，或可澈盡此能起道德創造大
用之本心，以變化非理悖道之氣質，進而形著彰顯具體挺立吾人本有之道德
善性。其有云：

> 人之剛柔緩急，有才與不才，氣之偏也。天本參和不偏。養其氣，
> 反之本而不偏，則盡性而天矣。性未成，則善惡混，故亹亹而繼善
> 者，斯為善矣。惡盡去，則善因以亡；故舍曰善，而曰成之者性也。
>
> 〔註37〕

天道流行不已，且能普遍地貫通氣化之聚散、動靜、虛無等陰陽相對者以形
物而無所遺，故曰「天本參加而不偏」，然凡人之生本有剛柔緩急、才不才等
氣質之偏限，常構成完整呈現性體之險阻，故從事道德實踐，欲求能參加不
偏、兼體不累之工夫，便在先養氣以善化其氣質之偏雜，使吾人之氣質亦順

〔註36〕　《通書・思第九》。
〔註37〕　《正蒙・誠明篇》。

性體而爲不偏滯不固陷者，而得「反之」於性體之本然。亦即使性體透過養氣踐德之行爲，能順適地呈現而無險阻，一如其不偏不累地超越地流行之本然，此之謂「盡性而天」也。而「成之者性」，即謂藉著變化氣質以盡性之工夫，使原僅超越自存自立之性體，能眞實具體地全幅彰顯出來，而此「成性」之觀念，後對五峯即生莫大之影響。然不論盡性或成性，其化氣繼善工夫之所以具體眞實而可行，其關鍵便在本心之發用上，故「盡心化氣以成性」乃爲橫渠踐德工夫之大要也。可知橫渠已注意及主觀心體之發用實爲工夫中之樞紐，然雖言「反之」，但此反是回返性體之本然之「反」，而非本心覺照之自反逆覺，故仍未開出逆覺體證工夫之教路也。

> 學者須先識仁。仁者，渾然與物同體。義、禮、智、信，皆仁也。
> 識得此理，以誠敬存之而已，不須防檢，不須窮索。此道與物無對，
> 大不足以明之。天地之用，皆我之用。孟子言「萬物皆備於我」，須
> 「反身而誠」，乃爲大樂。「必有事焉而勿正，心勿忘，勿助長」，未
> 嘗致纖毫之力，此其存之之道。蓋良知良能元不喪失。以昔日習心
> 未除，却須存習此心，久則可奪舊習。〔註38〕

明道以其渾融高卓之學力，故能統攝主客有別之心性天道，直言其圓頓一本之義。故遂簡易直截地教人「先識仁」，以之爲工夫之首要關鍵。因仁是道德創造之理體，本自靈明無滯、圓應無礙，故不須強探力索以明之，及檢制防範其懈怠等外在之助緣工夫，僅須「以誠敬存」此貫通物我上下之仁體即可，可知明道已更進於橫渠，明白地將工夫落在仁德之本心上。復引孟子「反身而誠」一語，以示人若一念警覺，反身而誠，自可體會此體物不遺，與天地同流之道德仁心，而樂莫大焉。明道又引孟子「勿忘勿助長」之言，以爲人只須消極地存養此心即可，勿須著意有爲地揠苗助長之，因良心本然自在，只須除却舊習，便可重現此仁心也。

此中透露明道或已體會得積極地踐德成聖之本質工夫，應由仁心自體開出，故有主「先識仁」，及消極地持用誠敬勿助長等外在助緣工夫，進而推崇孟子「反身而誠」隱涵逆覺本心義之語，在在顯示明道已將工夫重點指向仁心矣。然或因明道有清明圓熟之大根器與大智慧，能直透仁德本源，故僅單就「仁者渾然與物同體」之超越義層面言識仁，而未如孔聖般地剋就現實日用之當下，親切實際地指點爲仁之方；亦即未就日用之間良心發見處，指點

〔註38〕 《二程全書·遺書第二上·識仁篇》。

出「逆覺體證」之工夫，故其所云之「仁體」，對多爲氣稟所限制之凡人言，只顯得抽象模糊，雖宏大而不親切也。〔註39〕

　　自孔子揭示仁心，孟子言求放求，已然指出「逆覺體證」爲實踐此「即存有即活動」之道德本心最本質且直截之工夫，除荀子、伊川、朱子外，儒者亦多能體會此「即存有即活動」之本心。然就能對應此本心義而言工夫者，中庸或偏於愼獨天命性體，大學又只爲踐德之秩序，並未自我決定其心體性質。而北宋濂溪雖識此心體，却繞出由「思」言工夫。橫渠成性之思路雖影響五峯甚大，然工夫亦僅在順暢地呈現心性而已。及至明道又以其圓融高明之生命情調，直言識仁而未合之以當下逆覺之工夫，故北宋諸家皆未能關鍵扼要地開出「逆覺體證」此「即存有即活動」本心之工夫！明道爾後之伊川、朱子因其脫落性體之活動義，減殺心體之道德義，使性成「只存有不活動」之理，心只成實然心氣之靈，此則已有別孔孟之本心義，故伊川雖能就其理氣二分之義理綱維，正式開出「涵養須有敬，進學則在致知」之工夫，朱子亦承之以言「涵養察識，敬貫動靜」等靜涵靜攝系統之順取工夫之格局（詳見前朱子知言疑義之疏正一章第一節），但因別立系統，雖開出工夫之教路，亦無與於逆覺本心一路之發展也。

　　南宋五峯則上承孟子「求放心」之工夫，復擷取明道「識仁」之義，遂扣緊此一「即存有即活動」之道德創造之仁心本質，扼要地正式開出仁心自體之明覺、自反照自覺潤其自己之逆覺體證之工夫。因此仁心普遍無限，故其明覺之發動亦是覺人覺己，遍覺一切而無方所無封限者。而對應此仁心特質所開展之工夫，亦僅須扣緊其覺潤一切，發用不已之自性，勿須著意有爲地察識存養，而此仁心明覺自會不已無限地自反自照其自己，並自導自化其自己，雖直至仁心之發動無不依其自定之天理以行之境，然此仁心明覺，仍將不懈地調護其自體之發用，而永無已時。

　　而此等工夫之落實處，即在五峯所謂「欲爲仁，先識仁之體」一義；識仁之方則在就「良心之苗裔因利欲之間而見」、「此心在人其發見之端不同，要在識之」而已！亦即只須吾人就日用之間，良心之一萌乍現處，識此萌現之本心，操存養充之即可。而操存之動力來源，及方向之正確與否，亦全由萌現之本心所決定與提供，更無須擔憂是否虛餒不力，亦無須再繞出去，借外理他則來肯定修持此本心也。故知此「逆覺體證」實乃孔孟修持道德仁心

〔註39〕參《心體與性體》第二冊，頁483。

之既始既終、徹上徹下，不假於外，本質樞紐之工夫也。（詳見第五章工夫論第二節逆覺體證之工夫）。牟宗三先生曾釋此逆覺本心工夫之本質與扼要義，茲引之以爲明證，其云：

> 凡言無對之絕對體者，皆是主觀地、踐履地當下逆覺而體證之，以使其直下在吾之生命中起直貫創造之作用。此不但自明道、上蔡直至象山、陽明是如此，即先秦儒家自論、孟而發展至中庸、易傳已經本來是如此。此是主觀地、踐履地、當下收歸到自己身上來直下體證之，復直下承當之，或期有以承當之，使之能直貫下來之講法；客觀地、本體宇宙論地說，亦是提契宇宙的講法，承體起用以顯於穆不已之天命實體之「創生直貫」的講法。這種講法是動態地、上升的、數學型的講法，亦是逆流渡河的講法。故特重在逆覺無對之體。唯此是要點，其他皆是第二義以下者。〔註40〕

五峯正式開展逆覺體證工夫教路之同時，朱子老師李延平先生亦有逆覺之說，朱子於延平行狀有云：「先生既從之學，講論之餘，危坐終日，以驗夫喜怒哀樂未發前之氣象爲何如，而求所謂中者。」。〔註41〕延平是由隔絕日常生活，以默坐澄心之法，體會此大本仁心，雖異於五峯直就感性經驗生活中，本心萌現之當下而逆覺體證之法，但仍屬靜復以見體之逆覺工夫，故牟宗三先生以延平之靜坐逆覺爲「超越的逆覺體證」，以五峯之當下逆覺爲「內在的逆覺體證」。〔註42〕實則不論內在或超越，仍皆是逆覺此本體宇宙論之直貫創生之道德本心之第一義本質工夫也。唯朱子未解且不契其師靜坐逆覺之義，此義遂泯失不傳矣！

> 吾友能棄去謬習，復其本心，便此一陽爲主於內，造次必於是，顛沛必於是，無終日之間而違於是，此乃所謂有事焉，乃所謂勿忘，乃所謂敬；果能不替不息，乃是積善，乃是積義，乃是善養浩養之氣。〔註43〕

象山倡言「心即理」，乃是直承孟子道德創造之本心而言者。故孟子教人求放心以逆覺本心，象山亦教人「復其本心」即在開悟本心，期使本心於既悟既

〔註40〕《心體與性體》第三冊，頁304。
〔註41〕《朱文公文集》、卷九七、延平行狀。
〔註42〕參《心體與性體》第二冊，頁477，及《心體與性體》第三冊，頁209。
〔註43〕《陸九淵全集》卷一、與曾宅之書。

復後，其應事之理，皆由本心而發，義利之判，亦有本心爲之主，如此說法，實已能扣緊逆覺工夫之本質，且隱然全備逆覺所須條件。然象山之「復」，乃回復光明本心之「復」，非指本心所發之明覺，復返逆向地覺照本心之「復」也。故仍未能如五峯般確定扼要地，就日用當下良心發見端處，親切實際地指點工夫之操存處，故仍未開展逆覺工夫之教路也。則其所謂敬、積義、養浩然之氣，實本能由仁心之明覺自敬、自積、自養不假外求，不須指謂著意，便能自竟全功者，只因象山未能明確指點出當下逆覺之工夫路徑，遂有成餘詞剩事之感也！

> 蓋良知只是一個天理自然明覺發見處，只是一個眞誠惻怛，便是他本體。故致此良知之眞誠惻怛以事親便是孝，致此良知之眞誠惻怛以從兄便是弟，致此良知之眞誠惻怛以事君便是忠。只是一個良知，一個眞誠惻怛。〔註44〕

陽明由良心之明覺感應說本心，與明道由體物不遺感通無隔說仁心，皆是眞能體會孔孟「即存有即活動」之仁心者，而其所謂良知，亦即吾人本心之明覺，故陽明之「致良知」，便是實踐地向前推致此道德本心之明覺，以使吾人之言行能爲善去惡，不致爲私慾所左右。而良知之所以能「致」，非因人有意地推致，如此則人與良心爲有隔矣！而是因良知本即躍動不已，時有不自覺地呈現於感性生活之可能。故若能隨機地掌握就日用間某一端而呈現之良知，並進而推致此已呈現之良心之明覺，以逆返回來察照覺識此已呈現之良心自體，便是「致」良知也。

「致此良知之眞誠惻怛，以事親便是孝」一語，乃言推致眞誠之良心明覺於事親一事上，且明覺復不已地逆返回來覺照與肯認從其所發之事親行爲，若果爲由良心之天理而行者，便是孝也。可知專就主觀面言道德良心之陽明，其所開示之「致良知」工夫路數，實即是既重道德之主觀面復重道德之客觀面之五峯，所展開之逆覺體證本心之工夫路徑也。然不論偏主觀，或偏客觀，五峯、陽明所共認共開之逆覺本心之工夫，當是唯一能扣緊道德實踐之成聖成德之最恰當最相應之工夫，則無疑義。

明末理學殿軍與五峯同樣建立「盡心成性，以心著性」說統之劉蕺山，因反當時王學末流專言良知所生之放肆流蕩等積弊，故兼取中庸之愼獨與大學之誠意言工夫，且將孟子之本心與陽明之良知等顯教，向內緊收而歸於極

〔註44〕《傳習錄中・答聶文蔚書》。

密之「意」中。蕺山有謂「意者心之所存，非所發也」，〔註45〕此「意」非一般意念之意，而是心之所存，是心之淵然貞定之主宰，此乃將孟子之本心攝於意下，而由意主宰之矣；又云「知藏於意，非意之所起」。〔註46〕此言知善知惡之知蘊於超越眞宰之意中，則良知便有所主而不致流失。如此意爲本心之主，且意中復涵良知，可知誠此「意」者，當爲蕺山工夫之大旨。然「意」既爲本心良知之主宰，故致本心良知，當亦爲工夫之首要者，其云：

> 吾知吾聽，而天下之聲皆習於聰矣。吾知吾視，而天下之色皆習於
> 明矣。吾知吾言，而天下之言皆習於從矣。吾知吾動，而天下之動
> 皆習於恭矣。吾知吾知，而天下之知皆習於獨矣。〔註47〕

蕺山以爲使感性經驗之視聽言動，無不明聰從恭，便是異層地推致良知之知覺於動靜坐默之上，並異質地調養導護，貞定肯認此等日用之言行，冀其皆可化惡成德也。其中「知吾知」之「吾知」即指良知，而其所以云「知吾知」則表示此知善知惡之「吾知」尚在混沌無覺之中，故須致良心之明覺以「知」此「吾知」；而由良心之明覺去知陷溺無覺之良心自體，此即是本心明覺於日用一端不自覺地呈現後，立即警覺而逆返回復以自覺自照其自體，並肯認其自體之「逆覺體證」之工夫也。故知蕺山統合孟子之本心與陽明之良知而歸顯於密，雖極緊至密，却反使蕺山更能把握且確定實踐此良知意根之最本質關鍵之工夫，即在「逆覺體證」也。

自從孔聖首揭仁心本旨，孟子提示求放心逆覺之工夫路向，千載以來儒者亦多能守此道德創造之本心一義，雖或有體之未切、察之未詳以至尚差一步，或竟轉繞出去，借外力等助緣以操持仁心者。然至南宋五峯，以其融合孟子「求放心」與明道「識仁」之立場遂能寬廣且親切地就「良心因利欲之間而見」處，指點出識此仁心便即操存此仁心之工夫，才正式開出逆覺體證之工夫。後雖有朱子之歧出與別開順取工夫之路，暫泯此逆覺之義，然至明代直承孟子、象山之陽明，與轉化自陽明之蕺山，二人所開致良知逆覺工夫，雖毫未受五峯學說影響，却仍如就道德創造性言心之五峯般，明確地開展逆覺體證之工夫教路。可知由五峯首開，陽明蕺山亦同言之直接就活潑靈動之仁心，於其呈現發見處，立刻警覺把捉以反照其自己之逆覺工夫，實非偶然

〔註45〕《劉子全書》卷十、〈學言上〉。
〔註46〕《劉子全書》卷十一、〈學言中〉。
〔註47〕《劉子全書》卷七、原學下。

發生之巧合，乃誠爲對應義理本質所必然應有之開展，驗之學說性格各不相同之五峯、陽明與蕺山，知其實然也。而五峯能一無依傍地首開此教路，則其價值當可挺立於踐德成聖之歷史長流而不朽矣！

第三節　五峯思想之綜述與傳衍

一、思想綜述

　　五峯潛隱衡湘，讀書談道數十年，其志業精神全幅貫注於心性之學，既不干名求仕，亦不沈迷文藝，所爲詩文友朋書信皆講論道德，詞嚴義精，了無酬答之浮詞贅文。而畢生思想精華則盡萃於「知言」一書，今既扼要統述五峯思想之大要如下：

　　「道充乎身，塞乎天地」[1] 五峯論天道之體性，主承中庸、易傳之「維天之命，於穆不已」之義，並兼取濂溪、橫渠、明道等由客觀面言道體性體之說，乃以天道爲絕對普遍，流行不已之創生實體，亦即是由本體宇宙論之直貫創生義之客觀面，言此「即存有即活動」之實體爲天道。而即在道體生生不已之作用下，自然引發氣化實然之萬端變化，具體地形成此一眞實之世界。「道者，體用之總名。仁，其體；義，其用」[1]，五峯又以仁爲道之體，使生生之道明確地與生生大德之仁爲一，則此天道固爲客觀遍在，創生不已之實體，更是道德創造之根源與理據，而吾人亦實可於感性經驗生活之踐德行爲中，隨處體會其存有義，創生義與至善根源義矣！然爲此超越之至善天道，所引發創生之萬般事物，理論上，亦當具天道之至善生德，亦即氣化世界當爲一全然至善，熙熙和和之世界。但現實日用中，卻多有因拘限於一己立場，而與他物干格衝突，反成一善惡雜陳，理欲紛然之世界。前賢面對如此命限，多以盡其在我，順受正命之消極態度對應之。然五峯則特別剋就超越之天理與氣化之人欲，可詭譎地相即於一事體上之模式，以爲透過道德一心之創生作用，可使理想之德與存在之福能異質異層地相即在一起，使德福能夠一致。如此乃徹底解決踐德成聖之路中，經常遭遇之有德者未必有福，有福者未必有德之絕大遺憾！此則爲五峯天道論最精微高明之義也！

　　「性也者，天地之所以立也」[4]，五峯論性，仍由本體宇宙論之直貫創生義而言之，其以性爲超越生生不已之天道，具體落實於存有，而爲存有之所以能存有之理，此即顯性爲存有之客觀性原則，及自性原則。因天道絕對

至善創生不已，故具化於存有，而爲存有之自性原則之性體，便亦具生生不已，超越至善之性質，此則可於道德生活中，吾人必會不已地要求向前向上，好善而惡惡體證得知。「性不能不動，動則心矣」〔6〕，此即顯性體非只爲天地之所以立之存有原則，亦是能引發宇宙生化之活動原則。然五峯不直接由性說活動，乃是轉由心來說道體之活動義，實則心與性爲同一超越形上之創生實體，只性由客觀面言之，心由主觀面言之爾。

五峯除超越地言此「即存有即活動」之性體外，亦承明道以「性」爲生德天理於個體之成時便具于個體中之說法，乃進一步客觀地肯認同出於天道之形構之理，亦可爲吾人成就道德之性所必要之資具；同時至善天性，本普遍具存於一切存在中而爲其體，故一切本具善性之存在，亦皆可爲成德之資具。亦即道德之性固爲吾人成德之鵠的與所以可能之基據，而僅隱涵德性尚不能自覺之情、才、術、欲亦皆屬成德不可或缺之現實條件及對象。推而廣之，屬形構之性之草、木、瓦、石亦無不隱涵道德之性，亦皆可爲成德之資具與對象也。此則爲由主觀之心形著一切客觀人我物等存在之性，以開展道德客觀面之五峯，所必先建立之理論基礎也。

「心也者，知天地、宰萬物、以成性者也」〔1〕，五峯由「即存有即活動」之天命道德說性，又由天道之用說心；然此「用」非體用之用，而是就道體之活動義說心之形著作用，然心雖爲道之用，實則就其自體言，心仍是既超越復內在，即存有即活動之能起道德創造之實體，亦即此心是自有天則、自定方向、自主自律、自發自覺之創生實體。因其超越絕對，故是永恆無盡與天同大、體物不遺者；因能創生活動，故是生生不窮，宰制萬物之主觀性原則，及形著原則。而此形著原則即指此主觀之心體，能自發其靈明知覺，以形著彰顯客觀存有之所以然之性，使性體能具體眞實化，而依性以立者，亦眞成爲實然之存有。此能使客觀之自性眞實挺立，免於虛無之形著義首發自橫渠，五峯則發揚光大以爲踐德成聖、知天地宰萬物之關鍵作用。期使一切道德行爲，皆在心之發用下得以展開，同時一切道德行爲亦只在心之形著下，方眞成其爲道德行爲也！然此超越形上心體之形著作用，實即是心體之虛靈明覺、智的直覺之覺潤、察照、肯證客觀性體之活動。心之明覺，固可形著覺潤具體挺立一切存有之性，同時此無所不在、無時或已之明覺，亦是有隨時逆返回來覺潤、察照本心自體，以彰顯呈現、具體眞實化本心自體之功用者。此則爲開展「逆覺體證」工夫教路之五峯，所必須掌握之心體最本質與

切要之功能也。

　　「盡心成性」為五峯思想精華與中心主旨之所在。盡心者，澈盡此「即存有即活動」之道德本心。成性者，指「即存有即活動」之客觀性體，因心之形著作用而得以步步彰顯挺立，故此成是形著地成，非本無今有之成也。盡心是使莫大莫久、自主自律之心體之實蘊全在性體中對應呈現，使性體眞成其為遍在無限、具體實存之性體；而淵然貞定、冲膜無朕之性體之全蘊，亦因此心之形著，而全幅彰顯於心體中，使心體能眞實具體地發其形著作用，此之謂成性。可知盡心即是成性，主觀之心與客觀之性，唯在心之形著作用下，方能還心性本為同一之具體眞實、超越無限實體之本然，亦即肯定心性同為一能起宇宙生化與道德創造之即存有即活動、既超越復內在之創生道德實體也。此為五峯賡續孔孟由本體宇宙論之直貫創生義論道體、性體、心體一義，復進而主觀、客觀分設，由主觀之心形著客觀之性，使性之實全在心中見，心之實亦因性而立，以貫通主客觀心性之又一步發展也。而其所以有此心性分設、以心著性之義理架構，則因欲將濂溪、橫渠、明道以來多由中庸、易傳言客觀面之天命性體一路，會通且回歸論語、孟子重主觀面之道德心性一路，所必然產生之義理進路者。而此一會通主客觀之步驟，便在五峯盡心成性、以心著性且心性是一之義理格局下得以完成。復因心為道之主觀活動義，性為道之客觀本體存有義，故以心著性，非僅為心性是一，實是心性天為一也！亦即性命天道皆在道德本心之形著下，得以彰顯成立，而使心性天通貫為一。而此乃為孟子主觀地踐德以「盡心知性知天」所建立之弘規，同時復合於明道既重「仁者與萬物同體」之主觀面，且兼重天道性命客觀面，使主客兩面義理提綱皆飽滿之圓頓「一本」之論者。可知「盡心成性」之思路，既異於伊川、朱子理氣二分之格局，亦有別於象山、陽明直承孟子，專言主觀面心體之路，實為能自立說統，而與之鼎足而三者也。

　　逆覺體證為五峯順孔孟由本體宇宙論之直貫創生義言天道性命一路，而剋就道德心性之本質，所正式開展之工夫教路。自孔子言仁，即已指點道德實踐成聖成德之起始與終結，唯在扣緊且彰顯此一本心仁體，方為本質與切要之工夫。五峯即掌握此一自主自律、自定方向、無限遍在、躍動不已且能逆返回照其自體之本心明覺，親切實際地教人，直就感性日用生活之當下，隨處警覺良心之呈現，而一有警覺，便是本心自體之自我照知。此照知便是為本心不已地發用之明覺，逆返回來察照其自體，遂乃察照得本心之發用，

或已爲物欲所固陷，此時自有天則之本心明覺，便發其沛然莫禦之強力，不已地察照導化已陷於物欲之明覺，必使之脫離固陷，回復其清朗無雜之本性而後已。然人生無限，陷溺之機亦無限，故成聖之路亦自恆長無有盡頭。則此本心明覺之作用，非僅限於察照導化本心之陷溺而已，復可本其永恆不已之質性，以時刻深切地察照其所必面對之無有止盡之義利關頭，而必使本心明覺能清朗暢達，永恆不息地覺照護持其自體；必使道德本心無有一絲夾雜，道德實踐無有一刻中止，方爲有慊於心也。故知此即察即養，即頓即漸由道德進路以察養本心之逆覺工夫，實爲儒者踐德成聖工夫之本質，其他如朱子所謂格致窮理、居敬涵養等由知識進路以修持心性者，皆只助緣之工夫爾。五峯既自立盡心成性，以心著性之說統，復能本質地開出逆覺體證之工夫，故實爲一通貫本末、徹上徹下足以卓然成家之純醇偉儒也。

二、思想傳衍

五峯本籍福建崇安，因戰亂避地荆門、湘潭，乃得親接上蔡、龜山諸人，後則隱居衡山五峯之下，讀書講學於碧泉、道山等書院，門人弟子亦多從之隱遁於湖湘，而「卒開湖湘學統」。〔註48〕今略述重要門弟子如後，以見其思想流衍之狀況：

（一）胡實，字廣仲，福建崇安人，五峯之從弟，爲五峯兄弟中年最少者，安國卒時，廣仲年僅三歲。《宋元學案》云其生平如下：

> 先生年十五，初習辭藝，五峯謂之曰：「文章小技。所謂道者，人之所以生；而聖賢得之，所以爲聖賢也。」先生曰：「竊有志於此，願有以詔之。」由此就學，以門蔭補將仕郎，不就詮選，以講道爲事。晚得欽州靈山主簿，亦未上也。乾道九年近，年三十八，與考亭、南軒皆有辯論，未嘗苟合也。〔註49〕

可知廣仲深受五峯影響，隱居講道，不就仕途。然當朱子、南軒作「知言疑義」辯難五峯學說之時，廣仲則起而與之辯駁，闡揚師說，不肯苟合，惜乎年三十八而卒。其論上蔡「以覺訓仁」之旨，有云：

> 心有所覺謂之仁，此謝先生救拔千餘年陷溺固滯之病，豈可輕議哉！夫知者知此者也，覺者，覺此者也，果能明理居敬，無時不覺，則視

〔註48〕《宋元學案》卷四二、五峯學案、全祖望案語。
〔註49〕《宋元學案》卷四二、五峯學案、五峯家學、胡廣仲。

聽言動莫非此理久流行，而大公之理在我矣。尚何憤驕險薄之有？

　　以愛名仁者，指其施用之迹也。以覺言仁者，明其發見之端也。〔註50〕
「心有所覺謂之仁」，以覺訓仁雖發自上蔡，實淵源於明道，且不悖孔子由不
安、不忍指點仁之本意，而五峯論仁心，亦合於此數家之義理。又「知者知
此，覺者覺此」能知覺者，即指仁心不安、不忍之悱惻之感，亦即本心明覺
之聳然震動，因其所知覺者，亦非外在之事物，而即是發此不安、不忍之覺
之仁心自體。另外「以愛名仁」、「以覺言仁」二句，仍由覺、健不已，悚惕
聳動言此「即存有即活動」之道德仁心之發用，此則眞能守其師說，不似南
軒之徒隨朱子打轉而已。故論敵朱子於答廣仲書信中，反駁其意，有云：

　　蓋孟子之言知覺，謂知此事，覺此理，乃學之至而知之盡也。上蔡之
　　言知覺，謂識痛癢，能酬酢者，乃心之用而智之端也。二者亦不同矣，
　　然其大體皆智之事也。今以言仁，所以多矛盾而少契合也。〔註51〕

朱子以其理氣二分之義理格局，將心性減殺其道德創生性，使心爲氣之靈，
性爲只存有不活動之理，不知已自孔孟之心性義歧出，反將孟子之知覺，轉
訓爲知事覺理之「心知認知作用」，如此辯難廣仲，實屬絞繞也！

　　（二）胡大時，字季隨，福建崇安人，五峯季子。其學本於五峯，亦從
學於南軒，且爲南軒之婿。季隨亦與朱子往來，問難不遺餘力。人曾言季隨
才敏，朱子則以爲「須確實有志，而才敏方可，若小小聰悟，亦徒然。」此
蓋因朱對湖湘諸子好高向上言超越之心性路數，極爲不滿，故每以聰明輕浮
譏之，此又一例爾。後師象山，與象山往還，甚爲相得。著有與朱子辯難，
而影響朱了頗鉅之「湖南答問」。〔註52〕嶽麓諸儒學案載有其「湖南答問」，
中有釋五峯知言之語，其云：

　　知天性感物而通者，聖人也；察天性感物而節者，君子也；昧天性
　　感物而動者，凡愚也。曰知、曰察、曰昧，其辯了然矣！今既不察
　　乎此，而反其語而言，乃以感物而動爲昧天性者，失其旨矣。〔註53〕

知察皆五峯本心明覺之照知察識之作用，且本心明覺躍動呈現不已，一有知
察之時，便即同時疏通節制本心之發用。而昧者，指本當昭然之本心明覺已

〔註50〕以上二條，同引自《宋元學案》、五峯學案、五峯家學、廣仲答問。
〔註51〕《朱文公文集》、卷四二、書問答、答胡廣仲書六之五。
〔註52〕《宋元學案》卷七一、嶽麓諸儒學案、南軒門人、胡大時。
〔註53〕同前。

然陷溺，遂有感物而動之凡愚，但不可以感物而動爲昧天性，顛倒天性爲本物爲末之序。如此解說，可謂不失五峯由本體宇宙論之創生義言心性之本旨。

（三）胡大原，字伯逢，致堂之長子，師事五峯。伯逢與廣仲、晦叔等皆能固守師說，與朱子、南軒往返辯難，不以彼等「知言疑義」爲然者。五峯學案載有伯逢問答，有云：

> 心有知覺之謂仁，此上蔡傳道端的之語，恐不可爲有病。夫知覺亦有深淺，常人莫不知寒識暖，知飢識飽；若認此知覺爲極至，則豈特有病而已？伊川亦曰覺不可以訓仁，意亦猶是。恐人專守著一個覺字耳。若夫謝子之意自有精神。若得其精神，則天地之用，即我之用也。何病之有？以愛言仁，不若覺之爲近也。
>
> 觀過知仁云者，能自省其偏，則善端已萌。此聖人指示其方，使人自得。必先有所覺知，然後有地可以施功而爲仁也。〔註54〕

「心有知覺謂之仁」，仍是上蔡以覺訓仁之說，五峯雖未明言「以覺訓仁」之語，但其訓仁之義仍同上蔡，淵源於明道而來，故伯逢此說仍合五峯師說。因本心之知覺是道德本心自體之覺潤與察照作用，屬德性之知，非屬朱子脫離道德性之心氣之純粹認知作用，故若以「知寒識暖，知飢識飽」之見聞之知爲知覺，自大爲有病。同時伯逢又以爲伊川、朱子之愛只是情氣之動，已脫離孔孟本心之神用義，故不若由俳惻之覺而言仁，此皆不違上蔡、五峯之旨也。另外「觀過知仁」之說，以工夫當落在「善端已萌」處作，一有知覺，然後便知「有地」可施功爲仁，此「有地」即指仁心之自體；可「施功」即仁心明覺之自察照自導化，知此亦明爲五峯所開之逆覺體證之工夫教路。

（四）彪居正，字德美，湘潭人，其父彪虎臣，曾從胡安國遊，居正乃因以師事五峯，其著述今已不傳，然其於五峯門下之地位僅次於南軒，時人譽爲彪夫子。五峯答其問學，以爲當志于學之大者，又答云：「聖門工夫要處，只在個敬字，游定夫先生所以得罪於程氏之門者，以其不仁不敬而已。」可知五峯仍以仁爲學之纛教居正也。〔註55〕

（五）吳翌，字晦叔，號澄齋，建寧府人。遊學衡山，師事五峯。聞五峯論爲學之方，以明理修身爲要，遂棄科學之學，效法五峯隱居講學之風，亦築室衡山之下，擇竹林水澤之勝處，取程子澄濁求清之語，而橫其廬名爲

〔註54〕《宋元學案》卷四二、五峯學案、五峯家學、伯逢問答。
〔註55〕《宋元學案》卷四二、五峯學案、五峯門人、彪居正。

澄齋。五峯歿後，又與南軒、廣仲、伯逢等遊，而南軒門人在衡湘者雖眾，莫不從晦叔參決所疑，孝宗淳熙四年卒，年四十九。〔註56〕五峯學案中有澄齋問答，有主逆覺之工夫路數之語，其云：

> 若不令省察苗裔，便令培壅根本，夫苗裔之萌，且未能知，而還將孰爲根本而培壅哉！此亦何異閉目坐禪，未見良心之發，便敢自謂我已見性者。

先「省察苗裔」之發見處，再培壅存養之，此明是五峯逆覺工夫之路徑，亦即湖湘諸子與朱子所辯難之「觀過知仁」之說。所謂「苗裔」指良心不已地躍動，而於感性利欲之間有所呈現之意；而「培壅」，則乃良心之明覺，無時無處不已地反照覺潤其自體之謂，此明是先察識後涵養之逆覺之路。而「不令省察苗裔，便令培壅根本」，則是明以先察後養之逆覺路數，反對朱子先以敬涵養心氣之認知作用，再以凝肅莊敬之心知格物窮理之先養後察之順取之路。

　　（六）張栻，字敬夫，一字樂齋，號南軒，本四川綿州人，隨父遷於衡陽。生於南宋高宗紹興三年，卒於孝宗淳熙七年（西元 1133 年～西元 1180 年），年四十八。世出名門，其父張浚曾爲高宗時丞相，且年少時即穎悟過人，故五峯卒後，湖湘學者多歸南軒，而於當時爲最盛。〔註57〕南軒初受學五峯，五峯曾辭以疾，人以爲異，五峯云：「渠家好佛，見他則甚？」〔註58〕南軒復數次往返，泣涕而請，方始得見，五峯猶不與之言，而僅令思忠清未得爲仁之理。〔註59〕

　　南軒亦曾自云：「始時，聞五峯先生之名。……辛巳之歲（紹興三十一年，南軒時年二十九），方獲拜於文定公草堂。……然僅得一再見耳，而先生歿。」。〔註60〕可知南軒僅二見五峯，且五峯於同年（紹興三十一年）謝世，相識本即有隔，受教之日又淺，所得自亦不能眞切。故及朱子作「胡子知言疑義」非難五峯時，南軒雖有與朱子書信往返，實則多隨順朱子語意打轉，全昧師門「以心著性」、「逆覺體證」之勝義，甚有以爲知言「某處當悉刪去」之語（見前「知言疑義」之疏解與駁正章第二節），誠五峯不肖之弟子也。實則南

〔註56〕《宋元學案》卷四二、五峯學案、五峯門人、吳翌。
〔註57〕《宋元學案》卷五十、南軒學案。
〔註58〕《宋名臣言行錄》、《外錄》卷十一。
〔註59〕《宋元學案》卷五十、南軒學案、附錄、魏鶴山跋南軒與李季允帖。
〔註60〕《南軒文集》卷二、答陳平甫書。

軒於五峯歿後，與朱子往復論學時，其不解師門，倒向朱子之趨勢，即甚明顯，其答胡伯逢書即有云：

> 知言之說，究極精微，固是要發明向上。事第恐未免有病，不若程子之言爲完全的確也。某所恨在先生門闌之日甚少。茲焉不得以所疑從容質扣於前，追悵何極！然吾曹往返論辯，不爲苟同，尚先生平日之志哉！〔註61〕

以知言爲「要發明向上事」，仍是順朱子實在論經驗論之心態，不能客觀欣賞師門，既超越復內在之本體宇宙論之直貫創生義之道體、性體、心體。所謂「恨在先生門闌之日甚少」，不得以所疑從容質扣於前，一方表其親炙日短，一方表其已受朱子不滿湖湘「發明向上」之影響，而轉疑知言爲有病矣。牟宗三先生曾歸納出三端，以見南軒之不能紹述五峯學之跡也，牟先生云：

> 一、反對「以覺訓仁」，二、放棄廣仲輩之「觀過知仁」說，三、贊同朱子之「知言疑義」。〔註62〕

可知南軒之不契師門爲確矣！實則湖湘諸子，雖多能謹守由知覺以言仁，與觀過知仁之逆覺工夫之師說。然實無一人了解五峯「心生分設，以心著性」之足以與伊川、朱子，和象山、陽明鼎足而三之說統；其實不唯湖湘諸子不解此系統之獨特，即便五峯本人或亦不能自覺其「以心著性」說統之獨特與價值。可知此會通主觀心體與客觀性體之「以心著性」系統之深奧與難曉，宜乎五峯門人多難深體師說之精義而有以自立，反爲朱子所乘；亦宜乎另立系統之朱子，必欲駁此系統而後已也。

五峯雖開湖湘學統，爲當時最盛者，但迅爲論敵朱子所壓服，聲光輒歇，「以心著性」之說統，遂亦不爲人所知曉！蔡仁厚先生歸納此曾盛極一時之湖湘學派，所以又衰弱不傳之數端原因，下即引之，以見其由，並以之爲本文之結，蔡先生云：

> 1. 五峯卒時（姑以紹興三十一年爲準），其門人年歲可考者，如胡廣仲年方二十六歲，張南軒二十九歲，吳晦叔三十三歲。一般學者思想家之成熟，總在四十以後。而就上學三人的年歲看，當五峯謝世之時，他們的學問大體尚未成熟，而鍛鍊之功亦可能有所不足，對於弘揚師門學術，或難免力不從心。

〔註61〕 《南軒文集》卷一、答胡伯逢書。
〔註62〕 《心體與性體》第三冊，頁 326。

2. 五峯門下，除張南軒外，大多潛隱湖湘講學，少與各方學者通聲氣；而南宋時代的湖南，亦不算是學術之區，所以五峯門下的衡麓講學，影響不大。

3. 五峯卒後，張南軒儼然為同門領袖，但南軒並不能守護師門之學，且隨順朱子之說而評議五峯之「知言」。

4. 胡廣仲、胡伯逢、吳晦叔，雖堅守師說，紛紛與朱子南軒辯論，但他們之學力既皆不如朱子，而又享年不永（廣仲三十八，早朱子二十七年卒；晦叔四十九，早朱子二十三年卒；南軒四十八，亦早朱子二十年卒），未能繼續發明師學，所以終為朱子所貶壓。

5. 湖湘學者雖遭朱子駁斥，却並未服輸，亦不表示他們論點站不住。但一則僻處湘衡，聲光不顯，而雙方只是書信往返以致辯，他們的論點與立場，局外人鮮有知聞。二則在雙方論辯之時，陸象山已崛起江西，成為朱子最大之論敵，而廣仲與晦叔卒時前後，朱子與陸象山且有鵝湖之會（淳熙二年，西元 1175 年），此後，天下耳目為「朱陸異同」所吸引，而湖湘之學便從此寂然隱沒了。〔註63〕

〔註63〕《宋明理學・南宋篇》，頁 24〜25。

參考書目

一、五峯原著

1. 《知言》，臺灣商務印書館據《四庫全書》本影印粵雅堂叢書本、臺北藝文印書館百部叢刊初編。

2. 《五峯集》，臺灣商務印書館據《四庫全書》本影印。

3. 《皇王大紀》，同上。

4. 《胡宏集》，吳仁華點校北平中華書局，民國76年版。

二、經典類

1. 《毛詩正義》，唐·孔穎達疏，藝文印書館，《十三經注疏》本，民國65年5月六版。

2. 《尚書正義》，同上，同上。

3. 《禮記正義》，同上，同上。

4. 《周易正義》，同上，同上。

5. 《論語正義》，晉·何晏疏，同上。

6. 《孟子正義》，宋·邢昺疏，同上。

7. 《四書集註》，宋·朱熹集註，世界書局，民國68年8月四版。

三、史傳類

1. 《宋史》，元·托克托，鼎文書局，民國69年5月再版。

2. 《宋名臣言行錄》，宋·朱熹，商務印書館，《四庫全書》本。

3. 《胡氏春秋傳》，宋·胡安國，同上。

4. 《伊洛淵源錄》，宋·朱熹，藝文印書館，正誼堂叢書本，民國58年5月初版。

5. 《閩中理學淵源考》，清・李清馥，商務印書館，《四庫全書》本。

6. 《理學宗傳》，清・孫奇逢，藝文印書館，民國 58 年 5 月初版。

7. 《宋朱子年譜》，清・王懋竑，商務印書館，民國 71 年 5 月初版。

8. 《宋人生卒考示例》，鄭騫，華世出版社，民國 66 年 1 月初版。

9. 《歷代人物年里碑傳綜表》，姜亮夫，文史哲出版社，民國 74 年 2 月再版。

10. 《明清儒學家著述生卒年表》，麥仲貴，學生書局，民國 66 年 9 月初版。

11. 《中國古代著名哲學家評價續編（三）》，辛冠潔等編齊魯出版社，民國 71 年 9 月初版。

四、理學類

1. 《周濂溪先生全集》，宋・周敦頤，藝文印書館，正誼堂叢書本，民國 58 年 5 月初版。

2. 《張載集》，宋・張載，漢京文化公司，民國 72 年 9 月初版。

3. 《二程全書》，宋・程顥、程頤中華書局，民國 58 年 5 月台二版。

4. 《二程語錄》，宋・朱熹編，商務印書館，叢書集成簡編，民國 55 年 3 月台一版。

5. 《上蔡語錄》，宋・謝良佐，廣文書局，民國 61 年 5 月版。

6. 《楊龜山先生全集》，宋楊時，學生書局，民國 63 年 6 月初版。

7. 《南軒集》，宋・張栻，廣學社印書館，民國 64 年 6 月版。

8. 《朱文公文集》，宋・朱熹，商務印書館，四部叢刊本。

9. 《朱子語類》，宋・黎靖德編，文津出版社，民國 75 年 2 月初版。

10. 《近思錄》，宋・朱熹編，商務印書館，民國 56 年 5 月台一版。

11. 《陸九淵集》，宋・陸九淵，里仁書局，民國 70 年 1 月初版。

12. 《傳習錄》，明・王陽明，商務印書館，民國 56 年 4 月台一版。

13. 《王龍溪語錄》，明・王龍溪，廣文書局，民國 75 年元月再版。

14. 《王心齋全集》，明・王艮，廣文書局，民國 76 年 3 月再版。

15. 《盱壇直詮》，明・羅近溪，廣文書局，民國 66 年 7 月三版。

16. 《劉子全書》，明・劉宗周，日本中文出版社，民國 70 年 6 月初版。

17. 《宋元學案》，明・黃宗羲，世界書局，民國 50 年 11 月初版。

18. 《明儒學案》，明・黃宗羲，世界書局，民國 50 年 10 月初版。

五、哲學史類

1. 《中國近三百年學術史》，錢穆，中國哲學原論──，民國 69 年 1 月七版。

2. 《宋明理學概述》，同上，學生書局，民國 66 年 4 月修訂版。

3. 《中國學術通義》，同上，學生書局，民國 65 年 3 月再版。

4. 《中國哲學原論——原性篇》，唐君毅，學生書局，民國 73 年 2 月全集校定版。

5. 《中國哲學原論——導論篇》，同上，學生書局，民國 75 年 9 月全集校定版。

6. 《中國哲學原論——原道篇》，同上，學生書局，民國 75 年 10 月全集校定版。

7. 《中國理學史》，賈豐臻，商務印書館，民國 58 年 12 月台二版。

8. 《《中國哲學史》宋代篇》，羅光，學生書局，民國 73 年元月增訂版。

9. 《中國哲學史》，勞思光，三民書局，民國 75 年 11 月三版。

10. 《宋明清理學體系論史》，黃公偉，幼獅書局，民國 60 年 9 月初版。

11. 《中國思想史》，韋政通，水牛出版社，民國 75 年 10 月八版。

12. 《中國哲學史》，謝无量，中華書局，民國 56 年 4 月初版。

13. 《宋明理學》，吳康，華國出版社，民國 44 年 10 月初版。

14. 《中國哲學史綱要》，范壽康，開明書局，民國 59 年 10 月台三版。

15. 《宋明理學綱要》，蔣維喬，中華書局，民國 25 年 4 月版。

16. 《中國學術史大綱》，林尹，學生書局，民國 60 年 10 月十版。

17. 《理學概要》，程發軔，正中書局，民國 60 年 3 月版。

18. 《心體與性體》，牟宗三，正中書局，民國 74 年 8 月六版。

19. 《從陸象山到劉蕺山》，牟宗三，學生書局，民國 73 年 10 月再版。

20. 《新儒家思想史》，張君勱，弘文館出版社，民國 75 年 2 月初版。

21. 《理學的演變——從朱熹到王夫之戴震》，蒙培元，福建人民出版社，民國 73 年 5 月初版。

22. 《宋明理學北宋南宋篇》，蔡仁厚，學生書局，民國 72 年 9 月再版。

六、專著類

1. 《朱子新學案》，錢穆，三民書局，民國 60 年 9 月初版。

2. 《孔子與論語》，同上，聯經出版社，民國 64 年 9 月三版。

3. 《朱子學提綱》，同上，東大圖書公司，民國 75 年 1 月再版。

4. 《宋代理學三書隨箚》，同上，東大圖書公司，民國 72 年 10 月初版。

5. 《明心篇》，熊十力，學生書局，民國 73 年 3 月版。

6. 《新唯識論》，同上，文津出版社，民國 75 年 10 月版。

7. 《體用論》，同上，學生書局，民國 76 年 2 月四版。

8. 《復性書院講錄》，馬一浮，廣文書局，民國 53 年 1 月初版。

9. 《心物與人生》，唐君毅，亞洲出版社，民國 61 年 9 月初版。

10. 《道德自我之建立》，唐君毅，學生書局，民國 74 年 9 月版。

11. 《梅園雜著》，戴君仁，學海出版社，民國 64 年 5 月版。

12. 《孔學抉微》，王甦，黎明文化公司，民國 67 年 5 月版。

13. 《論戴震與章學誠》，余英時，華世出版社，民國 66 年 9 月版。

14. 《歷史與思想》，余英時，聯經出版社，民國 76 年十二版。

15. 《朱子哲學思想的發展與完成》，劉述先，學生書局，民國 73 年 8 月版。

16. 《宋明理學研究論集》，馮炳奎等，黎明文化公司，民國 72 年 7 月版。

17. 《現象與物自身》，牟宗三，學生書局，民國 73 年 8 月四版。

18. 《智的直覺與中國哲學》，同上，商務印書館，民國 76 年 6 月四版。

19. 《圓善論》，同上，學生書局，民國 74 年 7 月初版。

20. 《中國哲學論集》，王師邦雄，學生書局，民國 75 年 2 月再版。

21. 《儒道之間》，王師邦雄，漢光文化公司，民國 75 年 8 月三版。

22. 《道德與道德實踐》，曾昭旭，漢光文化公司，民國 72 年 4 月版。

23. 《儒學與康德的道德哲學》，楊祖漢，文津出版社，民國 76 年 3 月版。

24. 《朱熹思想研究》，張立文，谷風出版社，民國 75 年 10 月版。

25. 《宋儒風範》，董金裕，東大圖書公司，民國 68 年 10 月版。

26. 《胡五峯的心學》，王開府，學生書局，民國 67 年 4 月版。

27. 《大易哲學論》，高懷民，成文出版社，民國 67 年 6 月版。

七、期刊論文

1. 〈程朱的理氣心性論〉，黃錦鋐，《師大國文學報》，民國 66 年 5 月。

2. 〈朱子的生平與學術〉，黃錦鋐，《書和人》，三〇一期。

3. 〈試論宋代幾個重要的「理學世家」〉，張永儁，《哲學論評》，第六期。

4. 〈北宋新儒對禪佛之批評〉，陳郁夫，《思與言》，二十卷一期。

5. 〈兩宋春秋學之主流〉，牟潤孫，《宋史研究集》，第三輯。

6. 〈宋明理學中的「格物」思想〉，陳榮捷，《史學評論》，第五期。

7. 〈宋明理學講演錄〉，牟宗三，《鵝湖》，一五六期。

8. 〈論儒學客觀化的曲成問題〉，王師邦雄，《鵝湖》，一五〇期。

9. 〈中西文化的傳統性格及其會通之道〉，王師邦雄，《鵝湖》，一五二期。

10. 〈心的性質及其實現〉，蔡仁厚，《鵝湖》，九四期。